Wo die Ostseewellen ...

LITERARISCHE STREIFZÜGE

durch Mecklenburg-Vorpommern

Husum

CIP-Kurztitelaufnahme der Deutschen Bibliothek
Wo die Ostseewellen ... literar. Streifzüge durch
Mecklenburg, Vorpommern / ausgew. u. mit Zwischentexten
vers. von Jürgen Borchert. Ill. von Thea Kowař. — Husum :
Husum Druck- und Verlagsges., 1988
ISBN 3-88042-416-0
NE: Borchert, Jürgen Hrsg.

Husum Druck- und Verlagsgesellschaft mbH u. Co. KG,
Husum 1988
Lizenzausgabe für die Bundesrepublik Deutschland, Berlin
(West), Österreich und die Schweiz
© Mitteldeutscher Verlag Halle · Leipzig 1988
Alle Rechte vorbehalten
Printed in the German Democratic Republic
Illustrationen: Thea Kowař
ISBN 3-88042-416-0

Hier ist gut sein!

Dieser etwas emphatische Ausruf des in vielerlei Hinsicht merkwürdigen Inselpredigers Kosegarten soll am Beginn meiner Betrachtungen zu den vorliegenden Texten stehen. Dieses Land ist schön, und ich nehme mir die (nicht einmal lokalpatriotische) Freiheit, es *sehr schön* zu nennen. Es gehört für mich zu den unersetzlichen Weltplätzen, und es erquickt mich immer wieder aufs neue durch seine Anblicke. Dabei habe ich gar nicht die großen Szenerien im Sinn, die Caspar-David-Friedrichsche Monumentalität der Landschaft, auch nicht das Erdrückend-Entrückende der mächtigen Backsteinkirchen in den alten Hansestädten, dieser Erfindungen aus Gottesfurcht, Machtanspruch und Menschengeist. Gewiß ist auch das Monumentale in diesem Landstrich zu finden. Aber, und das zählt, vor allem das Einfache.

Wer einmal, an einem hellen Sommerabend, vielleicht kurz nach dem Untergang der Sonne, als der Himmel sich westwärts in ein leuchtendes Rotgold hüllte und die mächtigen freistehenden Feldeichen sich gegen den Abendhimmel wie Scherenschnitte abbildeten, über die Hügel kam bei Grebbin und Frauenmark nahe Parchim und plötzlich, wie eine unwirkliche Welt im letzten Licht, die Ebene der Lewitz da unten liegen sah, der ... — Schwärmerei, ich weiß. Es gibt viele solcher Stellen in Mecklenburg und Vorpommern: die anregende Größe der Moorebene zwischen Bad Sülze und Tribsees. Der Anblick der Hügel von Mönchgut über dem stillen Meer. Die Silhouette Schwerins von Medewege aus. Die schweigenden Kiefernforsten zwischen Hagenow und Ludwigslust mit ihren grundlosen Sandwegen. Der alte Eichenwald inmitten des Dorfes Domsühl. Der romanische Türbogen der Kirche von Benthen bei Lübz. Die Wasserfläche der Müritz im Frühdunst ... Die Texte dieser Auswahl belegen dies hinreichend. Dennoch sind sie, wohlverstanden, nicht repräsentativ für die literarische Darstellung Mecklenburgs und Vorpommerns in jener Weise, wie es Kurt Batt mit seinem »Mecklenburg. Ein Lesebuch« vor einigen Jahren unternahm. Das zu erreichen konnte die Absicht des Herausgebers nicht sein; es wäre ihm wohl auch schwergefallen, dem Leser *die* Mecklenburg-Vorpommern-Chrestomathie anzubieten, ein Art »literarischen Dehio« etwa oder gar »poetischen Baedeker«.

Die hier versammelten Autoren sind Kinder aller deutschen Länder; es hätte sicher zu weit geführt, auch ausländische Stimmen zu befragen. Diese deutschen Länder waren zu früheren Zeiten uneins genug, um oft schon den unmittelbaren Nachbarn als exotisches Wesen und die ihn umgebende Landschaft als terra incognita zu empfinden. So äußern sich hier also Bayern und Schwaben, Württemberger und Preußen, Pommern und Thüringer und, selbstredend!, auch Mecklenburger, die als Kosmopoliten wie Ludwig Reinhard oder der rätselhafte Alexander Soltwedel, aber auch als Lokalpatrioten wie der Präpositus Wundemann das Ihre beisteuerten zum literarischen Abbild einer topographischen Region von einiger Besonderheit. Gewiß, »einige Besonderheit« zeichnet jede Gegend aus, das ist es ja eben, was den Reiz eines solchen Unternehmens ausmacht.

Sechs Jahrhunderte umfaßt der Zeitbogen unserer Textauswahl. Mehr als ein halbes Jahrtausend Geschichte liegt zwischen den mittelniederdeutschen Studentenliedern und den literarischen Arbeiten unserer Zeitgenossen. Nicht alle historischen Zeitabschnitte lassen sich literarisch gültig belegen. Auch war Mecklenburg, in seiner geschichtlichen Besonderheit und aus seinen gesellschaftlichen Zuständen heraus erklärbar, nie ein ausgesprochenes Zentrum der »Dichter und Denker«. Auch darüber ist in den Texten dieses Buches nachzulesen.

Mecklenburg und Pommern entstanden im Zuge der Ostexpansion und der Christianisierung durch deutsche Fürsten nach dem Ende des 1. Jahrtausends auf dem Territorium slawischer Stämme östlich der Elbe. Heinrich der Löwe, Herzog von Sachsen und Bayern, gründete 1160 mit Schwerin die erste deutsche Stadt in diesem Gebiet. In komplizierten dynastischen Prozessen entwickelten sich unter der Herrschaft der slawenstämmigen Fürstenhäuser die feudalen Staatsgebilde. Große Gegensätze entstanden insbesondere zwischen den selbstbewußten Hansestädten an der Ostseeküste und den Territorialfürsten, die ihrerseits aber auch mit der Ritterschaft ständig im Streit lagen. Das pommersche Herzogshaus starb 1637 aus. Nach dem Dreißigjährigen Krieg fiel Hinterpommern an Brandenburg, während Vorpommern und Rügen an Schweden kamen. Dieser Zustand hielt, was Rügen, Stralsund und Greifswald betrifft, bis 1815 an. Mecklenburg hatte Wismar und Poel an Schweden abtreten müssen.

Die äußerst reaktionäre Verfassungswirklichkeit, die bis 1918 andauerte und im Verlauf der bürgerlich-demokratischen Revolution von 1848 nur für ganz kurze Zeit eine Unterbrechung erfuhr, brachte Mecklenburg den Ruf ein, zu den rückständigsten Territorien des deutschen Reichsverbandes zu gehören. Diese Verfassung, der 1755 geschlossene »Landesgrundgesetzliche Erbvergleich«, sicherte die unumschränkte Macht der Gutsbesitzer auf ihren jeweiligen Kleinstterritorien auf eine Weise, die es selbst dem Landesherren unmöglich machte, auf Dauer Reformen durchzusetzen. Die mit großer Verspätung erst 1820 erfolgte Aufhebung der Leibeigenschaft, die bis 1945 andauernde rigorose Ausbeutung der Landarbeiter auf den großen mecklenburgischen Gütern, die höchst desolaten Schulverhältnisse, die nahezu unauflösliche Verquickung von Kirche und Staat, das relativ unentwickelte Verkehrsnetz und ähnliche Umstände trugen nicht unwesentlich dazu bei, den schlechten Ruf für lange Zeit zu erhalten. Trotzdem muß gerechterweise auch eine Reihe von progressiven Erscheinungen angeführt werden. So besaß das Land in Rostock eine der ältesten Universitäten des europäischen Festlandes und in gleicher Stadt einen für Nordeuropa bedeutenden Wiegendruckort, es hatte in Schwerin die erste Schauspielakademie Deutschlands unter Konrad Ekhof, und es brachte eine große Zahl bedeutender Wissenschaftler und Künstler hervor.

Nach der Abdankung der Großherzöge wurden zunächst zwei Freistaaten gebildet (Mecklenburg-Schwerin und Mecklenburg-Strelitz), die 1934 zum »Land Mecklenburg« zusammengelegt wurden. 1945 entstand durch die Angliederung Vorpommerns das Land Mecklenburg-Vorpommern, aus dem endlich im Zuge der Verwaltungsreform von 1952 die drei Nordbezirke der DDR hervorgingen.

Mit der vielbeschrieenen Rückständigkeit Mecklenburgs und Vorpommerns ist es längst vorbei. Die alten Werft- und Hafenstädte an der Küste blühten auf, neue Industrien entstanden im Binnenland wie an der Waterkant, eine moderne und leistungsfähige Landwirtschaft wuchs heran. Aber grün und schön ist das Land noch immer. Und wenn dieses Buch hilft, der grünen Schönheit unseres Nordens neue Freunde zu schaffen und den alten eine erwünschte Erbauung, so ist die Arbeit nicht umsonst getan.

Schwerin, im Mai 1987 *Jürgen Borchert*

DER WISMARSCHE ZOLL
(1328)

Im Wismarer Privilegienbuch »De thelonio tenendo« findet sich die Urkunde, mit der Heinrich von Mecklenburg der Hansestadt eine Zollordnung gibt. Sie ist, wie viele Urkunden der Hansezeit, ein ausdrucksstarkes Dokument, erzählt sie doch von der Vielfalt der Handelsbeziehungen, von den hauptsächlich gehandelten Waren, von engen und weniger engen Bindungen zwischen Städten und Ländern. Den Fürsten war die allzu große Macht des Hansebundes ein Dorn im Auge. Auch Heinrich II., der »Löwe« genannt, lag ständig mit den Städten im Streit, bis es ihm gelang, die Zentralgewalt des Fürstenhauses zu festigen. Sein Sohn Albrecht errang 1348 die Herzogswürde.

Im Namen Gottes, amen.

Wir Heinrich von Gottes Gnaden Herr zu Mecklenburg, Stargard und Rostock bekennen und bezeugen in diesem offenen Brief und tun kund allen jenen, die diesen Brief sehen und hören, daß man den Zoll zu Wismar, wie er hiernach beschrieben steht, ewiglich halten soll. Alles Schiffsbrückengut soll ledig und los sein und frei an allen Enden unseres Landes, und diejenigen, denen das Gut gehört, die sollen es gebrauchen in Freiheit und in ihrem rechten ererbten Namen. Alle, die in Wismar Hering kaufen oder einführen, die sollen dafür zollen. Die aber Waffen führen zur Beschirmung meines Landes, die mögen Hering kaufen und ihrer Küche zuführen ohne Zoll. Auch soll, wer Hering auf See selbst gesalzen hat und ihn nach Wismar bringt, eine Fahrt machen ohne Zoll, wohin er will. Auch soll man nehmen von einer Last Hering neunundzwanzig Pfennige, von der Last Ochsenhäute zwei Schillinge und von der Last Bockshäute zwei Schillinge von jedem Dänen, der sein eigen Brot ißt. Auch sollen die Dänen geben von jedem Pfund Honigs vier Pfennige, von jedem Pfund Kupfers vier Pfennige, von einem Packen Leinwand vier Pfennige. Auch sollen alle deutschen Schiffsleute, so sie

Georgenkirche Wismar

keine Bürger zu Wismar sind, von der Last Bier sechs Pfennige geben. Aber die von Lübeck sollen frei sein gleich unseren Bürgern von allem, was sie mit Schiffen zuführen. Eben so frei seien die von Rostock. Alle die von jenseits der Elbe sollen geben von dem Wagen vier Pfennig, von jedem Pferd, das sie kaufen, vier Pfennig, von allen fetten Dingen, Schweineschmalz und Talg, von jedem Pfund vier Pfennige. Die von Hamburg sollen denen von jenseits der Elbe gleich sein. Alle die Holsteiner, beide — Bürger und Bauern, sollen Zoll geben gleich jenen. Auch die von Schwerin sollen zwei Schillinge von der Last Herings geben. Auch soll man von dem Hundert Stockfisch einen halben Pfennig geben, von hundert Kalbfellen vier Pfennige, von hundert Lodwaren, das sind geschorene Schaffelle, vier Pfennige, von dem Sack Wolle vier Pfennige. Auch die von Perleberg sollen gleich sein den Unsrigen. Kommt aber eine Kogge oder ein Schiff in den Hafen und verkauft oder vertauscht dort seine Ladung, so soll es Zoll zahlen, als wäre die Ware in die Stadt eingeführt. Auch soll die Stadt Riga frei sein, und auch die Stadt Danzig und die Stadt Gotland und das ganze Reich zu Schweden sollen frei sein. Auf daß alle diese Stücke in diesem benannten Zoll stetig und fest bleiben und weder von uns noch unseren Erben und Nachkommen gebrochen werden, so haben wir diesen Brief darauf gegeben und besiegeln lassen mit unserem Insiegel.

Gegeben zu Wismar im Jahr Tausenddreihundertachtundzwanzig nach der Geburt Christi am Tage des Heiligen Kreuzes vor dem Sankt-Michaels-Tag.

Ins Hochdeutsche übertragen und stark gekürzt vom Herausgeber
Stammler, Wolfgang: Mittelniederdeutsches Lesebuch. Hamburg 1928, S. 12, Nr. 3

Das Rostocker Liederbuch
(1465–1487)

Drei Studenten der Rostocker Universität trugen am Ende des 15. Jahrhunderts hochdeutsche, niederdeutsche und lateinische Lieder zusammen. Die Handschrift erlebte ein Jahrhundert später ein zeitübliches Bücherschicksal: Der Buchbinder zerschnitt sie und verwendete die Blätter zum Verkleben von Einbanddeckeln. Erst 1914 wurden die Lieder wiederentdeckt und, soweit auffindbar, zusammengefügt.

De jungelin sprack: »schon junckfrow fyn,
Wltu myn vrundynken syn?
Ik gheue dy de truwe myn
Und neme dy to wiue.
Heyo! vnd neme dy to wiue!«

De junckfrow sprack: »schon jungelin,
Ik wolde dyn frondynken syn,
Mochte mannes mod ghestede syn,
Din eghen wolde ik bliuen.
Heyo! Dyn eghen wolde ik bliuen.«

Wan leff myt leue leffliken sprekt,
Den beyden nicht tijd en brekket,
Unde leff dorch leue weghet nicht,
Leff wil bi leue bliuen.
Heyo! Leff wil bi leue bliuen.

(Um 1470)

Der Jüngling sprach: »Schöne Jungfrau fein,
Willst du meine Freundin sein?
Dann schenk ich dir die Treue mein
Und nehme dich zum Weibe.
Heio! Und nehme dich zum Weibe!«

Die Jungfrau sprach: »Mein schöner Junge,
Ich wollte deine Freundin sein,
Wenn du dich stets als Mann verhältst
Dir eigen würd' ich immer bleiben.
Heio! Dir eigen würd ich immer bleiben.«

Wenn Liebe lieb mit Liebe spricht,
Es beiden nicht an Zeit gebricht,
Und Liebe nicht an Liebe mißt,
Wird Liebe bei der Liebe bleiben.
Heio! Wird Liebe bei der Liebe bleiben.

Ins Hochdeutsche übertragen von Hans Joachim Gernentz
Gernentz, Hans Joachim: Niederdeutsch — gestern und heute. Rostock 1980
(Hinstorff Bökerie 11), S. 216 ff.

Ein kurtzweilig Lesen von Dyl Ulenspiegel
(um 1450)

Ulenspiegel oder »Eulenspiegel«, wie sein hochdeutscher Name lautet, soll aus Kneitlingen bei Braunschweig stammen, lebte als fahrender Gesell und starb 1350 zu Mölln an der Pest. Die ersten Aufzeichnungen seiner Streiche und Missetaten sind, in niederdeutscher Sprache, schon um 1450 erfolgt. Leider sind diese Handschriften verschollen, auch die ersten Drucke existieren nicht mehr. Unsere »46. Histori« folgt dem Straßburger Druck von 1515 in der Textfassung einer Neuausgabe von 1968. Sie schildert Ulenspiegels drastisches Abenteuer zu Wismar, wo er einen reichen Schuhmachermeister auf wahrhaft anrüchige Weise nasführt.

Wie Ulenspiegel einem Schuhmacher zu Wismar Dreck für Talg verkauft, der gefroren war

In einer Zeit tät Ulenspiegel einem Schuhmacher zu Wismar großen Schaden mit Zuschneiden und verderbt ihm viel Leders, daß der güt Mann ganz trurig ward. Und das vernahm Ulenspiegel und kam wieder gen Wismar und sprach denselben Schuhmacher, dem er den Schaden geton hätt, wieder an, wie daß ihm ein Last Leder und Schmalz kommen würd, da sollte er ihm große Kauf angeben, daß er seinem Schaden wieder nachkummen sollt. Der Schuhmacher sagt: »Ja, das tust du billig, dann du mich damit zu einem armen Mann gemachet hast. Wann dir das Gut kummt, so sag mir das zu.« Daruff schieden sie voneinander. Nun war es in Winterzeiten, daß die Schinder die heimlichen Gemach reinigten. Zu denen kam Ulenspiegel und gelobt ihnen bar Geld, daß sie ihm zwölf Tunnen wullten füllen mit Materi, die sie sonst pflegen in das Wasser zu führen. Die Schinder täten also und schlugen ihm die Tunnen ganz voll uff vier Finger breit und ließen die stohn so lang, bis sie also hart gefroren waren. Da holet Ulenspiegel die hinweg. Und uff 6 Tunnen begosse er oben das dick mit Talg und schlug sie hart zu, und 6 Tunnen begoß er mit Köken-Schmalz und schlug die alle hart zu und ließ die zum Gülden Sternen, in sein Herberg, führen und schickt dem Schuhmacher Boten. Da er kam, schlugen sie das Gut oben uff, und das gefiel dem Schuhmacher wohl. Sie vertrugen sich des Kaufs, daß der Schuhmacher Ulnspiegeln für den Last sollt geben 24 Gulden. Das sollt er ihm bar Geld geben 12 Gulden, das ander in einem Jahr. Ulenspiegel nahm das Geld und wanderte, denn er forcht das End. Der Schuhmacher entpfing sein Gut und war fröhlich als derginne[1], der verloren Schaden oder Schulden wieder zukummt, und bat um Hilf, daß er des andern Tags wollt Leder schmieren. Die Schuhmacherknecht kamen stark[2], dann sie sich eines guten Kropfs vermessen hätten und begunnten das Werk anzugohn und laut ze singen, als dann ihr Wis[3] ist. Als sie nun die Tonnen zu dem Feuer brachten und fingen an warm zu werden, da gewunnen sie ihren natürlichen Geschmack. Sprach je einer zu dem anderen: »Ich mein, du habst in die Hosen geschissen.« Der Meister sprach: »Eurer einer hat in den Dreck getreten, wischen die Schuh, es schmeckt uns dermaßen ubel.« Sie suchten all umher, aber sie funden nichts und begunnten das Schmalz in ein Kessel zu tun und schmieren; je tiefer sie kamen, je das ubeler stank. Zu dem letzten wurden sie das innen und ließen die Arbeit stohn. Der Meister mit den Gesellen liefen, Ulenspiegelen zu suchen und ihn zu beheben[4] um den Schaden, aber er war mit dem Geld hinweg und soll noch wiederkummen nach den andern zwölf Gulden. Also mußt der Schuhmacher sein Tunnen mit dem Talg uff die Schelmengrub führen und kam zu zweifaltigem Schaden.

---

[1] derjenige
[2] in großer Zahl
[3] ihre Weise
[4] zu belangen

Deutsche Volksbücher in drei Bänden. Berlin und Weimar 1968, Band 2, S. 78

WISMARER TRINKLIED
(15. Jahrhundert)

Die Kraft und der Ausdrucksreichtum der mittelniederdeutschen Sprache der Hansezeit fanden zumeist ihren Niederschlag in den Urkunden und Verträgen der Hansestädte. Nur wenige Zeugnisse der Volkspoesie aus diesen Jahrhunderten im Morgenlicht der kommenden Renaissance sind überliefert. Zu ihnen gehört das Wismarer Trinklied. Da in ihm vom Mangel an Leibesnotdurft die Rede ist, müssen wir wohl annehmen, daß es von armen Matrosen und Hafenknechten gesungen worden ist.

Trinklied aus Wismar

Hyr gha ik hen vör dat schap stan unde wyl wat eten,
men hyr is nich en beten;
dat ghode ber mach ik gherne drynken
unde ok ete ik gherne van deme schynken.
Myn leve kumpan, wo gheyt yt dy so tho strumpe?
kanst du noch ghyghen edder trumpen?
de balken kanst du tellen
unde en stöffeken bers ut der tonnen fellen;
dar ümme byt du en ghot geselle.
Du kanst ok wol kaken,
dat flesk ute deme grapen raken.
Wen du dat heft gedahn,
so kanst du na deme keller ghan.
Den kol macht du nicht gherne eten, den lest du wol stan,
dar ümme byst du en ghot kumpan.

Hier steh ich vor dem Schrank und will was essen,
nur leider ist nichts da.
Das gute Bier mag ich auch gerne trinken,
auch äß ich gerne von dem Schinken.
Mein lieber Kumpel, stehst du auch so in den Strümpfen?

Kannst denn du noch geigen oder blasen?
Die Balken kannst du zählen
und ein Bierchen aus der Tonne trinken,
deshalb bist du ein braver Geselle.
Kochen kannst du wohl auch
und dir ein Stück Fleisch aus dem Kessel ziehen.
Wenn du das getan hast,
kannst du in den Keller gehen.
Den Kohl magst du auch nicht so gerne, den läßt du stehn.
Und darum bist du ein guter Kumpel.

Freie Nachdichtung des Herausgebers

Die niederdeutsche Fassung in:
Tausend Jahre Plattdeutsch. Proben niederdeutscher Sprache und Dichtung vom Heliand bis 1900. Herausgegeben von Conrad Borchling und Hermann Quistorf. Glückstadt 1927, S. 113

Johannes Bugenhagen
geb. in Wollin 24. 6. 1485
gest. in Wittenberg 10. 4. 1558

Bugenhagen, genannt Dr. Pomeranus, brachte Luthers reformatorische Ideen nach Pommern. Er hatte an der Bibelübersetzung durch Luther mitgewirkt und eine eigene, niederdeutsche Fassung der Bibel nach Luthers hochdeutschem Text angefertigt. Sein wichtigstes Werk aber ist die »Kercken Ordeninge des gantzen Pomerlandes«, die in der Offizin des Franz Schlösser zu Wittenberg gedruckt wurde und nur in einem einzigen Exemplar überliefert ist.

Eigenschaften und Tugenden eines guten Predigers
Zum ersten, daß er einen fein ordentlich und richtig lehren könne. Zum zweiten soll er einen feinen Kopf haben. Zum dritten wohl beredt sein. Zum vierten soll er eine gute

Stimme haben. Zum fünften ein gut Gedächtnis. Zum sechsten soll er wissen aufzuhören. Zum siebenten soll er seines Dinges gewiß und fleißig sein. Zum achten soll er Leib und Leben, Gut und Ehre daran setzen. Zum neunten soll er sich von jedermann lassen vexieren und verspotten.

Martin Luther

Aus:
Kirchenordnung des ganzen Pommernlandes
(1535)

Von den Schulen

Schulen sollen eingerichtet werden mit Schulmeistern und Schulgehilfen in allen Städten je nach den Gegebenheiten, es sei denn, daß man Kinder-Schulen mit weniger als drei Personen nicht aufrechterhalten kann. In großen Städten muß dies besser sein, so daß man die Jungen von den geringeren auf bessere Schulen schicken kann, wenn sie etwas gelernt haben.

Lektionen und Übungen in der Schule

Lektionen und Übungen in der Schule sollen gehalten werden nach der Anleitung, wie sie in der Sächsischen Visitation beschrieben ist. Damit aber arme Kinder nicht von der Schule gedrängt werden, darf man denen, die es nötig haben, das Betteln vor den Türen nicht verbieten.

Hierzu ist nötig, daß man die Schule mit Örtlichkeiten und Wohnungen für den Schulmeister und seine Gehilfen baut und daß der Rat hierbei darauf achtet, daß die Schatzkasten-Diakone in dieser Angelegenheit nicht nachlässig handeln. Hierzu ist ferner notwendig, daß man eine ehrliche Besoldung für den Schulmeister und die Gehilfen festlegt, damit man dementsprechend gelehrte Leute bekommt und sie gern bei uns bleiben. Man soll die Wohnungen des Magisters und seiner Gehilfen mit verschlossenen und unverschlossenen Tischen und mit einigen Betten und Schränken versehen [...].

Darüber hinaus soll man festlegen, was sie von den Kindern als Vergütung oder Schulgeld bekommen sollen; wie von altersher soll solche Festlegung durch die Visitatoren getroffen werden, ebenso bezüglich der Nebeneinnahmen. Für den Gesang, falls man den bei Beerdigungen wünscht, gebe man nach Gewohnheit. Auch dann, wenn die Braut in der Kirche singen lassen will: Te Deum laudamus etc., gebe man den Schülern die gewöhnliche Suppe und dem Magister und seinen Gehilfen bei der Hochzeitsfeier eine Mahlzeit.

Von der Singestunde aber in der Musik wird auch Anweisung durch die Visitatoren getroffen werden, sonst ist die Stunde nach dem Mittag gut dazu geeignet.

Wenn man aber feststellt, daß die Jungen in einigen kleinen Städten dadurch wirklich vernachlässigt werden, daß der Schulmeister zugleich Stadtschreiber ist, so ist es notwendig, daß man diese beiden Ämter nicht einer Person aufträgt, sondern voneinander trennt, soweit es möglich ist. Ganz unleidlich aber ist es und darf aus mancherlei Gründen nicht erlaubt werden, daß ein Pfarrherr oder Prädikant auch gleichzeitig ein Stadtschreiber ist.

Von einer Universität

Um dieses gute Land im geistlichen und weltlichen Regiment zu erhalten, ist es notwendig, eine gute volle Universität einzurichten, von der nach Bedarf geschickte Leute mit einem guten Ruf bezogen werden können. Und es wäre gut, mit einer solchen ganzen Universität sobald wie möglich zu beginnen, so daß man sicher wäre, daß diejenigen Güter, die hierfür zur Verfügung gestellt werden sollen, nicht verfallen. Denn falls eine solche Universität nicht ausreichend versorgt würde, könnte sie verfallen, wie es in Greifswald geschehen ist. Aber weil es zunächst schwer sein dürfte, so übereilt anzufangen, wäre unser Rat, daß man für ein Jahr oder zwei mit einer einfacheren Universität beginnt, damit die Jugend hierzulande soweit aufgezogen würde, um mit der Zeit größere Kenntnisse zu erwerben.

Weil denn die Universität von neuem aufgerichtet werden

soll, ist vor allen Dingen darauf zu achten, ein gutes Pädagogium einzurichten. Diesbezüglich werden die Marburger gelobt, die sehr geschickt ein Pädagogium errichtet haben sollen. Deshalb sollte man sich für die Art und Weise der Errichtung daran ein Beispiel nehmen und ebenso an dem Arnold Burenius, der in Rostock ein gutes Pädagogium errichtet haben soll.

Zunächst wären acht Personen für den Anfang genug, vier Professoren der freien Künste, zwei Theologen und zwei Rechtsgelehrte. Der oberste Professor der Künste soll der Leiter des Pädagogiums sein. Am Pädagogium sollen zwei Magister sein, von denen der erste eifrig die lateinische Grammatik lehrt und die Regeln wiederholt, und von den lateinischen Schriftstellern Terenz, die Briefe Ciceros, bisweilen Vergil, bisweilen auch einen Teil aus Ovid liest. Der andere lese und erkläre Dialektik und Rhetorik, die Copien des Erasmus und dergleichen Bücher, ebenso die Kunst des Versemachens. Alle beide aber sollen darauf achthaben, daß die Jungen gut latein reden, daß sie ihre Schrift emendieren (berichtigen). Falls aus der Zahl der Jungen einige gut vorankommen, dürfen sie danach auch die anderen Professoren hören. Der erste unter den Professoren soll die elementa Sperica (Grundbegriffe der Astronomie), Arithmetik und dergleichen lesen. Falls er dazu geeignet ist, darf er auch Vorlesungen über Medizin halten.

Der andere lese umschichtig die Cäsareische Dialektik, Quintilian und Vergils Äneis. Diesem soll auch aufgetragen werden, eine griechische Lektion zu lesen. Er soll ferner beauftragt sein, die Schrift der Jungen zu emendieren. Diese vier sollen auch nach der Ordnung disputieren. Von den Theologen soll einer hebräisch lesen.

Sie alle sollen aber nicht mit zu vielen Lektionen belastet werden. Vielmehr als Höchstmaß lasse man einen pro Tag zwei Lektionen und nicht mehr lesen. Falls es geeignete Personen sind, dürfen sie untereinander gern die Lektionen, Stunden und was sie lesen wollen, teilen.

Von den Studenten

Diesbezüglich müßte auch von den Fürsten angeordnet werden, daß eine jede Stadt je nach Größe und Vermögen zumindest zwei Bürgerkinder zur Universität schickt, vier, wenn sie reich ist, abgesehen von denen, die von selbst freiwillig studieren. Ebenfalls müßte angeordnet werden, daß man in den Städten ebenso wie Prädikanten auch Syndici, Ärzte, gute Schulmeister und gelehrte verständige Stadtschreiber hält und diese mit einer redlichen Besoldung versorgt und bezahlt, damit einer, wenn er erfolgreich studiert hat, auch angemessene Lebensbedingungen vorfindet, unter denen er ausreichend leben könnte usw.

Wer die Schulpersonen einstellen soll

Den Schulmeister und Subrektor sollen Rat, Pfarrherr und Kastenherren einstellen. Der Rektor soll sich die anderen Mitarbeiter besorgen, aber so, daß sie durch den Superintendenten des Ortes examiniert werden.

Von den Büchereien

Falls in den Städten, in Pfarren und Klöstern einige Bibliotheken sind, worin sich verschiedene gute Bücher befinden, die jetzt jämmerlich und schmählich verkommen und verschleudert werden, ist es nötig, daß man auch darüber Befehle und Anordnungen erläßt, damit solche an einer Stelle gesammelt und in einer jeden Stadt eine Bibliothek für die Pfarrer, Prediger, Schulmeister und -gehilfen usw. eingerichtet wird.

Bugenhagen, Johannes: Pommersche Kirchenordnung von Johannes Bugenhagen (Übersetzung aus dem Niederdeutschen von Sabine Pettke). Greifswald 1985, S. 177 ff.

Michael Franck
um 1590

Michael Francks, eines »fahrenden Schülers«, anschaulicher Reisebericht durch Pommern und Mecklenburg ist in einem handgeschriebenen Quartband in der Oberlausitzischen Bibliothek der Wissenschaften überliefert und 1880 offenbar erstmalig in der gelehrten Zeitschrift »Baltische Blätter« im Druck erschienen.

Franck stammte aus Frankfurt/Oder und soll später Pfarrer in Berzdorf in der Lausitz gewesen sein.

> So wird kein Berg noch tiefes Tal,
> kein Wasser uns irren überall;
> fröhlich komm'n wir an unsern Ort,
> wenn du uns gnädig hilfest fort.
> Kyrieleis.
>
> *Choral, 1527*

Reise eines fahrenden Schülers durch Pommern und Mecklenburg
(1590)

Von Grippeswalde und der pommrischen hohen Schulen

In diese Stadt Grippeswalde bin ich auch im May kommen, des Morgens frühe zu Glock 8, darinnen ich erst das Frühstück gehalten und mich ein wenig hernach darin umbgesehen. Diese Stadt liegt im Hertzogthum Wollgast, und hat diese Stadt viel bürgerliches Zancks und Unfriede gehabt, dadurch sie etwan in Abnehmen kommen. Sie liegt fast im Thal und Grunde, zu welcher auch ein Strandt auß der Ostsee gehet, daher sie auch für eine Seestadt geachtet. Es ist diese Stadt eine feine große Stadt, etwas größer als Ancolam, mit feinen gebranndten Steinhäusern erbauet, auf die alte seestädtische Manier. Es hat auch darinnen einen feinen großen Marckt gehabt, auf welchen ein hübscher Rohrkasten gewesen, weite und breite Gaßen gewesen, wird auch noch ziemlich sauber darinn gehalten. Es hat auch zweene feine Haubtkirchen neben anderen Gestifften in dießer Stadt, so nicht sonderlichen gezieret, wie in den Seestädten zu finden, darneben eine ziemliche Particularschulen; auch haben die Fürsten von Pommern ihre Universität und hohe Schulen darinnen, welche Ao. 1456 aufgerichtet worden. Diese hohe Schul ist dazumal begnadet gewesen mit dem wohlachtbaren und hochgelahrten Herrn Doctore Jacobo Rungio, professore publico et generali superintendente der pommerischen Kirchen in wollgastischer Regirung, der unser augspurgischen Confession und den Schrifften Lutheri wohl zugethan, auch viel gutes Dinges zugeschrieben, wie er denn dem Lande sehr wohl bekanndt, auch nüzlichen und dienstlichen. Dazumahl ist nicht eine sonderliche Frequenz von den Burschen allda gewesen; das Collegium oder Auditorium liegt an der Stadtmauren in einem Winckel benebenst einer Kirchen, läst sich ansehen, als wanns ein altes Closter gewesen, nicht sonderlichen gebauet, auch nicht viel Raum innen, dabey abzunehmen, daß in dieser Universität niemahls viel Studenten allda und großen Zulauff muß gehabt haben; wie man denn auch wenig Bursche gesehen oder in der Stadt einem sindt fürkommen. Die Bürgerschafft haben ihren Handel auch zu seewarts, wie auch zu Lande. Die Ostsee soll etwas von weiten von ihr liegen, doch können die Schiffe in einem Arm oder Schlundt aus der See zu ihr anlauffen, wie denn auch noch ziemliche Schiffe allda an ihrer Anfuhrt zu sehen gewesen. Die Insel Rügen kömpt ihr wohl noch zu Hülffe, welche sehr fruchtbar ist, also nichts sonderliches allda zu sehen, mag auch vorzeiten beßer umb sie gestanden seyn. Das gripswalder Bier, so von der Bürgerschafft allda gebrauen wird, ist auch nicht sonderlichen, dienet für die studiosi, damit es ihnen nicht die Köpfe perturbiret[1] und in ihren studiis hindert, den Bürgern ist es auch bequem, läßt sich doch fein leicht wegtrinken; doch kan man gute frembde Bier und spanischen Wein allda haben, denen für die Gelahrten nüzlich. Von Wassermühlen müssen sie nicht viel wissen, sintemahln sehr viel Windmühlen umb diese Stadt gewesen, als ich bald nicht gesehen.

Wie man von Ancolam in die Stadt ziehet, da stehet ein kleines Kirchlein auf einem Berge für der Stadt, darinnen sich diese denckwürdige Historien zugetragen hat: in dieser Kirchen siehet man im Dache ein Loch hindurch, welches, weil man es schon vielmahl versucht, nicht zudecken kan, durch welches Loch der Teufel einen gottlosen Menschen soll hindurch und hinaus geführet haben und seinen Braten geholet hat. Waß dieß für ein gottloser Mensch ist gewesen, daran Gott ein solch schreckliches Exempel statuiret, kann man wol erachten, daß er ein vermessner, gottloser Mensch, der Gott und sein Wort verachtet und dem bösen Feinde sich gäntzlich ergeben haben muß. An den Mauern neben dem Dache werden auch noch die Krällen gesehen, die er zum Gedächtniß hinter ihnen verlassen, die er gerizzet haben soll, als er ihn hinweggeführet. Behüte Gott vor solcher Auffahrt! Sonsten ist die Stadt auch nicht sonderlichen fest mit Wällen und Pasteyen versehen gewesen, als mit einer Mauren, die herumb gewesen.

Von Strallsundt, auch einer pommrischen Hauptstadt.

Diese Stadt Sundt oder Strallsundt hat ihren Namen von Susione, einem Herzzogen aus Francken, welcher sie Ao. 1046 gleichwie auch Franckfurt an der Oder, mein liebes Vaterland, gebauet hat. Ist eine feine, große und wohlgebauete Stadt jetzt gewesen, mit schönen von gebrannten Ziegeln Steinhäuser gebauet, aber sehr enge Gassen, und wird schlammig darinnen gehalten. In dieser hat es sehr viel Brunnen gehabt, fast in allen Gaßen; an den Orten der Gaßen hat es auch viel hölzerne Pfäle um die Ende eingeschlagen, köndte nicht anders verstehen, daß solches geschehen von wegen den Häusern, damit sie nicht dafür könten beschädiget werden. In diese Stadt bin ich gekommen auf den Sonnabendt zu Abendt und zu einem Büchsmacher eingekehret, so gute Leuthlein gewesen und mir alles gutes gethan. Diese Stadt hat erst den Barden Seer zum Fürsten gehabt, jezt gehörets unter das Hertzogthum Wollgast.

Es hat diese Stadt eine vornehme Hauptkirchen gehabt, welche zwar nicht schön und zierlich ausgebutzet gewesen,

Küste bei Vitt auf Rügen

wie ich denn fast in allen Orten des Landes gefunden, es wird aber alle Sonntage in allen der Gottesdienst mit Predigen und Sacramentreichen fleißig bestellet und also angeordnet, daß wann die Predigt in der einen ausgewesen, man in der anderen angefangen und also, wer Lust zu Gottes Wort zu gehen gehabt, in alle kommen mögen.

In der obersten Pfarrkirchen, S. Nicolaus genanndt, hab ich nach vollbrachter Predigt des Raths ernsten Befehlig ablesen hören, denn ihnen scharff genug fürbracht vom Prediger worden, alß

erstlichen soll Niemandt vor der Predigt in den Häusern oder Kellern Gäste sezzen, noch bey Gesöff aufhalten.
2. Es soll Niemands unter der Predigt auf dem Marckte oder vor den Thoren und auf den Graben und anderswo spatzieren gehen sich Niemandt finden laßen.
3. Die Tezweiber[2] mit ihrem Kramwerck sollen nicht länger auf dem Marckt feil haben, biß daß man in der Kirchen zusammengeschlagen hat, alsdann sie sich bald von dannen machen sollen.
4. Daß nicht Jedermann alles auf die Pracht und sonderlich das Weibsvolck auf die Hoffahrt legen solten, sondern vielmehr die Häuser davor bauen.

Es ist die Stadt auch am Meerstrandt gelegen, denn es ist eine fürnehme Seestadt, sie liegt auch an einem guten geschlahen Boden, dabey ein gutes Getraydelandt; sehr schönes Weibsvolck und hoffärtiges giebts allda. Diese Stadt ist auch ziemlich fest, mit Graben, Mauren und Waßer herumb wohl verwahret; in den Stadtgraben habe ich die ersten gezämten Schwane gesehen, welche allda gewohnet, genießet und ihre Jungen erzogen. Es braut auch allda ein gutes und wohlschmekkendes Bier, welches das berumbste in Pommern, darumb es auch zu Waßer weit geführet und allenthalben gern getrunken wird. Es hat sonsten ein wohlhabendes Volck allda, und wird die Kauffmannschafft und Schiffarth auch fleißig getrieben, denn man dannen aus der Ostsee hin und wieder, als in Preußen, Dännemarck, Norwegen und andre Insuln lauffen kan, das der Bürgerschafft gute Nahrung und Reichthumb giebt.

[...]

Beschreibung des Mecklenburger Landes

Das Herzogthumb Meckelburg sampt der Graffschafft Schwerin, Rostock und Stargart sind vorzeiten ungetheilte Herschafften gewesen, ist ein sehr fruchtbahres Land und überflüssig an Korn und Holz, auch fischreich, viel Viehes und Wildpretes, mit vielen großen und reichen Städten, Schlössern, Flecken und Dörffern wohlgezieret und gebauet, die ersten Einwohner desselbigen Fürstenthumbs sind genennet gewesen die *Heruler* oder *Werrlen*, sindt mit den Wenden unter eines Königs Regierung begriffen, daß ist soviel als *Obotriten* oder *Gundtscharen* oder *Rottiren*, ihre Abgötter sind erstlichen gewesen *Teutones*, welchen sie Menschen geopfert, darnach *Radegast*, welcher ein König bei ihnen gewesen, den haben sie stattliche Tempel aufgerichtet und seinen Bildniß einen Harnisch und Panzer angethan, und auf die Brust einen Ochsenkopf gesezzet.

[...]

Die Wenden und Werrlen haben einen König gehabt, Antyrius genanndt, welcher einen Ochsenkopf und daß Pferd Alexanders Bucephalus im Schilde geführet, daher denn noch heute zu Tage die Fürsten zu Meckelburg wie auch die zu Rostock einen Ochsenkopf mit weißen oder güldenen Hörnern führen, dieses haben sie zum Gedächtniß mit einer güldnen Kron des alten Königlichen Stammes ihnen von Kayser Carolen geschencket und privilegiret.

Die vornehmbste Städte sindt gewesen *Mecklenburg* von dem griechischen Wort μεγαπολης, daß ist eine große Stadt, davon das gantze Landt seinen Nahmen, auch folgende Fürsten den Titul behalten, ungeachtet, daß es zu vielen Mahlen verheeret und unerbauet liegen blieben. Es hat auch nicht allein Antyrius, sondern auch Billugus, der mächtige König der Werrlen und Wenden, ihren königlichen Siz und Hofhaltung darinnen gehabt. In dieser Landschaft ist auch nicht weit von der See *Vineta* auffgerichtet, welche eine herrliche Gewerbstadt ist gewesen, dahin aus India, Griechen, Reußen und Preußen Kauffmanswaaren bracht und verhandelt worden, welche auch durch ihre eigene bürgerliche Uneinigkeit, Krieg und Empörung durch den König aus Dännemarck gar in den Grund ist verderbet worden.

Item *Rhetra*[3], da noch alte Uhrkundt und rudera[4] einer feinen Stadt vorhanden, allda auch ein Tempel des Abgotts Radegast gewesen; diese Stadt soll sieben feste Thor gehabt haben, auch mit tiefen Graben und Mauren wohl verwahret, soll gelegen seyn in den stargartischen Lande nicht weit von einem großen See. Von den anderen vornehmen Städten, darinnen ich kommen bin, will ich weiter melden folgende:

Von Rostock der Hauptstadt deß Landes Meckelburges.

Diese Stadt Rostock ist eine fürnehme und große Hauptstadt in meckelburger Lande, liegt nach der Länge mit lautern von gebrannten Ziegeln Steinhäusern erbauet, sehr schöne große starcke Gebäude nach der alten seestädtischen Art. In dieser Stadt hat es weite Gaßen und einen großen Marckt, darauf ein feiner Waßerbrunnen, hat auch reiches und wohlhabendes Volck darinnen, doch nicht allso hoffärtig, wie zu Strallsunde, und mit ziemlicher Kleidung, reinlich, doch aber sonderlicher unbekannter Tracht, sonderlichen verstellen die Hücken das Weibsvolck sehr, welches sie über die Haupter ziehen und vor den Mantel brauchen. In dieser Stadt hat es vier vornehme Hauptkirchen, die in der Unterstadt S. Nicolaus genannt, bey derselben ist eine hohe Spizzen gewesen, die dazumahl wieder gebauet und mit Schiver gedecket, denn sie längst nicht zuvor von einem Sturmwinde herunter geworffen.
[...]
Die andre Kirchen wird genanndt zu S. Marien, oder unser Frauen Kirche, ist eine feine große Kirchen gewesen, daran hat man zu der Zeit auch gebauet und fein angerichtet, darinnen hab ich einen feinen hölzernen Predigtstuhl gefunden, gar artig und künstlich, mit schönen Figuren ausgeschnizzet und gezieret.

Die dritte, S. Petrus Kirchen genanndt, ist auch eine feine Kirchen gewesen, darinnen ein feiner Predigtstuhl, von Werckstücken ausgehauen und auch mit artlichen Figuren gezieret.

Die vierdte ist die Pfarrkirchen S. Jacob, bey derselben hat man eine durchsichtige neue Spitzen erbauet und mit Kupfer gedecket. In dieser Kirchen war ein schöner Predigtstuhl, von weißem Alapasterstein ausgehauen, welcher Ao. 1557 erst erbauet, sowie ein schön neu Orgelwerck Ao. 1585 erbauet. Unter diesem Orgelwerck war zu sehen ein Todesbild, das hatte ein Stundenglaß in Händen und war mit Drath also gerichtet, daß wann die Uhr im Thurme die Stunden gemeldet oder geschlagen, hat daß Stundenglaß von sich selbst durch die Dräthe und derselben Bewegung umgewendet als wann das Todtenbild. In dieser Kirchen hab ich den weit berühmten und hochgelehrten Mann und D. Simonem Pauli am Sonntag Cantate und vocem jucunditatis[5] praedicieren hören, bey welchen man schöne Gaben und reichen Geist zu hören gewesen.

[...]

Auch hat es in dieser Stadt Rostock eine Universität und hohe Schul Anno Christi 1419 fundiret, die Auditoria sindt zwar nicht gar herrlich gebauet gewesen, gelegen auf einem weiten Plaz, der Hoppenmarckt genannt; auf dieser Universität sind neben andern gewesen die berühmten Männer David Chyträus ss. teologiae Doctor, item S. Pauli, Doctor et Pastor, Nathan Chytraeus, poeseos professor publicus[6], der dazumahl den Ovidium gelesen, dessen lectiones ich gehöret. Mit den andern hab ich persönlichen geredet und in mein Stammbuch notiren laßen. Der Herr D. Chytraeus ist kranck und nicht wohl auf gewesen, doch durch seinen famulum zu sich in sein Musäum fordern und von den Zustandt der franckfurtischen Universität und derselben professoribus sich mit mir unterredet, sonderlichen nach dem Wenzelio[7] mit Fleiß gefraget, der ihm bekanndt gewesen.

[...]

Es sindt mir auch bey meinem alten Freund Henrico die vier Wochen über mancherley selzame Speisen und frembde Geträncke fürkommen, so ich vor der Zeit nicht gesehen, sonderlich von mancherley Seefischen, also von Merrschwein, das ist ein fettes, süßes, liebliches Eßen gewesen, item frische Platteysen oder Schollen, wie sie des Landes genannt; Rochen, ein selzamer stattlicher Fisch mit einem langen

Schwantze; frische Hering, ist ein gar süßer Fisch; bergische Butten, sind fast der Art als die Blatteisen, nicht so groß, ist ein Herreneßen auff dem Rost geröstet; ist ein sehr fetter Fisch, gut zum Trunck auf Kohlen gebraten; frischen Durst oder Morellen oder Marrelen, diese sind gar gemein mit Senff wie den Stockfisch zu eßen. Auch haben sie viel frembden und spanischen Wein allda, wie denn mein Schulgesell, der H. Kilian, einen Weinschencken der Stadt geben hat, als Alacant; Zietenwein, ein schwarzer Wein; Bastart; Hipocras, ein starckes von Gewürtz zugerichtetes Geträncke, wie ein Malphasier[8]. Auch sindt zu sehen gewesen allda Meerwunder, alß Drachen mit Flügeln, Fische mit Flügeln, lange Fische mit breiten und langen Schnäbeln, item Löffelgänse, Schwanen etc.

[...]

Es hat deßelbigen Landes selzame Art mit den Baden und Badstuben, so mir wunderbahrlich fürkommen, als ich daselbsten in die Badstuben gangen, mich verwundern müßen, denn alles Volck, Mannes- und Weibesvolck, Gesellen und Jungfrauen, Jung und Alt, Klein und Groß, durcheinander gangen, gesessen und gebadet, darzu hat das Mannvolck nicht viel Schürztücher vorgebunden, sondern wird ihnen nur Qvasten, die Scham zu bedecken geben, das halten sie für, wie Adam die Feigenblätter, und ziehen mit dahin für Frauen und Jungfrauen, sizzem auch neben und untereinander, aber an allen kan Aergerniß geschehen, will ich nicht glauben, daß manche gute Madonna, so sie etwas Frembdes siehet, nicht selzam, odern den Junggesellen vor den Weibern. Das Volck im Lande und Stadt sind es also gewohnt, achtens und scheuens nicht, aber mir und einen Ausländischen kombt es selzam und wunderlich für, wie ich mich dann entsezzet und das refugium geben wollen, wenn der Bader mich nicht wieder zurückgeholet und Bericht gegeben.

Durch diese Stadt fleust auch am niedern Ort ein Bach hindurch, die Warno genandt, treibet für der Stadt und S. Petersthor bey vierzehn Mühlen, ezliche mit vier, fünf und mehr Gängen. Dieses Waßer, die Warno, wird nach der See wardts groß, daß die Schiffe aus der See in die Stadt drauf lauffen können. Es hat auch nach dem Zingel hinaus viel Windmühlen umb diese Stadt herumb.

Diese Stadt hat eine sonderliche Gabe, brauet und giebet ein gutes rothes Bier, das rostocker Oehl genanndt, dadurch die Bürger sehr gute Nahrung haben, denn es wird weit zur See warts biß in Preußen und andre benachbarte Landschafften geführet, ist guter Substanz und Geschmacks, nutriret und alimentiret[9] sehr wohl, ist ein gutes Winter- und Sommerbier. Die Dännemarcker halten viel darvon, und es wird zu Coppenhagen soviel als Wein ausgetruncken; wenn man schon eben viel deßelben trincket, so befindet man davon keine sonderliche Beschwerung nicht.

Von Güstro und dem Hofflager des Hertzogen von Meckelburg.

Von Rostock bin ich des Morgens ausgegangen und umb Glock 1 nach Güstro einkommen; bin, als ich mein Eßen und Trincken vollbracht und wegen hizzigen Wetter erkühlet, bin ich in dem Städtlein herumgegangen und mich darinnen besehen. Ist ein kleines und ziemlich gebauetes Städtlein gewesen, davon nicht sonderlich viel zu schreiben, denn wo man Schilff und Rohr aufdecket, wendet man auf die Gebäude auch nicht viel ... Es hat in diesem Städtlein zweene Kirchen gehabt, als den Dom oder die Pfarrkirchen, welcher dazumahl Vorsteher und Superintendens gewesen der achtbahre und hochgelahrte Herr Doctor Andreas Celicius, dessen Schrifften noch heut bey Tage vorhanden. Die Domkirchen ist noch fein gezieret und erbauet gewesen, zu welcher der Hertzog von Schloß durch die Stadt einen hölzernen, zugedeckten Gang gehabt, dadurch in die Kirchen zu gehen biß auf seinen Standt, der da von Werckstücken herrlichen darinnen aufferbauet. Für dem Altar der Chor ist der Fürsten Begräbniß zu sehen gewesen, der Chor ist gepflazert gewesen mit rothen und weißen Quadratsteinen von Werckstücken; im Chor sind die Geschlechter der Hertzogen von Alters her verzeichnet gewesen.

[...]

Es hat auch der Fürst in diesem Städtlein ein fürstliches

Schloß, und Hoffhaltung allda geführet, nicht sonderlichen starck, ist kurz vor verlauffener Zeit durch Feuersbrunst schwer geschädigt, doch wieder zu der Zeit sehr in Bau gebeßert, also daß ein Fürst sich nicht hat scheuen dürffen, darinne zu wohnen; hat einen weiten Plaz darinnen umbfangen, welches viereckigt denselben wie ein Quadrat umbschloßen; neben der Schloßbrücken zur rechten Hand, als man aufs Schloß gehet, ist ein schöner fürstlicher Lustgarten zugerichtet gewesen, darinnen man von der Brücken hineinsehen können. Derselbige Garten ist mit lustigen Spatziergängen von schönen Leuben, so mit schönen grünen Laubern überzogen, Lusthäusern, Wasserbrünnlein, verborgenen Wasserquellen, wohlriechenden Kräutern, ausländischen Früchten und Blumen geschmücket, und also recht fürstlichen zugerichtet, daß man in Sommerzeiten fein im Schatten spatzieren gehen und verlustigen können, daß es mit Lust anzusehen gewesen, wie es in solchen Garten fürstlichen pflegt versehen zu sein.

[...]

Dieses kleine Städtlein hat ein treffliches gutes Bier gebrauen und geben, als Knisenack und bernauwisch genenndt; Knisenack ist ein strackes, trübes Bier, wie Lehmjauche, aber ein gewaltiger Kopfreißer, man darf es nicht viel trinken, so kriechets einen in Nacken und stöst einen gar darnieder.

[gekürzt]

---

[1] stören, verwirren
[2] Hökerinnen, ambulante Händlerinnen
[3] Rhetra, das sagenhafte Haupttheiligtum der Wenden
[4] Reste
[5] mit angenehmer Stimme
[6] Professor der Poetik
[7] Wenzel, Wenzelius, Professor an der Universität Frankfurt/Oder
[8] südländische Weinsorten
[9] versorgen und ernähren

Franck, Michael: Wanderung eines fahrenden Schülers durch Pommern und Mecklenburg, 1590. In: Baltische Studien, Stettin 1880, S. 78 ff.

Eines Soldaten
und eines mecklenburgischen Bauern
Gespräch von der neuen Reichsarmee
(1659)

Während des Dreißigjährigen Krieges verlor Mecklenburg fast die Hälfte seiner Bevölkerung. Das grausige Kriegsgeschehen spiegelte sich dennoch nicht sehr oft in literarischen Werken der Zeit. Treffend sind die Schilderungen, die in einem in Stettin gedruckten Flugblatt überliefert sind. Drastisch und ungeschminkt beschreibt der unbekannte Autor das Leiden des Volkes.

Summa, der schwedische Bannier hat mit seinen ruchlosen kriegerischen Völkern das ganze Land gar erschöpfet, aus dem Mecklenburg eine rechte Eklenburg gemacht ...
Pfarrer Peter Eddelin, Doberan, 1649

Soldat: Hallo, hoh! Mache auf, Bauer! Tische auf! Knechte, geht in die Ställe, damit der Bauer nichts wegbringt!

Bauer: Nanu, was geht hier vor? Es ist doch Frieden. Was bist du für ein Kerl? Bist du nicht klug? Wie kann man in Friedenszeiten den Leuten so ins Haus fallen?

Soldat: Beeile dich! Ich bin ein Rittmeister der Reichs-Armada und muß mich hier einquartieren.

Bauer: O weh! Was höre ich? Ist wieder so ein Ding jung geworden, das sich Reichs-Armmacher nennt? Wohl dem, der selig gestorben ist. Wieviel Elend, Jammer und Not wird es deswegen geben!

Soldat: Ich spreche nicht von Reichsarmmachern, sondern von der Reichs-Armee. Der steht Quartier und alles zu, was du hast, bis es dem Soldaten genug ist.

Bauer: Ja, das ist genau so, wie ich es meine. Vor zwanzig und mehr Jahren gab es eben solch ein Ding, das so hieß. Es war so gefräßig, daß es Land und Leute in Deutschland auffraß. Wenn es dick und fett war, fraß es Fürsten, Grafen und Herren, nahm den Alten das Land und gab das seinen Küken, vertrieb alles oder riß und raffte es an sich und war so grimmig, daß kein Mensch es bei ihm aushalten konnte. Fürsten und Herren, Adel und Nichtadel bedeuteten ihm gleichviel, alles trat es unter die Füße. Mehr als den vornehmsten Edelmann schätzte es einen einfachen Soldaten. Er konnte jeden quälen, berauben und ausplündern, ja verhöhnen und beleidigen, wann er wollte; es geschah ihm deshalb nichts. Es genügte, daß der Beraubte ärgerlich dabei zuschaute, schon zündete man ihm den Katen über dem Kopf an. Kein Fürst oder Herr durfte etwas dazu sagen, sonst nannte man ihn sofort einen Rebellen und behandelte ihn, als ob er Leib und Leben verwirkt hätte. Von Haus und Hof mußte er gehen. So elend es bei solchem Treiben auch einem Bauern ging, er war immer noch glücklicher dran als ein Edelmann, ja der Fürst selbst. Das sah ich wohl an unseren Fürsten, denn die mußten weg von Land und Leuten, während die Bauern — wenn auch in großer Bedrängnis — bleiben durften. Zuletzt war es nicht genug, daß man uns das Unsrige genommen und uns bis auf den Tod gepeinigt hatte, sondern der Teufel tat so, als wolle er ein Seligmacher werden. Dazu brauchte er keine Prediger, sondern Soldaten; es gab welche, die wurden Seligmacher genannt, die sollten uns ins Fegefeuer bringen, als ob sie uns hier noch nicht genug im Fegefeuer gehabt hätten.

Soldat: Bauer, halt dein Maul! Das geht über deinen Verstand!

Bauer: Ja, das mag wohl über meinen Verstand gehen, aber nicht über meine Sinne. Denn ich habe gehört, gefühlt und geschmeckt, was für ein schrecklich böses Ding dieses Untier ist. Es bringt nichts, es läßt nichts, es schont nichts, es gönnt nichts, es tut nichts Gutes, es tritt alles, so hoch es auch ist, mit Füßen, reißt und frißt wie ein reißender Wolf. Was es zurückläßt, ist Armut, Elend und Verderben. Kommt es dorthin, wo es was zu fressen gibt, geht es nicht weg, bevor alles vertilgt ist. Es kann nicht leiden, daß man von deutscher Freiheit, Reichs- und Landesrechten spricht. Es wird wütend, wenn man diese nur erwähnt. War es schon zu Anfang nichts wert, so wird es später geradezu maßlos. Wer nicht so spricht, wie es das gern hört, ist ein Rebell, Aufrührer und so weiter. Man droht ihm mit einem Ding, das sie die Acht nennen. Es wird wohl so beschaffen sein wie die Pique-Acht im Kartenspiel, die man *Stötenacke* nennt, weil sie alles sticht.

Soldat: Früher mögen bei der Reichs-Armee solche Exzesse und Übergriffe vorgekommen sein. Aber jetzt ist das alles anders.

Bauer: Solch ein Ding, das von Natur aus böse ist, kann sich zwar eine Zeitlang besser zeigen, aber niemals besser werden. Was böse ist, bleibt auch böse. Das ist ebenso wie mit dem Wolf. Jemand brachte einmal einen Korb mit jungen Wölfen zum Markt. Die Kinder, die einen kaufen wollten, baten ihn, er möge doch einen hübschen auswählen und ihn ihnen für Geld überlassen. Er antwortete: »Ist einer gut, dann sind sie alle gut.« Genauso ist es mit diesem Untier. Es weiß genau, wer ihm früher im Wege gestanden hat, so daß es zeitweise seinen Willen nicht voll durchsetzen konnte. Darum wird es nun viel geschickter vorgehen. Gott möge die schützen, die ihm früher etwas zuleide getan haben! Sie denken an nichts anderes als daran, geschunden und vertrieben zu werden, von Land und Leuten zu fliehen, wenn nicht gar den Hals zu brechen. Denn noch kriecht das Untier, und man bringt ihm das Laufen und das Beißen bei.

Soldat: Was sagst du da, rebellischer Hund? Schweige, sonst wird dir schnell der Degen durch die Rippen und der Degen durch das Haus gehen!

Bauer: Ja, ja! Das ist genau das Ding, das früher da war, oder auch sein Kind. Es spricht genau so und ist so, wie ich es beschrieben habe, daß nämlich kein Mensch gegen es aufmukken, sondern alles erleiden, hergeben und noch Dank dazu sagen soll.

Nach dem in der Universitätsbibliothek Rostock befindlichen Original ins Hochdeutsche übertragen von Hans Joachim Gernentz
Gernentz, Hans Joachim: Niederdeutsch — gestern und heute. Rostock 1980 (Hinstorff Bökerie 11), S. 249 ff.

Johann Kaspar Riesbeck
geb. in Höchst 21.1.1754
gest. in Aarau 17.2.1786

Als Sohn eines Webers und kurfürstlich-mainznerischer Untertan kam Riesbeck zur Welt. Er studierte seit 1770 die Rechte an der Universität seiner Vaterstadt. Früh kam er mit aufklärerischen Ideen in Kontakt. Er wurde Schauspieler, zog ruhelos durch halb Europa und begann um 1777 Reiseschilderungen zu verfassen, »gierig gelesene Blätter«, wie eine zeitgenössische Stimme bemerkt. Ein Spötter und Aufklärer war er, und er hielt seine Zunge durchaus nicht im Zaum. Wenn er als Reisender mit dem alten Mecklenburg relativ glimpflich und milde umging, so können wir daraus ablesen, daß es im 18. Jahrhundert Länder deutscher Zunge gegeben hat, in denen es noch schlimmer zugegangen sein muß. Riesbeck starb, erst 32 Jahre alt, als ungemein produktiver Schriftsteller und Journalist qualvoll an Tuberkulose. Seine Verleger, die manchen Taler an ihm verdient hatten, wollten nicht einmal seinen Arzt bezahlen ...

Der treffliche deutsche Verfasser, der das Buch schrieb, nahm sich zu wenig Mühe, französisch verkleidet zu gehen, daß man ihn nicht erkennen sollte; wir wollen nicht unbescheiden raten.

Göttingische Gelehrte Anzeigen

Aus:
Briefe eines reisenden Franzosen über Deutschland
(um 1780)

Das Herzogtum Mecklenburg ist ohngefähr so groß als das Herzogtum Württemberg. Dieses zählt 560 000 Einwohner und trägt seinem Fürsten beinahe zwei Millionen Reichstaler ein, da jenes kaum 220 000 Menschen enthält und nicht viel über 400 000 Reichstaler abwirft, wovon die schwerinische Linie der Herzoge drei und die strelitzische ein Viertel zieht. Bei der so ungleich stärkeren Bevölkerung könnte das Württembergische doch noch sehr gemächlich alle Einwohner Mecklenburgs mit seinem Überfluß ernähren. Wenn man einen Kalkül machte, so würde sich finden, daß das Herzogtum Württemberg fünf- bis sechsmal soviel natürlichen Wert hat als das mecklenburgische, ungeachtet der vorteilhafteren Lage des letztern an der See.

Im malerischen Betracht ist das Mecklenburgische schöner und mannigfaltiger als die Mark Brandenburg, ob man schon in beiden Ländern keine eigentlichen Berge zu Gesicht bekömmt, denn die Dinge, welche man in diesem ganzen Strich mit dem Titel von Gebirgen beehrt, sind im Vergleich mit wahren Gebirgen nur Maulwurfhaufen. Unterdessen sah ich doch in Mecklenburg einige sehr reizende Landschaften, wo sanfte, mit mannigfaltigem Gehölze bekränzte Hügel, wogichte und mit Getreide vergoldete Anhöhen und prächtige Wiesen mit einigen Bauernhütten rings um einen kleinen See her ein vortreffliches Gemälde ausmachten.

Die mecklenburgischen Bauern sind ein schöner und starker Schlag Menschen. Ihr lockichtes und blondes Haar erinnert den Reisenden an die alten Germanier, die dem römischen Luxus ehedem die auream caesariem[1] lieferten, welche auf dem Kopf eines dünnbeinichten, bleichgelben und hustenden jungen Senators oder einer hohlaugichten Liebhaberin der Tiere mit den langen Ohren, wofür Juvenal einen Teil der Damen seiner Zeit ausgibt, die größte Satire auf das Verderben Roms in den Augen des Denkers sein mußte.

Alle Bauern in Mecklenburg sind zwar Leibeigne; allein ihr Schicksal ist eben so hart nicht, weil der Adel menschlich, aufgeklärt und sehr gesittet ist. Dieser genießt nebst den Bürgern einiger Städte hier eine Freiheit, die er schon vor langer Zeit im ganzen übrigen Deutschland verloren hat. Die Herzoge von Mecklenburg nebst dem Kurfürsten von Sachsen sind die eingeschränktesten Fürsten des Reichs, und keine Reichshofratsreskripte, die sie in den vielen Streitigkeiten mit ihren Landständen schon ausgewirkt haben, konnten bisher noch den Adel demütigen, der seine Eifersucht auf die Gewalt der

Stralsund

Regenten oft bis ins Lächerliche treibt. Die Herzoge erhielten durch den Teschner Friedensschluß[2] zur Befriedigung ihrer Ansprüche auf die Landgrafschaft Leuchtenberg das sogenannte Ius de non appellando[3] oder das Recht, kraft dessen keine Streitigkeit von ihren Gerichten an die Reichstribunalien gezogen werden kann. Sie glaubten nun ein entscheidendes Übergewicht über ihre Landstände zu haben; allein diese protestierten gegen dieses Privilegium, weil dadurch ihre Freiheiten vernichtet würden, und die Sache ist noch nicht ausgemacht. Wahrscheinlicherweise werden sich die Herzoge im Besitz eines Rechtes erhalten, welches außer den Kurfürsten wenige andre Reichsstände besitzen, und dadurch eine vollkommne Souveränität in ihren Landen erhalten.

Wenn ich euch Leuten in der großen Welt sage, daß man an der Löcknitz, Stör, Recknitz, Warnow und an andern Flüssen, die ihr in eurem Leben nicht habt nennen gehört und die nichtsdestoweniger so gut als die Somme, Schelde, Sambre usw. und zum Teil auch schiffbare Flüsse sind, sehr gute Gesellschaften findet, so sprecht ihr einstimmig das Urteil, mein Geschmack sei durch die grobe deutsche Luft verdorben worden. Unterdessen versichre ich euch, ihr würdet die Gesellschaft selbst gutheißen, wenn ihr auch, warm in euren Betten parfümiert und wohl eingeschlossen in euren Kabinettchen, durch den Schlag eines magischen Stabes in einen Zirkel von mecklenburgischem Adel versetzt würdet, ohne nur ein Drachma deutsche Luft unterwegs einzuatmen, und wenn ihr auch gleich keine Académiciens, keine Abbés, keine Virtuosen, keine Journalisten, keine Komödianten und keine von den Personen findet, welche ihr zur Würze eurer Gesellschaften braucht. Die Natur, der gesunde Menschenverstand und die reine Gutherzigkeit geben dem Umgang hier eine kräftigere und nahrhaftere Zubereitung als eure Histoires und Anecdotes du jour, eure Komödien, fliegende Broschüren und alle eure künstlichen Brühen, worunter ihr auch so viel Asa foetida[4] zu mischen pflegt. Geselliger und gastfreier fand ich noch keinen Adel als den von Mecklenburg, besonders in und um Güstrow. Er ist auch mit der feinen Lebensart und der großen Welt so unbekannt nicht, als ihr wohl wähnt. Die Tafeln sind hier vortrefflich besetzt, und man findet viele Leute mitunter, die eine große praktische Kenntnis vom Hofleben haben. Die Literatur ist durch alle Stände, die über dem Pöbel sind, ausgebreitet. Die Frauen wissen nichts davon, was *Tongeben* heißt. Sie haben nichts von dem Vordringlichen und Herrischen und auch nichts von Eroberungssucht unserer Landsmänninnen. Sie sind sanft, nachgiebig gegen ihre Gatten, still und züchtig. Allein alles, was sie reden, ist so naiv und so herzig, daß mir der Witz unserer berühmtesten Gesellschafterinnen im Kontrast damit anekeln würde.

Ich fand es sehr natürlich, daß ich auf meinen deutschen Reisen durchaus sehr viel von dem jetzigen Krieg sprechen hörte. Die Nation nimmt wenigstens in Rücksicht auf ihre Miettruppen einigen Teil daran, und da sie seit einem Jahrhundert der Mittelpunkt aller europäischen Kriege war und überhaupt sehr kriegerisch ist, so wundert es mich eben nicht, daß über hundert inländische Zeitungen kaum hinreichend sind, ihren Hunger nach Kriegsneuigkeiten zu stillen. Unerklärlich ist mir aber die große Parteilichkeit der Deutschen für die Engländer. Unter hundert Deutschen findest du kaum einen, der unsre Partei nimmt. Besonders sind die Mecklenburger bis zur Schwärmerei für die Briten eingenommen. Ich war an vielen Orten, wo man kleine gesellschaftliche Feste gibt, wenn die Göttin mit den zwo Trompeten, one before and one behind[5], ein den Engländern günstiges Gerüchte verbreitet. Man findet etwas Großes in den Taten und dem Charakter der Briten, welches man auf unsre Kosten bis zur Abgötterei verehrt und bewundert. Auch außer den Kriegsoperationen sind die Deutschen bis zur Ausschweifung gegen uns unbillig. Man hält unsre Regierung für die Quintessenz des Despotismus und uns überhaupt für ein tückisches und betrügerisches Volk, da wir doch Bonhomie und Offenherzigkeit für unsre Hauptnationaltugenden halten, die uns auch viele Ausländer zugestanden haben. Die Projekteurs und Aventuriers[6], welche Frankreich ausgeworfen hat und die in Deutschland ihr Glück zu machen suchten, mögen das meiste zu diesem Vorurteil beigetragen haben. Ich könnte es den Deutschen nicht verzeihen, unsre ganze Nation nach diesem Auswurf so einseitig zu beurteilen, wenn ich nicht wüßte, daß man bei uns ebenso ungerecht gegen sie ist und den Baron, der mit seinem bordierten Rock und seiner bordierten Weste in Paris manchmal eine drollichte Figur spielt, als das Muster vom deutschen Adel betrachtet. Die Nationen müssen überhaupt einander viel verzeihen, und es ist auch sehr leicht zu verzeihen, wenn die Vorurteile dieser Art, wie in Frankreich und Deutschland, den Individuis unschädlich sind, sosehr auch die Nationalehre darunter leiden mag. In England, Holland und einigen andern Ländern haben sie für den Partikularen öfters schlimme Folgen, und dies ist unverzeihlich.

---

[1] goldfarbene Lockenperücken
[2] Der Frieden zu Teschen beendete 1779 den »Bayrischen Erbfolgekrieg«.
[3] Recht der letzten Instanz; Anspruch der Territorialfürsten auf höchste eigene Gerichtsbarkeit
[4] »Teufelsdreck«, ein übelriechendes asiatisches Gummiharz
[5] (engl.) eine davor und eine danach
[6] Projektemacher und Abenteurer

Riesbeck, Johann Kaspar: Briefe eines reisenden Franzosen über Deutschland. Berlin 1976, S. 387 ff.

GEORG FRIEDRICH KEGEBEIN
geb. in Hinrichshagen um 1737
gest. in Sabel 29. 9. 1813

Eigentlich ist es ein trauriger Ruhm, den Kegebein nach fast zwei Jahrhunderten, die seit seinem Ableben nun verstrichen sind, noch immer tragen muß. Daran hat er wohl selbst schuld, und Fritz Reuter hat mit seinem Roman »Dörchläuchting« ein übriges dazu getan, den armen Dichterling für alle Zeiten mit Spott zu überhäufen. Bezopft und dürr reckt er den mageren Finger und rezitiert seine »unsterblichen« Dichtungen und hofft, vielleicht eines Tages doch mit dem Titel eines »Hofpoeten« seiner Durchlaucht, des Herzogs Adolph Friedrich IV. von Mecklenburg-Strelitz, gnädigst bedacht zu werden.

»Nun hören Sie mir aber mal gut zu, Kägebein, ich habe heute wahrhaftig schon reichlich von Ihren Gedichten profitieren dürfen und muß es mir gefallen lassen wie jeder andre. Wollen Sie mit Ihrer Leier aber mich in eigener Person ansingen, so verklag' ich Sie.«
   Fritz Reuter (hochdeutsch von Friedrich Minssen)

Die Henne und die Biene
(1792)

In Timons Garten früh am Morgen,
Als man mit purpurnem Gewand
Am östlich hohen Himmelsrand
Auroren schon verbreitet fand,
Gieng ein Henn' mit mütterlichen Sorgen,
Für sich und ihre jungen Küchen
Sich Maden und Gewürm zu suchen.

Sie nah'te sich dem Bienenhause
Und wird der Bienen Flug gewahr,
Merkt auf, und horcht nach dem Gesause,
Geht hin und sieht der Bienen Heer,
Den Flug ins Kreuz und in die Queer.

Gott grüß euch, meine lieben Bienen!
Sprach unsre Henn', frug neugiervoll:
Wozu soll euch denn dieses dienen,
Ihr simst und brimst, als wär't ihr toll.
Was braucht das Simsen zum Verdienen.

Ihr simst vom Morgen, bis zum Morgen,
Sogar hindurch die ganze Nacht.
Was habt ihr denn für viele Sorgen?
Das Simsen kömmt nicht in Betracht,
Das Simsen macht, daß man nur lacht.

Ich schweig den ganzen Tag durch stille,
Und bring dem Timon wohl was ein;
Im Korb, den ich mit Eiern fülle,
Mag wohl die Zahl von dreißig seyn.

Und diese Küchlein, die ihr sehet,
Sind überdem noch mein Geschenk;
Wenn ihr mich also recht verstehet,
Ich geh nicht um mit List und Ränk.

Bring ich dem Herrn von unserm Hause
In stiller Ruhe weit mehr ein,
Als ihr mit ewigem Gesause,
Dem Simsen, Brimsen und Gebrause
Und steht auch überdem nicht fein.
Laßt doch das viele Brimsen seyn.

Der Herr vom Haus bezahlt dir deine Eier.
Was ist der Ruhm, wenn du bezahlet bist?
Du giebst sie ihm als eine Steuer,
Für Haber, Gerst, den du auffrißt.

Wir aber suchen unsre Speisen
Durch große Müh und große Kunst
Auf weiten Fluren, weiten Reisen
Und brauchen keines Menschen Gunst.

Wir schaden Keinen, nehmen Keinen;
Aus Blüthen ziehn wir süßen Saft,
Und lassen Jeden bey dem Seinen,
Die Blüth bleibt doch in ihrer Kraft.

Doch geben wir aus guten Herzen
Von dem, was unsre Kunst geschafft,
Das Haus zu leuchten Wachseskerzen,
Dem Speisemeister süßen Saft.

Und alles dies, als milde Gaben,
Weil wir dafür nicht Zahlung haben,
Und Timon kriegt noch baares Geld
Aus dem, was er umsonst erhält.

Wir geben auch dem Künstler zu verdienen;
Wie mancher Mensch hat hier sein Brod!
Sieh, alles dieses thun die Bienen
Und unser Lohn ist bitt'rer Tod.

Du aber machst ein groß Gekakel,
Wenn du ein Ei im Neste legst;
Ein unerhörtes groß Spektakel,
Sogar das ganze Haus erregst:
Was Rühmens, daß du Timon liebst,
Da du dein Ei für Zahlung giebst.

Nun Henn', geh' ab von unsern Stöcken,
Wir rathen dir, noch ist es Zeit;
Wir lassen uns von dir nicht necken,
Sonst kommen wir in einen Streit:
Sieh, unser Heer ist schon bereit.

Darnach brauch ich euch nicht zu fragen,
Der Garten ist für mich wie euch;
Ich gehe hier und suche Maden
Und thue euch ja keinen Schaden,
Sprecht daher nicht so dummes Zeug.

Was wollt ihr denn von mir recht haben?
Ich dächt, ihr ließet mich in Ruh,
Sonst hab ich von Natur auch Gaben,
Mich schon in Streit mit euch zu wagen:
Zur Prob kommst du in meinen Magen.

Dies ist ein dreistes Ding ihr Hennen,
Sprach eine aus dem Bienenheer:
Im Magen? was! im Hünermagen
Jemand aus unserm Volk zu tragen?

Den Mann, den sollst du theuer kennen,
Der soll dich recht im Magen brennen.
Und dies Gerücht gieng hin und her
Und jeder Mann trat ins Gewehr.

O! liebe Henn' hätt'st du geschwiegen
Und nur dein Ei in Ruh gelegt;
Sieh', wie die Feinde um dich fliegen,
Das Ding hast du nicht recht erwegt.

Die Henne schlägt mit dem Gefieder,
Beißt, springt und läuft den Garten rund;
Es fällt auch mancher Feind darnieder,
Das Ding wird aber doch zu bunt.

Sie streift durch Kohl und Petersilgen
Und manche Bien findt ihren Tod;
Allein den Feind kann sie nicht tilgen,
Der Stacheln Gift bringt große Noth.

Es folgen immer neue Schaaren,
Die von gerechter Wuth entbrannt,
Auf unsre Henn' erbittert waren;
Sie kratzte schon im nassen Sand,
Wo sie doch auch nicht Rettung fand.

Ein guter Rath war hier nun theuer!
Die gute Henn', so trüb sie ist,
So machte doch der Stacheln Feuer,
Daß sie nachsann, und fand die List:

Sie hob sich mit der Bienen Schwarmen,
die um ihr her versammelt waren,
Und stürzte, denn Rath war theuer,
Und stürzt sich in den nahen Weiher.

Doch, da sie nicht das Schwimmen kannt',
Das die Natur hiermit verband,
So war der Tod in diesen Wellen,
Der Feind flog hin nach seinen Zellen.

Was sagte ich! die Henn' versaufen?
Beynah, doch jetzt geschiehts noch nicht.
Die Küchlein kamen all zu Haufen
Und schrieen zum Himmel jämmerlich;
Der Schall der drang ins weit Revier,
Und Timons Weib kam eilig hier.

Sie lief mit Schritten, lief mit schnellen,
Nach dem Geschrey zum Weiher hin,
Und stieg geschürzet in die Wellen
Zu unserer Henne mittendrinn,
Und griff lebendig, eilt' zuruck
Und gab den Küchlein ihre Gluck.

Treib deinen Spott nicht über Sachen,
Worinn du doch nicht bist belehrt.
Was willst du über Ordnung lachen,
Die Kunst Natur den andern lehrt?
Laß jeden seine Weise machen
Bist du von jedermann verehrt.

Kegebein, Georg Friedrich: Fabeln, Erzählungen und geistliche Lieder. Neustrelitz 1792, S. 1 ff.

JOHANN CHRISTIAN FRIEDRICH WUNDEMANN

geb. in Rostock 19.(?) 3. 1762
gest. in Walkendorf 26. 12. 1827

Der »Präpositus« und »Doctor« Wundemann ist 41 Jahre lang Pastor zu Walkendorf am Rande Mecklenburgs gewesen. Die wenigen hundert Seelen seines Amtsbezirks — Grundherren waren die Grafen von Moltke — ließen ihm Zeit genug zu allerlei »vaterländischen« Studien. Aus seiner Feder stammt einer der frühesten Versuche einer mecklenburgischen Theatergeschichte. Sein Werk über Kunst, Kultur und Geschmack in Mecklenburg gehört zu den manchmal kuriosen Selbstdarstellungen des Landes.

Diese Schrift hat keineswegs gelehrte Räsonnements oder ausführliche oder bestimmte statistische und topographische Erörterungen zum Zweck. Sie ist überhaupt nicht für Gelehrte abgefaßt; sie will vielmehr bloß erzählen und hin und wieder, so viel es meine Kräfte gestatten, einen belehrenden Wink geben. Sie macht dabei nur einen Anspruch — auf den besten Willen zur Wahrheit. — Sie ist ohnehin nur für unser Vaterland bestimmt.

Aus der Vorrede

Warnemünde
(um 1800)

Ich habe zuvor Warnemünde als eines Belustigungsortes für die Rostocker erwähnt. Zwar bringt er nicht an sich selbst viel Vergnügen mit sich. Der dürre, unfruchtbare Sand, der die beiden Erdzungen füllt, welche auf der einen Seite durch die Ostsee, auf der andern durch einen sehr weiten Busen der Warnow gebildet, und nur durch den dazwischen fließenden Strom getrennt werden; ferner, die kleinen, spitzen Giebelhäuser, welche in zwey Reihen an der Westseite des Hafens stehen, und so auch die Bewohner dieser Häuserchen, welche von dem, was die vornehme Welt vergnügt, nichts wissen, sind an sich eben keine Gegenstände, die den Frohsinn reizen. Indeß hat doch die Wasserfahrt dahin, die Ansicht des Hafens, der weiten Ostsee, der ankommenden oder abgehenden Schiffe für diejenigen, die derselben nicht oft genießen, viel Annehmlichkeit.

Für den Hafen selbst hat die Natur eigentlich nichts gethan, als der Warnow hier ihren Ausfluß ins Meer angewiesen. Er würde vermuthlich schon längst versandet und für die Schifffahrt unzugänglich geworden seyn, wenn ihm nicht die Kunst zu Hülfe gekommen wäre, und den beständigen Sandauswurf des Meeres abzuhalten gesucht hätte. Zu dieser Absicht ist er sowohl gegen die Warnow als eine beträchtliche Strecke in die See hin auf beiden Seiten mit einem sehr starken Pilotis[1] und Kisten, die mit großen Steinmassen angefüllt sind, versehen. Selbst bey dieser Vorsicht, die noch immer einen großen Aufwand an Holz und Kosten mit sich bringt, wird an der einen Seite der Öffnung des Hafens durch den beständig angeworfenen Sand eine Untiefe erzeugt, so daß es alle Behutsamkeit der Lootsen erfordert, die Schiffe an dem Pilotis zur Rechten in den Hafen zu steuern. Er ist aber auch hier, besonders bey auslaufendem Strom nicht so tief, daß er Schiffe von mehr als 80 bis 100 Lasten mit voller Ladung aufnehmen könne. Diese müssen zuvor auf der Rhede löschen. Andere, die die angegebene Größe viel übersteigen, können zum Theil überhaupt nicht in den Hafen legen.

Die Gegend um Warnemünde hat übrigens, wie schon erwähnt ist, nichts Anziehendes. Der Boden ist sandig und unfruchtbar, trägt kaum die nöthigen Gartenfrüchte, noch weniger Korn. Selbst für das Vieh hat er an der Seite von Warnemünde kein Futter. Im Sommer muß es täglich durch den Strom nach der andern Seite schwimmen, um dort zu weiden. Alle Bedürfnisse müssen also für die Einwohner dieses Orts aus Rostock herbeigeschafft werden, und täglich rudert eine Menge derselben dahin, um ihre Fische oder den weißen Seesand zu verkaufen, und sich dagegen mit Mehl, Brod, Bier und andern Nahrungsmitteln zu versehen.

So lebt hier in beständigem Kampfe mit dem großen wogigen Element und den Gefahren der täglichen Fischerey auf demselben, im Kampfe mit öftern Stürmen, und mit der Unfruchtbarkeit des Bodens, ein stilles, gutartiges Völkchen, von ohngefähr 600 Menschen, das sich fortwährend von allen andern Menschenarten unvermischt erhält; ein Völkchen, das für Rostock, freilich mit Verschiedenheit der Gewerbe und Nahrungsart, ohngefähr das ist, was die Vierlander für Hamburg, und die Sachsenhäuser für Frankfurt sind. An Kleidung, Dialekt der Sprach, und, man kann auch wohl sagen, an Sitten hält es sich noch immer von der Stadt, zu der es gehört, ganz abgesondert. In der Kleidung zeichnen sich besonders die Weiber durch eine nach hinten etwas länglicht rund zulaufende Mütze mit schmalem knapp anschließenden Striche, durch ein rothes oder blaues enges Mieder mit weißen Knöpfen, und ein buntes nur oben am Latz zugebundenes und dann los bis über die Hüften herabhängendes Camisol, mehrentheils von gestricktem Wollenzeuge; dann durch kurze nur bis auf die Waden reichende und oben dicht gefaltete Röcke aus. In der Sprache desselben finden sich so viele theils Verlängerungen theils Verkürzungen der Worte, so viele Vertauschungen der Vokale, daß deren ein eigenes Idiotikon gesammelt werden könnte. Damit ist noch ein besonderer ziehender oder singender Ton verbunden, der keiner Beschreibung fähig ist. — In den Sitten bleibt dieses Völkchen der hergebrachten Lebensart, die sehr mäßig und enthaltsam ist, fortwährend treu. Vornämlich hält es sich im Punkte der Keuschheit so rein, daß eine Verletzung derselben zu den seltensten Begebenheiten in Warnemünde gehört, und eine unerlaubterweise verdorbene jungfräuliche Taille den allgemeinsten und bittersten Unwillen erregt.

Die Nahrungsart dieser Leute ist, wie sich erwarten läßt, sehr einfach und kärglich. Die Männer dienen als Matrosen zur See — wenn sie durch Sparsamkeit oder andre Glücksfälle soviel gewinnen, sich eigne Schiffe anschaffen zu können, so müssen sie das Bürgerrecht zu Rostock annehmen, und dort wohnen; — in der Abwesenheit derselben nähren sich die Weiber vom Fischfang und dem Sandhandel. Und dennoch lebt dieses Volk in seiner Art zufrieden und glücklich. Die Gewohnheit härtet es ab gegen die mancherley Unannehmlichkeiten seiner Lage, und eine charakteristische Genügsamkeit bey wenigen Erwerbmitteln zu einem bequemen und weichlichen Leben bewahrt den Fond der Redlichkeit und Treuherzigkeit, der ihm von Alters her eigen ist.

---

[1] Mole aus Rammpfählen und Steinen

Wundemann, Johann Christian Friedrich: Meklenburg, in Hinsicht auf Kultur, Kunst und Geschmack. Schwerin, Wismar 1806, Band 1, S. 372 ff.

Johann Heinrich Voss
geb. in Sommersdorf bei Waren 20. 2. 1751
gest. in Heidelberg 29. 3. 1826

Voß kam aus der engsten Enge mecklenburgischer Dürftigkeit. Unter Entbehrungen erwarb er sich jene fundamentalen Kenntnisse der antiken Kultur, die ihn später befähigten, die »Odyssee« und die »Ilias« ins Deutsche zu übertragen. Als er längst außerhalb Mecklenburgs lebte, verließ ihn doch nie die durch eigene Erfahrung motivierte Sympathie mit seinen geschundenen Landsleuten. Mit seinen großen epischen Gedichten »Junker Kord« und »Die Leibeigenen« fügte er seinem klassischen Lorbeerkranz ein weiteres Blatt hinzu — eines der Menschenliebe.

Ein Mann wie Voss wird übrigens so bald nicht wieder kommen. Es haben wenig andere auf die höhere deutsche Kultur einen solchen Einfluß gehabt wie er. Es war an ihm alles gesund und derb, weshalb er auch zu den Griechen kein künstliches, sondern ein rein natürliches Verhältnis hatte, woraus denn für uns andern die herrlichsten Früchte erwachsen sind.

Goethe

Junker Kord
(1793)

> Sicilides Musae, paullo majora canamus.
> *Virg. Ecl. VI.*

Sing höheren Gesang, o ländliche Kamöne!
Nicht jeder liebt die Flur und sanfte Flötentöne.
Ein Lied, des Junkers wert, ein Lied voll Saft und Mark,
Ein edles Waldhornstück durchschmettere den Park.

Horch! von dem Schindelturm summt schwellend durch die Himmel
Zu Stadt und Dörfern rings ein feierlich Gebimmel.
Horch! zwölfmal ruft vom Hof metallner Böller Knall
Und gellendes Juchhein dem fernen Widerhall.
Unruhig fragt das Dorf, was doch der Lärm bedeutet,
Warum so rasch aufs Schloß der Adel fährt und reitet.
»Freud über Freud!« ertönt's; »der Storch hat diese Nacht
Für unsers Junkers Frau ein Jünkerchen gebracht!«

Traur, armes Waldgeschlecht! Ihr Rehe, Schwein' und Hirsche,
Traurt rudelweis; euch droht die mörderlichste Pirsche!
O Has' und Häsin, traurt! Ein schrecklich Kind erwuchs!
Vor seinem Rohr entrinnt kein Otter und kein Fuchs!
Umschreit, ihr Vögelschwärm, und hackt mit Klau und Schnabel
Ihn, der euch Mord gebracht, den Unglücksstorch der Fabel.
Euch schützt vor Beiz und Schuß kein Schluff des Moors und Walds;
Dich, Trappe, nicht der Flug, dich, Birkhahn, nicht die Balz!
Noch harmlos ruht und fromm der sanftgewiegte Junker:
Sein Wappen ziert die Deck im Glanz der goldnen Klunker;
Dem Ungetüme wehrt der Basen Kreuz und Spruch;
Die Nichten sehn das Bild des Vaters Zug vor Zug.
Der Vettern Weidgelag stößt an mit vollem Glase;
Rheinwein und englisch Bier bepurpurt jede Nase.

Windspiel und Dogg und Brack und Dachs- und Hühnerhund
Hüpft wedelnd um die Wieg und leckt ihm Hand und Mund.
Unsichtbar überschwebt das Dach der wilde Jäger
Auf trübem Nebelgaul und wird des Kindleins Pfleger.
Bald hörcht's, und lächelt still, auf Hifthorn und Geblaff,
Zielt an der Amme Brust und lallt: »Apport und Paff!«
Bald lernt es, namentlich der Hunde Trupp zu locken;
Mit hölzernem Gewehr, Wildprett und Jägerdoggen
Spielt's Jagd; und selbst der Mund des gütigen Papas
Pfeift ihm dazu ein Stück auf seinem Pulvermaß.
Wohl dir, holdselig Kind! Dir sprießet Gerst und Hopfen
Auf väterlicher Flur zu braunen Balsamtropfen;
Dir trägt die Biene Met zu starker Morgenkost;
Aus eignem Garten quillt würzhafter Apfelmost!
»Nipp aus, mein Kördchen«, ruft Papa mit derbem Fluche,
»Nipp aus, und werd ein Kord, der sich als Kerl versuche!«
Das Knäblein unverzagt nippt auch vom Himbeerschnaps:
»Du Schelmchen!« sagt Mama und straft mit leisem Klaps.

Wann, als Husar, der Knab ein Steckenpferdchen tummelt,
Den kleinen Tiras schlägt und auf der Trommel rummelt,
Behaglich hört er dann von Oheim und Papa
Gar manchen Jugendschwank und atmet staunend: »Ah!«
Selbst führt der Vater ihn durchs Tafelzimmer
Und zeigt rings an der Wand der Wappen bunte Schimmer,
In Stahl und Knebelbart der Ahnenbilder Reih,
Und über jedem Bild ein stattlich Hirschgeweih.
»Schau«, ruft er, »Junker Kord, schau jenen Sechzehnender!
Den schoß ich dir als Bursch für unsern Bratenwender!
Noch seh ich, wie voll Angst durch Heid und Bach er lechzt!
Mit Schweiß die Fährte färbt und hin sein Leben ächzt!
Als Bursch erlegt ich auch ohn einen Schuß der Büchse
Mit bloßem Peitschenhieb den schlauesten der Füchse!
Wie Donnerwetter ging's! Mir stürzten in den Sand
Drei Klepper: dennoch ward der Bau ihm kurz verrannt!
Wie aber sprang mit mir der Wallach über Hecken
Und Zäun und Graben hin! Wie bäumt er blind vor
               Schrecken,

Als ich den Werwolf mit geerbtem Silber schoß
Und schnell ein altes Weib aus Lumpen Blut vergoß!«

Was weinst du, zärtlichste der Mütter? Trotz den Tränchen,
Lernt Schreib- und Lesekunst, vier Stunden tags, dein
                Söhnchen.
Nicht mehr genießt er froh des schönen Sonnenscheins;
Er kleckst und buchstabiert und schwitzt am Einmaleins.
Des Kandidaten Dienst, mit Aufwartung verschonet,
Wird, wie des Koches Amt, geehret und belohnet;
Doch ist er für sein Geld nicht unnütz ganz und gar:
Er tanzt und ficht mit Kord und kräuselt ihm das Haar.
Auch weiß der Mensch, ein Wust von Wissenschaften ziere
Nur Bürgervolk zur Not, doch schänd er Kavaliere.
Was macht ein junger Herr mit Griechisch und Latein?
Sollt er, als Bücherwurm, den alten Stamm entweihn?

Eh noch sein flaumig Kinn der Diener eingeseifet,
Wird er ein voller Kerl, im Jägerkrug gereifet,
Spielt deutsches Solo, schnapst, schiebt Kegel, schmaucht
                Tobak
Und leert auf *einen* Zug sein Reifglas Kniesenak.
Beherzt nun schäkert er um Gouvernant und Zofe,
Nicht knabenhaft, und bald um jede Magd im Hofe.
Doch hält ihn Lenens Reiz, hochstämmig, rot von Mund,
Mit derbem Backenpaar, von Brust und Hüfte rund.
Heuboden, Garten, Wald, ihr wißt, warum die Schürze
Sich so zur Ungebühr dem armen Lenchen kürze.
Sei lustig, gutes Ding! Zwar keift die gnäd'ge Frau,
Zwar stehst du büßend bald im Kirchengang zur Schau;
Allein, was achtest du des Zischelns und des Hohnes?
Die Herrschaft insgeheim freut sich des wackern Sohnes;
Auch nimmt der Kandidat voll Untertänigkeit
In deiner Schürz einmal die Pfarre hocherfreut.

O Kord, zum zwanzigsten Geburtstag nun erwachsen,
Des jungen Adels Kron im Doppelreich der Sachsen,
Verherrlichst du den Glanz des nahen Hofs und wirst

Jagdjunker, dreist und keck. Verdienste lohnt der Fürst.
In silberhellem Grün, mit reger Hunde Koppeln,
Trabst du zur Martinsjagd durch Auen, Forst und Stoppeln.
Wie hallt Gebell und Horn! Wie schnaufen Roß und Mann!
Wie scheucht der Dörfer Volk das Wild bergab, bergan!
Doch hebt sein adlig Herz auch mildere Bewegung:
Er schirmt mit List und Mut verrufnen Wildes Hegung,
Wenn gleich der Bauer laut zum Landesvater klagt.
Zur Strafe wird dem Schelm sein Brotkornfeld zerjagt.
Ihm huldigten, fürwahr, Vestalinnen und Nonnen,
Durch liebeswürdige Zudringlichkeit gewonnen.
Zwar Weiber kosten viel, und der Papa ist knapp;
Doch mahne Jud und Christ! er lacht und handelt ab.
Zur Wette spornt er einst den feurigen Polacken,
Sprengt tollkühn übers Heck und stürzet. Weh! es knacken
Zwei Rippen ihm morsch ab! Möcht er gerettet sein!
Er ist's! um bald als Herr sein Völkchen zu erfreun.

Seht da, Frau Lenens Mann, der Ausbund der Pastöre,
kommt sporenstreichs vom Gut auf der bespritzten Mähre:
»Ihr Vater, Herr Baron!« — »Ist endlich abgeschurrt?« —
»Am Schlag!« — »Nun, gute Nacht! So hat er ausgeknurrt.«

Leibeigne, jung und alt, mit Jubel und mit Segen
Hüpft eurem Herrn mit Spiel und Sensenklang entgegen!
Der wird voll Eifers sich erbarmen eurer Mühn
Und eure Kinder fromm und wirtschaftlich erziehn!
Streut Blumen auf den Weg, singt, Mädchen, singet munter
Und schlagt die Hark im Takt! Er winkt vom Hengst herunter
Euch Küsse! Jäger, blast! Ihr Hund', erhebt das Maul
Und grüßt mit festlichem, vielstimmigem Gejaul!

Die ganze Bauerschaft mit aufgereckten Ohren
Schwört ihm, des gnädigen Barons Hochwohlgeboren,
Erb- und Gerichtesherrn der alten Baronei,
Nach vorgelesner Schrift des Fronvogts, Pflicht und Treu.
Bankett und Ball empfängt die Adligen der Gegend,
Mit Prunk und Völlerei die groben Sinne pflegend.

Im Kreis der Spötter sitzt der muntre Schwarzrock auch,
Antwortet bibelfest und sättiget den Bauch.
Jauchzt, froher Ahnung voll, jauchzt, Untertan und Pächter!
Stimmt ins Gekreisch, ins laut aufschallende Gelächter
Der Damen und der Herrn! Vom Jägerchor wird jetzt
Ein matter Fuchs geprellt, ein Marder totgehetzt!

Schon herrscht er ritterlich, uralter Straßenräuber
Unausgeartet Kind, ein stolzer Menschentreiber!
Sein Prachtschloß überschaut nur Hütten rings von Stroh;
In weiter Segensflur ist er, der eine, froh!
Ihm wird durch Fron und Zwang geerntet und gebuttert
Und, fast dem Zugvieh gleich, sein Menschenvieh gefuttert.
Fällt einst ein Mißjahr ein; er laurt und schüttet auf:
Je dürftiger der Mann, je wuchrischer der Kauf.
Durch Brennen und durch Braun und städtisches Gewerbe
Vermehrt sich sein Ertrag, ob nahrlos auch ersterbe
Die hartbeschatzte Stadt: er schützt in alter Kraft
Freiheit von Zoll und Schoß, als Recht der Ritterschaft.
Der Baur und Bürger wird Kanaill' und Pack betitelt,
Und seinem Anwachs früh die Menschheit ausgeknittelt!

»Schulmeister«, spricht er, »macht die Buben nicht zu klug!
Ein wenig Christentum und Lesen ist genug!«
Beim Pfeifchen schwatzt mit ihm von Korn- und
          Pferdeschacher
Sein Pfäfflein und beseufzt der neuen Büchermacher
Gottlosigkeit. Verdammt zum Galgen und zum Rad
Wird dann durch beider Spruch Freigeist und Demokrat!
Der welken Stadtmamsell abtrünnig, wählt er endlich
Ein Fräulein sich zur Dam', halb höfisch und halb ländlich.
Bald seht ihr junge Zucht, dem edlen Vater gleich;
Spielt nicht des Kutschers Tück ihm einen Kuckucksstreich.

Voß, Johann Heinrich: Werke in einem Band. Berlin und Weimar 1966
(BdK), S. 230 ff.

Ludwig Gotthard »Theobul« Kosegarten
geb. in Grevesmühlen 1.2.1758
gest. in Greifswald 26.10.1818

Viel Spott hat schon zu Lebzeiten dieser merkwürdige Poet einstecken müssen. Einen »beängstigend fruchtbaren Dichter« hat ihn, fast 150 Jahre nach seinem Tode, der »mecklenburgische Wandersmann« Edmund Schroeder (1891–1965) genannt. Kosegarten war Theologe, Magister der Universität zu Bützow und Doktor der Rostocker Alma mater, später Pastor auf Rügen und zuletzt Rektor der Universität Greifswald. Daß er als Dichter an Klopstocks Rocksaum hing – wer will es ihm nachtragen. Seine Uferpredigten, die er achtmal jährlich, wie es die alte Kirchenregel vorschrieb, vor versammelter Gemeinde am Strand von Vitt auf Rügen abhielt, zeigen indes, was Kosegarten als Rhetoriker zu leisten vermochte.

> Fromm war sein Sinn und harmlos sein Gemüth,
> Und süß das Loos das ihm der Himmel gab.
> Er gab dem Himmel, was er hatt: ein Lied.
> Ihm gab der Himmel was er wünscht: Ein Grab.
> *Kosegartens Epitaph*

Hier ist gut sein
(Eine Uferpredigt, 1794)

Auch hier ist gut sein. Dies Gefühl, geliebte Zuhörer, möchte ich heute gern in euch wecken. Lasset uns zu diesem Behufe zuvörderst die mancherlei eigentümlichen Vorzüge unseres Landes aufzählen, und lasset uns demnächst erwägen, wie wir diese Vorzüge unseres Landes zur Vermehrung unseres geistigen und leiblichen Wohlseins gebührend nutzen mögen. Gott segne unsere Andacht. Amen.

*

Die Erde ist allenthalben des Herrn. Ein jeder Strich der Erde hat seine eigenen Gaben. Auch unser Land hat die seinigen. Lasset uns die vorzüglichsten davon itzt aufzählen!

Der erste Vorzug unserer Heimat ist nach meinem Gefühl deren Abgeschiedenheit und Stille. Eben dies, was so manchen verwöhnten Gaumen ein Mangel und eine Beraubung dünken mag; eben dies, daß wir vom Geräusche der Welt getrennt, daß wir von den größeren menschlichen Vergesellschaftungen durch Ströme und Gewässer abgesondert wurden, daß wir im stillsten Schoße der Natur uns selbst und unseren Pflichten und unserer Bestimmung ohne Zwang und Störung leben können, eben dies deucht mir einer der schätzbarsten Vorzüge und eine der dankenswertesten Annehmlichkeiten unserer Lage. Ferne von jenen getümmelvollen Zirkeln, welche innerhalb des engen Ringes von Mauern und Wällen einander drängen und jagen, sind wir auch fern von dem Strudel der Torheiten, der dort über lang oder kurz auch den festeren Menschen dahinreißt, fern von den Rasereien des Luxus, welcher dort den Wohlstand so mancher friedlichen Familie untergräbt, fern von jener alles auf sich selbst beziehenden Eigensucht, zu welcher das Aneinanderreiben so mancher einander durchkreuzenden Interessen fast unausweichlich nötigt, fern von jener traurigen Verderbnis, welche die Sitten einer großen, zu eng zusammengedrängten Menschenmenge leider noch allezeit, es sei früher oder später, vergiftete. Uns ängstet nicht die Tyrannei der Mode. Uns fesselt kein steifer Sittenzwang. Uns peinigt nicht die Langeweile seeltötender Visiten. Verstreuet auf unserem stillen Lande, umgeben von einer einfachen, aber großen Natur, umgürtet von des Meeres lasurnem Gürtel, genießen wir einer goldenen Muße, eines tiefen Friedens und einer glücklichen Unabhängigkeit. Nicht so enge sind wir in unserem kleinen Lande zusammengepreßt, daß wir nicht an der Einsamkeit begeisternden Busen flüchten könnten, sobald wir das Bedürfnis des Alleinseins fühlen. Und wiederum sind wir nicht soweit auseinandergesprengt, daß wir nicht zu irgend einem lieben Nachbarn uns gesellen könnten, wenn das Bedürfnis der Gesellschaft in uns erwacht. Nicht so gar sind wir von der übrigen Welt abgeschieden, daß wir nicht die denkwürdigen Ereignisse der Zeit, wenn auch etwas später, erfahren sollten; und wiederum sind wir derselbigen nicht so nahe, daß die zerstreuende Teilnehmung an jeder kleinlichen Tagesgeschichte unsere Aufmerksamkeit von gehaltreicheren Gegenständen ablenken könnte. So wollen wir denn zufrieden sein, lieben Nachbarn und Freunde, mit dem Lande, in dem wir wohnen. Wir wollen unseren Brüdern in der großen Welt ihren unruhigen Platz nicht beneiden. Wir wollen ihre Schauspiele, ihre Augenweide, ihre Zeitvertreibe, ihre Ergötzlichkeiten ihnen gerne gönnen. Haben wir doch auch unsere Augenweide! Die große nieermüdende Augenweide eines unverschleierten Himmels und einer unbeschränkten Erde! Haben wir doch auch unsere Zeitvertreibe; die Pflege unserer blühenden Gärten und den Anbau unserer fruchtbaren Fluren! Haben wir doch auch unsere Ergötzlichkeiten; das Ergötzen am Gedeihen unserer Arbeit, an dem Schmelz unserer Wiesen, an dem Wallen unserer Saaten, an der Kraft und Wohlgestalt unserer blühenden Kleinen! Und wie viel reiner, schuldloser, unvergällter sind nicht unsere Genüsse, denn jene! Wieviel herzerquickender ist der Anblick grüner Fluren, wogender Saaten, weidender Herden, flüsternder Büsche, dörflicher Hütten als die Ansicht starrer Steinklumpen, eckigter Mauern, rasselnder Gassen, siecher und blasser Menschengestalten, die im ewigen Ringelrennen nach Zeitvertreib und nach Zerstreuung ihr bißchen Kraft zersplittern und verschleudern. — Nein, meine Brüder, hier wollen wir wohnen! Hier lasset uns Hütten bauen, nicht dorten!

Unserer Heimat zweiter Vorzug ist die Güte des Klimas. — Unter dem Klima eines Landes gedenkt man sich die Beschaffenheit seiner Luft und Witterung. Diese ist keineswegs überall auf dem Erdboden dieselbe. Je nachdem ein Land unter einer höheren und geringeren Breite liegt, je nachdem es mehr oder weniger über den Spiegel des Meeres erhaben ist, je nachdem seine Oberfläche von Wäldern bedeckt, von Strömen durchschnitten, von Sümpfen oder stehenden Wassern angefüllt ist, je nachdem ist auch das Klima eines Landes rauher oder milder, kälter oder wärmer, feuchter oder trockener, der Gesundheit zuträglich oder schädlich. Es gibt Erdstriche, deren Luftmeer unaufhörlich mit Dünsten überladen ist, und wiederum andere, wo Monden lang kein Wölkchen das lautere Blau des immer heiteren Himmels trübt; Gegenden, deren Erdreich die Hälfte des Jahres hindurch von nie versiegenden Regengüssen gleichsam zerfließet, während es in der anderen Hälfte von zu großer Trockenheit birstet und spaltet; Länder, die vor Hitze verschmachten, andere, die von Frost erstarren; Länder, deren reine Luft und gemäßigte Witterung der Gesundheit der Einwohner so zuträglich sind, daß dieselben fast ohne Krankheit und Beschwerde das äußerste Ziel der menschlichen Dauer erreichen, und zuletzt so sanft von dem Leben abgepflückt werden, wie ein leiser Lufthauch den überreifen Apfel vom Zweige weht, auf welchem er geboren wurde; und wiederum gibt es andere, zum Teil mit den üppigsten Naturgaben ausgestattete Länder, deren bejammernswürdige Einwohner, von einem giftigen Klima angehaucht und ausgesogen, noch vor der Hälfte ihrer Tage in das ewig offene Grab hinunterwelken. — [...]

Ein dritter Vorzug unseres Landes ist die Ergiebigkeit unseres Bodens. — Je nachdem das Klima eines Landes und die Erdarten, aus denen sein Boden besteht, verschieden sind, je nachdem sind auch die Güter, die es hervorbringt, verschieden. Nicht nur auf einem Erdfleck, nicht in einem Weltteile, nicht unter einem Himmelsstriche hat der weise Schöpfer alle Gaben der Natur vereinigt. Er hat sie über des ganzen Erdbodens weite Oberfläche verstreut und auf diese Weise die Nationen in die Notwendigkeit versetzt, in Verkehr und Umgang miteinander zu treten und vermittels des Umtausches ihres wechselseitigen Überflusses nach und nach in eine einzige große Familie zusammenzuschmelzen. Dieser wohltätigen Einrichtung gemäß erzeugt nun fast ein jedes Land seine eigentümlichen Schätze. Das eine liefert Salz und Früchte, das andere Öl und Wein, das dritte Seide und Baumwolle, das vierte Bau- und Brennholz, ein fünftes nähret unzählige Herden, ein sechstes versendet die auserlesensten Spezereien, ein siebentes fördert aus den Schächten seiner Berge das Metall zutage, das Gold, das Silber, das Kupfer, das Blei und das edelste aller Metalle, das Eisen. Wir unseresteils haben noch von diesem allen nichts. Und sollten wir uns darum die Ärmsten wähnen im Gedränge der Nationen? Sollten wir mit dem Alliebenden hadern, daß er uns so kärglich bedacht? Er hat mit einer Gabe uns ausgesteuert, die alle anderen Mängel ersetzt. Er hat uns gesegnet mit dem unentbehrlichsten aller Lebensbedürfnisse, mit dem Mark der Erde, mit edelem lebennährenden Getreide. Frommer Hoffnungen voll streuen wir unseren Samen in die schwarze Furche, freuen uns jedes Regenschauers, der ihn schwellt und jedes Sonnenstrahls, der ihn befruchtet; sehen mit süßer Wonne das junge Grün seine zarten Häupter aus dem dunklen Grunde hervorstrecken, sehen täglich die schwächliche Pflanze wachsen, schossen, zur Ähre sich entwickeln, die Ähre mit einem Kranze weißer Blüten sich schmücken, bald aber die schwellende Frucht die Blüten verdrängen und aus einem weichen Schleime allmählich zum festen Korne gerinnen. Fröhlichen Mutes wandeln wir nun zwischen unseren goldenen Saaten. Fröhlichen Mutes führen wir die getürmten Fuder in unsere Scheuern; verbrauchen einen Teil unseres Vorrats für unsere Bedürfnisse und tauschen für unseren Überfluß alle jene Güter ein, die unser eigener Boden uns versaget. Und dennoch wollten wir unzufrieden sein mit unserem Lose? Glaubet mir, meine Brüder, viel lieblicher ist euch das Los gefallen als tausenden eurer Brüder. Tausendmal mühseliger wird das Metall aus den Eingeweiden der Berge hervorgefördert, als das Getreide selbst einem undankbaren Boden abgerungen wird. Viel fröhlichere, gesundere, glücklichere Menschen sind die, welche im Schweiß ihres Angesichts das Feld bauen, als jene, welche auf den Werkstätten der Künste und Gewerbe für die Befriedigung der Weichlichkeit, der Prachtliebe und der Wollust arbeiten. Darum lasset uns zufrieden sein mit unserem Lande und mit unserem Lose!

Ein vierter Vorzug unserer Heimat ist die Nähe des Meeres! — Gewiß eine sehr wohltätige Nachbarschaft. Wohltätig für unsere Gesundheit. Denn dieses wandelbare Element ist, wie ihr sehet, keinen Augenblick in Ruhe. Unablässig wallt und wogt und strudelt es, nötigt vermöge seines mächtigen Zuges das tausendmal feinere und dünnere Element der Luft seinen Strömungen zu folgen und befördert auf diese Weise deren Frische und Federkraft zum höchsten Vorteile für jedes tierische Leben. Wohltätig ist die Nähe des Meeres für unseren Unterhalt. Würde auch jene stille Uferschlucht wohl bewohnt sein ohne die Nähe des Meeres? Würde nicht so manche zahlreiche Familie unseres Landes des Unterhalts ermangeln, wenn sie ihn nicht aus der Tiefe der See gewönne? Versorget diese unerschöpfliche Vorratskammer unsere Tische nicht mit so mancher schmackhaften und gesunden Speise, mit dem Lachs, dem Dorsch, dem Aal, der Scholle und dem, dem Anscheine nach so geringen, in der Reihe der Dinge aber so äußerst wichtigen Zwischengliede, dem reisenden, Nationen ernährenden Hering? Wohltätig ist die Nähe des Meeres für unseren Verkehr und unser Gewerbe. Unendlich wird vermittels seiner die Versendung unseres Überflusses und die Herbeiführung unserer Bedürfnisse erleichtert. Es regt sich ein günstiges Lüftchen. Die eilig ausgespannten Segel schwellen. Leicht und behende gleiten unsere flüchtigen Kiele auf dem glatten Element dahin und landen binnen wenig Stunden in dem gewünschten Hafen. — Liebe Nachbarn, laßt uns die Gaben Gottes nicht übersehen, weil sie so gemein und alltäglich sind. Nie müsse der erschütternde Anblick des weiten Meeres uns begegnen, ohne daß wir einen dankbaren Blick zu Dem hinaufsenden, Der das Meer ausgoß, wie man einen Becher ausgießt, und Der den Sand, den Kalk, die Kreide demselben zum festen Ufer setzte.

Und wenn vom Reiz der Landschaft und von den malerischen Schönheiten der Gegend die Rede ist, müßte dann etwa unser stilles Land zurücktreten? Müßte es vor so mancher benachbarten Landschaft erröten, welche mit einer üppigeren Mannigfaltigkeit pranget? Nein, wahrlich nicht, meine Brüder. Es fehlt zwar unserer Heimat mancher Schmuck, dessen sich die benachbarten Gebiete erfreuen. Keine malerische Abwechslung von Höhen und Tälern unterbricht die Einförmigkeit unserer Flächen; keine lieblich schlängelnden Bäche, keine Gebüsche voll Vogelgesangs und keine Wälder voll feierlichen Rauschens. Einfach ist die Natur, die uns umgibt, aber erhaben. Unsere Gestade sind hochgebürgt und schöngebogen. Unsere Buchten sind einsam und vertraulich. Unsere Vorgebürge gewähren Umsichten ins Unermeßliche. Und der nie ermüdende Anblick der See entschädigt jeden Liebhaber und Betrachter der Natur für jeden anderen Mangel. So erhebt, so erschüttert, so erfüllt keine andere Naturansicht das Auge und das Herz, als die Ansicht des freien weiten Meeres. Indem wir jene ungemeßne, lebendige Fläche hinüberschauen, so ergreifen uns die Schauer der Unendlichkeit. Indem wir die Länge, Breite und Tiefe des ungeheuren Wasserschatzes, indem wir die Welt von lebendigen Wesen, die in ihm wohnen, zu schätzen trachten, so schwindelt uns vor der Macht und der Größe des Schöpfers. Wenn wir aus seinem kristallenen Schoße die Sonne rotglühend hervortauchen sehen, so erwacht in uns neue Kraft zu handeln und zu dulden. Wenn wir nach vollbrachter Tagesreise sie wieder groß und ruhig in ihr blaues Bette zurücksinken sehen, so stillen sich alle Tumulte in unserem Innern. Wenn mächtige Winde den hellen Spiegel seiner Oberfläche trüben, wenn Wog' auf Woge grollend und schäumend daher sich wälzet, wenn auf den Dünen unseres Strandes die tosende Brandung scheltend zerschillt, so huldigen wir staunend und schweigend dem großen Geist, dessen Odem diesen Aufruhr weckte, und dessen leisester Hauch ihn wieder beschwichtigt. — Nein, wahrlich, diese unsere einfache Heimat ist nicht die verächtlichste unter den menschenernährenden Strichen. Hier wollen wir wohnen. Hier wollen wir bleiben. »Hier sei unsere Ruhe ewiglich. Denn es gefällt uns wohl.«

[gekürzt]

Kosegarten, Ludwig Gotthard »Theobul«: Uferpredigten und Hymnologische Schriften. Herausgegeben von G. C. F. Mohnike. Stralsund 1831, S. 132 ff.

Karl Julius Weber
geb. in Langenberg 16. 4. 1767
gest. in Kupferzell 20. 7. 1832

Staunend und kopfschüttelnd steht man vor den zahllosen Bänden seines Werkes, seinen dickleibigen »Briefen eines in Deutschland reisenden Deutschen« oder dem umfangreichen »Demokritos oder Hinterlassene Papiere eines lachenden Philosophen« mit seinen vielen tausend Seiten. Dennoch wird jeder, den die Kultur- und Regionalgeschichte dieser Zeit interessiert, stets auch wieder in Webers Schriften nachschlagen – wo war er nicht! Als Prinzenerzieher von Isenburg-Büdingen und als Privatgelehrter zu Kupferzell unternahm er weitgespannte Streifzüge durch Europa. Als einer der frühen deutschen Feuilletonisten erfreut er uns durch unterhaltsame, aber zugleich informative Schilderungen.

Reise nach Mecklenburg
(um 1825)

Mein Weg nach Mecklenburg führte über Ribnitz, das erste mecklenburgische Städtchen, nach Rostock, dessen Türme sich auf der flachen Heide in weiter Ferne zeigen. Die Warnow, die aus mehreren kleinen Seen kommt, und bei Bützow schiffbar wird, öffnet sich unter Rostock als ein schöner Busen bei Warnemünde, der Hafen des $1\frac{1}{2}$ Meilen entfernten Rostocks. Rostock ist immer noch eine Handelsstadt zweiten Ranges am Baltischen Meer, mit 17 000 Seelen, Mecklenburgs eigentliche Megalopolis. Warnemünde hat aber wenig Anziehendes, obgleich Vergnügungsort der Rostocker, und kann höchstens diejenigen interessieren, die noch wenig an der See gewesen sind. Der Hafen ist von so geringer Tiefe, daß größere Schiffe auf der Reede sich lichten müssen, macht aber dennoch Kosten genug. Rostock hat ungemeine Ähnlichkeit mit Lübeck, altertümlich und dennoch freundlich, aber nicht so reinlich. Der schöne Blüchers Markt (sonst Hopfenmarkt) ist ein ansehnliches Viereck, und der mit Linden besetzte Wall gibt wie der Mühlendamm einen angenehmen Spaziergang, von wo man Warnemünde und die Ostsee erblickt. Rostock ist nur recht lebhaft am Pfingst- oder Pferdemarkt, der vierzehn Tage dauert, und den Rostockern eine neue Lebensperiode ist, gleich willkommen den Berliner Moden, wie den Ärzten; was Gallomanie in Deutschland scheint mir in Mecklenburg Berlinomanie zu sein. Trotz des Handels mit Getreide und Rostocker Äpfel, die es ausführt, und der Weine, Likörs, und Koloniewaren, die es einführt, geht es stille zu, und noch ganz reichsstädtisch. Die Universität wird kaum 100-150 Studierende, meist Einheimische und Theologen zählen. Im Mittelalter aber spielte Rostock als Hansestadt eine Rolle, hatte viele Kämpfe mit den Herzögen, und noch jetzt manche Gerechtsame vor andern.

Wenn man von Hamburg kommt, glaubt man, daß Schlaf und Tod hier ihre Wohnung gemacht haben. Die Marienkirche, wo Hugo Grotius ruhet, dessen großen Einfluß auf die praktische Welt wir nicht vergessen wollen, wenn seine Werke gleich jetzt im Staube ruhen, wie er — besitzt einige gute Gemälde. Das Wahrzeichen ist die geheiligte Zahl VII, denn Rostock hat nachstehende Merkwürdigkeiten: VII Tore, VII Straßen vom Markte aus, VII Türen an der Marienkirche, VII Glocken, VII Brücken, VII Türme am Rathause und VII alte Linden im Rosengarten. — Unsere Redensart das sind Siebensachen von unmerkwürdigen Merkwürdigkeiten mag daherrühren. Rostock heißt *Urbs rosarum*[1], weit angemessener dem Klima als Rosen sind aber die balsamischen Ausdünstungen der Schlehenblüten. Rostock ist die Vaterstadt Laurembergs, unseres ersten Satirikers, neben Rachel und Sprengels. Zu Rostock lehrte Eulenspiegel den versammelten Schneidern etwas, was sich auch Gelehrte und Staatsdiener merken sollten, wie unsere Stände: »wenn ihr die Nadel eingefädelt habt, so vergeßt nicht den Knopf, sonst sind alle Stiche vergebens.« Die meiste Ehre hat Rostock von Blücher, den sie auch wieder ehrte, Blücher, den wir Marschall Vorwärts nennen, die Briten *Conqueror of the Tyrant*[2] und die Italiener *il gran Generale coi baffi* (Schnurbart); französische Kehlen können den Namen kaum herauswürgen, nannten aber die Ruthe *la Blu-*

chere. Die Stände Meckelnburgs errichteten ihrem Landsmann die Bildsäule von Marmor, gefertigt von Schadow, der Held hat in der vorgestreckten Rechten den Marschallsstab, die Linke ist am Griffe des Schwerts, der linke Fuß vorwärts, das Gewand eine Tunika, und von den Schultern wallet ein malerischer Mantel; die Inschrift ist: »dem Fürst Blücher von Wahlstatt die Seinen«, und auf der Rückseite: »Im Harren und Krieg, im Sturz und Sieg, bewußt und groß, so riß er uns vom Feinde los.«

Blücher war 1816 in seiner Vaterstadt, groß war sein Genuß, und einer seiner Schulkameraden Senator Löwenhagen, den er du wie zuvor nannte, stammelte: »Durchlaucht.« »Sei kein Narr!« unterbrach ihn der treuherzige Held, »oder glaubst du, daß ich einer geworden sei?« Das Interessanteste für den Fremden in Mecklenburg möchte wohl Dobberan sein, vier Stunden von Rostock, am Fuße waldigter Hügel, unser ältestes deutsches Seebad vom Jahre 1794. Das phlegmatische Volk nennt Dobberan kürzer Brahn. Der Boden um Dobberan ist undankbar, aber man ist in der Nähe des Meeres, der Häfen von Travemünde, Warnemünde und Wismar, man sieht stets Schiffe, macht Abstecher nach Rostock, Schwerin, Ludwigslust, und die schönste und belohnendste Partie ist nach Rügen. Überraschend ist die Aussicht von Dietrichshagen (eine Meile, wo ein Pächter wohnt) auf Wismar und halb Mecklenburg, Holsteins Küsten und die Inseln Fermern[3], Laland und Rügen, recht durchdringende Augen mit einem achromatischen Dolland haben gar die Spitzen von Koppenhagen sehen wollen, der Dolland hatte Geld gekostet!

Morgens spaziert man auf dem Camp (Markt), trinkt, und geht dann in den englischen Park. Die Gäste sind zwar meist Mecklenburger, da aber der Großherzog sich selbst unter sie mischet, und schon manchen plumpen Obotriten, der ahnenstolz, wie Baron d'Etange, kaum Nebenmenschen, sondern nur Hintermenschen kennen wollte, beschämet hat, so herrscht das *Principis ad exemplum totus componitur Orbis.*[4] Wer zu Dobberan über andere Klage führt, greife zuvor in eigenen Busen! Es ist Schade, daß Dobberan einen unverbesserlichen Hauptfehler hat — es ist eine Stunde entfernt von der See, indessen gefiel es dem Briten Nugent, der die bekannten Reisen durch Mecklenburg schrieb, so wohl, und zwar zu einer Zeit, wo noch wenig für das Bad geschehen war, daß er da sterben wollte, und das ist wahrlich mehr, als man vom kränksten Kurgast erwarten kann.

Dobberans alte Klosterruine gleicht einer Römischen Wasserleitung, und die gothische Kirche enthält viele Monumente, und abenteuerliche Grabschriften, die aber sehr unleserlich geworden sind. Das Büchlein über Dobberan, das jeder Kurgast kennt, hat letztere aufgenommen, die meist im Geschmack des nachstehenden sind:
Auf dem Herzog Magnus:
> Auf dieser Welt hab ich meine Lüst,
> allein mit kalter Schaale büßt,
> hilf Herr mir in den Freudensaal,
> und gib mir die ewige kalte Schaal!

Unter den alten Gemälden stellt eines einen Mann vor, der zur Kirche will, aber vom Teufel zurückgehalten wird. »Kumm mit in de Krog, in de Kerk is Volks genog!« Ein Holzschnitt stellt auch den Teufel vor, der einen Mönch mit einer Frau unter der Kutte barsch wie ein Mauthner fragt: *Quid habes hic frater − vade mecum ...*[5] So steht auch neben dem kranken Hiob die Frau, auf einem andern Stück spielen Teufel zum Tanz auf − die vier Evangelisten werfen das Wort Gottes in die Mühle, die übrigen Apostel malen, und Bischöfe fangen das Mehl auf in Kelchen. Gar vieler solcher dròlligten Stücke altdeutschen Humors sind im 30jährigen Krieg zu Schaden gegangen, so wie ähnliche Naivitäten im Speisesaal des alten Schlosses.

Dobberans Mönche kamen achtzig Kutten stark von Amelungsborn, und brachten neben ihrer blutigen Hostie, zu der stark gewallfahret wurde, eine Menge Reliquien mit: das Schurzfell dessen, der das Kalb schlachtete bei dem Mahle des verloren gewesenen Sohnes, Loths Salzsäule, ein Zehen des großen Christophs, das Schermesser der Delila, den Schemel, der Elias den Hals brach, etwas Heu von der Krippe − vom Fisch des Tobias und von Judas Gedärmen, Petri Netz, einen Fetzen vom Rock des armen Lazarus und von Josephs

Mantel den Potiphar selbst abgerissen hatte, den Stein der Zipora zur Beschneidung, etwas Flachs vom Spinnrad der heiligen Jungfrau und Kinderhäubchen Jesus. — Sie beteten sogar den berühmten heiligen Damm 15' hoch, 100'' breit und eine Stunde lang, rein zusammen — Mönche beteten lieber, als daß sie arbeiteten — und so verdanken ihnen noch heute die Kurgäste die schönen Pettschaften, Stockknöpfe, Uhrgehäuse etc. die zu Schwerin aus diesen verschiedenartigen Steinen gefertigt werden.

Dobberan ist ein regellos und meist neu erbauter Flecken von 2000 Seelen in einem lachenden Waldthale, von dessen Hügeln man immer etwas sieht — Städte, Meer, vorüberfliegende Segel, vorzüglich vom Buchenberg, noch mehr vom Jungfernberg und Dietrichshagen. Außer den Gastwohnungen ist ein schönes herzogliches Schloß, von dem die Fahne wehet, wenn der Großherzog da ist, und am Theater stehen die Worte »Erkenne dich selbst!« Die frischen Seefische entschädigen doch für manche andere Entbehrung, und man kann hier sogar auf die Schwanenjagd gehen, am Coventer Landsee, niemand will sie haben singen oder gar rührende Elegien auf ihren Tod anstimmen hören, wie es die Alten hörten.

Dobberan gehört unter die Bäder, die nur für Reiche sind, der Tisch ist natürlich nordisch, rote und weiße Franzweine (Rheinwein scheint man weniger zu lieben) wechseln mit Bischof, Erzbischof und Cardinal, ja viele sind nur mit Königspunsch zufrieden. Dobberan (deutsch Schönstatt) verdient seinen Namen, die weißen Häuser, die Klosterruine und altgothische Kirche, das Grün der herrlichen Buchen, das schöne Schloß, und in der Ferne das Meer machen den lieblichsten Eindruck. Man darf immer 12-1500 Gäste rechnen. In staatswirtschaftlicher Hinsicht hat es für das geldarme Mecklenburg doppelten Wert, es zieht Fremde herbei und hält die Einheimischen ab von fremden Bädern.

König Pharao hat auch hier einen Thron, den man ohne Jacobinismus den schändlichsten Thron nennen darf, denn er will nicht Weihrauch und Gehorsam, sondern klingende Münze. Am Strande können jedoch Nichtspieler noch glänzendere Dinge finden, wenn gerade die Meereswogen über die vielfarbigen Steinchen aller Art gerollet sind. Es ist auch Sitte zum Andenken welche zu sammeln und das Sprichwort zu Recht beständig »Goldreich kommt man nach Dobberan, und kehrt wieder nach Hause steinreich.«

Jeder nicht kranke Gast sieht sich natürlich im Mecklenburgischen ein bißchen um, Rostock ist der nächste Ausflug, denn Wismar, das aber stiller und weniger bedeutend ist, denn es wird kaum 8 000 Seelen zählen. Wismar, einst fest und mehr als jetzt, war im Besitz der Krone Schwedens bis 1803, wo es an Mecklenburg verkauft wurde, und sein Handel besteht meist in Landeserzeugnissen. Der Hafen, Wallfisch genannt, ist gut, und vor demselben liegt die bedeutende Insel Poel, die mehrere Dörfer zählt. Weiterhin am Gestade ist der schöne Park des v. Brockdorf, Schwansee.

Wismar soll der gesundeste Ort Deutschlands sein, hatte aber besonderes Mißgeschick mit seinen Türmen, die bei Belagerungen abgeschossen wurden, und den letzten nahm ein Sturmwind mit, als gerade eine Kommission seine Schadhaftigkeit untersuchen wollte. Hochlöbliche Kommission sahe sich zwar um ihre Diäten gebracht, rettete aber dafür das Leben.

Auf dem Wege von Wismar nach Schwerin kommt man durch das Dorf Mekelnburg, wo das fabelhafte Megalopolis gestanden haben, und nicht bloß der Name Mekelnburg, sondern auch das Wort Mäkler (Unterhändler) herrühren soll, was aber wohl von machen kommt (maken) *savoir faire*. Man zeigt die Überreste eines Turms oder einer Burg, die vielleicht so groß und stark war, daß man sie die Michelburg nannte (denn im Altdeutschen bedeutete Michel groß und stark). Die Mecklenburger selbst sind ein so kräftiger Menschenschlag, daß sie sich alle dürften Michel taufen lassen.

Ein neuerer Reisender behauptet, daß man den Mecklenburger leicht an seiner Liebe zum Zucker erkenne, der selbst über Braten gestreut würde. Mir ist dergleichen nicht vorgekommen, und das tut auch kein Michel, aber am Frohnd-Dienst kann man den Mecklenburger erkennen, ohne Lavater zu sein.

Schwerin (wendisch Tiergarten) die Residenz des Großherzogs, hat eine malerische Lage an dem schönen großen See, der sich drei Meilen weit erstreckt, und mag 10 000 Bewohner zählen. Es ist eine der heitersten Städte, die ich kenne, die altgothische Residenz auf einer Insel, und der alte Dom und Schloßgarten gefallen, noch mehr aber freilich Ludwigslust (vier Meilen) mitten in einem mit Alleen durchhauenen Wald, der mit Wild sehr belebt scheint. Das Städtchen zählt 3 000 Seelen.

Man findet hier eine treffliche Schweizerei, einen Wasserschatz, wie zu Nymphenburg, Kanäle, Ruinen, Springwasser, Wasserfälle, und das schöne Mausoleum der im 19. Jahre verstorbenen Großfürstin Helene Paulowna, das ihre Asche und einst auch die ihres Gemahls aufbewahret. Merkwürdig sind auch die Büsten, weder von Metall noch Marmor. Selbst die Leuchter in der Kapelle sind von übersilberter Pappe, und nachahmungswert, da man massiv Silber besser brauchen kann extra Ecclesiam[6], und nicht leicht Sacrilegia zu bestrafen sein werden.

Im Schlosse ist eine schöne Sammlung altgermanischer und slavischer Altertümer, die dem Publikum noch bekannter werden wird (wenn es nicht schon geschehen ist).

Grabow hat seine Hauptnahrung durch die Nähe von Ludwigslust, und Malchin und Sternberg verdienen wohl nur gesehen zu werden, wenn etwa der Landtag versammelt ist, was jedes Jahr geschieht. Zu Ludwigslust sollen auch herrliche Gemälde sein, die ich verhindert war zu sehen, die eigentliche Gemäldegalerie aber zu Schwerin, hat neben Niederländern eine herrliche Madonna von Maratti, einen reuigen Petrus von Kupeczky und unter den Familienstücken und Bildnissen zeichnen sich fünfzig von Donner aus, der hier Hofmaler war. Hugo Grotius von van Dyk, und die Bildnisse Carls XII. und Peters I. interessierten mich am meisten. Überraschend ist der Anblick Schwerins auf den letzten Höhen von Güstrow, dieser alten Residenz, die in ihrem Dome viele Grabmäler der Herzöge hat. In den glühenden Farben der Abendsonne hatte ich den Anblick und staunte, denn ich glaubte nur die Natur des Südens vermöge solche Prachtgemälde zu liefern, nimmt man nun noch etwas Vaterlandsliebe dazu, so kann man sich auch im Norden wohl gefallen.

Güstrow, eine Stadt von 7 000 Seelen ist das St. Denis der Herzöge, der Sitz des Hofgerichts, das alte Schloß aber zum Zwangsarbeitshause eingerichtet, die Wollenmärkte stark besucht, und Güstrow vielleicht der geselligste Ort im ganzen Großherzogtum.

Der Lieblingsort der Einwohner ist die schöne Insel, wo es einem Badegast von Dobberan gar wohl gefallen haben muß, nur meinte er, man müsse ein tüchtiges Titelorgan mitbringen. Mecklenburg soll noch immer ein Paradies hienieden für die Advokaten (die vielen Patrimonialgerichte machen es erklärbar) dafür aber auch im eigentlichen Paradiese dort oben nur Einer zu finden sein, St. Jves.

Zu Parchim an der Elde (ob das Projekt sie schiffbar zu machen, ausgeführt wurde, ist mir unbekannt) ist das gemeinschaftliche Ober-Appellations-Gericht, und Bützow Sitz des Kriminalgerichts.

Bützow, das 1716 fast ganz abbrannte, wollte man durch eine Universität unter die Arme greifen, zumal der Herzog mit Rostock gespannt war, aber sie gediehe nicht, und zwei Universitäten wären auch zu viel gewesen. Auf der Warnow treibt die Stadt starken Holzhandel nach Rostock, und ihr Name soll eigentlich Bucephalia heißen, weil das alte Bützow von einem General des großen Alexander zum Andenken des großen Bucephalus soll erbaut worden sein. Schon darum hätte die Stadt nicht zur Universität getaugt.

Boizenburg, dessen Elbezoll 40 000 Taler betragen soll, treibt lebhaften Handel nach Hamburg, hat ein starkes berühmtes Bier, genannt »Biet de Keerl«. Das rote Haus an der Elbe, wo die Fähre landet, ist stark besucht.

Dömitz am Zusammenfluß der Elde mit der Elbe ist die einzige Veste Mecklenburgs. Unweit des Malchiner Sees liegt das schöne Rittergut Remplin, dem Fürsten von Schaumburg-Lippe gehörig, weiterhin Teterow, Mecklenburgs Schilda, und bei Schlemmin die verfallene Hohenburg auf der höchsten Höhe des Landes 512′, nach dem Runeberg von 640′ hart an Preußens Grenze.

Man rühmt auch die schönen Rittergüter derer von Moltke und Plessen zu Wolde und Jvenac.

Zu Sommersdorf unweit Waren am See Müritz erblickte Vater Voß das Licht der Welt, und wurde, nachdem er sich mühsam durch die Schule gearbeitet hatte, Hauslehrer bei einem edlen Herrn zu Penzlin, der ihm jährlich 60 Taler gab, der Koch aber hatte 80 Taler!

Die Stelle, wo Theodor Körner fiel, bezeichnet ein einfaches von seinen Waffenbrüdern errichtetes Denkmal unter einer schönen Eiche bei Wöbbelin. Unser Tyrtaus hat sich selbst ein Denkmal errichtet in seiner Leyer und Schwerdt, wie Lützows ewig denkwürdiger begeisterter Freyschaar, aber auch dem eisernen Denkmal fehlt Leyer und Schwerdt nicht und der wohl verdiente Eichenkranz.

Das Großherzogtum Mecklenburg macht eine liebliche Ausnahme von den norddeutschen Sandflächen, seine Küsten sind erhaben, der Boden fruchtbar, vorzüglich längs den Küsten und der Flüsse, die schönen Laubwaldungen gefallen doppelt nach den ewigen Nadelhölzern, und die vielen Landseen, worunter der Müritzer, Schweriner, Malchiner, Daßover, Plauer, Sternberger, Kummerover, Krakowisch, Kölpin, Tollensee etc. bedeutend sind, neben den Flüssen Peene, Warnow, Recknitz, Elde etc. gewähren Abwechslung. Wegen dieser vielen Gewässer ist die Luft feucht, die Witterung veränderlich, aber Landwirtschaft, Hornvieh- und Schafzucht blühen, noch besser steht es um die Pferdezucht. Schweine und Gänse sieht man überall, und auch ziemlich Wild. Die Pferde sind kleiner als die Holsteiner, aber stärker und lebhafter, daher treffliche Reitpferde, die für Deutschlands Klima am besten passen. Die schönsten sah ich zu Berlin.

Wenn man von den Sandwüsten Brandenburgs, oder den Heiden Hannovers kommt, muß Mecklenburg gefallen, denn es ist ein steter Wechsel von Waldhügeln und fetten Wiesentälern, Saatfeldern, Gehölzen und hellen Seen mit ländlichen idyllischen Hütten. Das Großherzogtum selbst ist ein schön geründetes Ganzes, die kleinen Teile in den Marken abgerechnet, aber an Manufakturen und Fabriken scheint man noch wenig gedacht zu haben, als an Kanäle, so schlecht auch die

Landstraßen sind. Es ist ja noch nicht einmal die Ostsee mit der Elbe verbunden, was mittelst des Schweriner Sees leicht sein müßte, und Waldstein schon im Plane hatte. Die Hauptfabriken scheinen Brantweinbrennereien! Zum Bergbau fehlt das Materiale, und selbst die Saline zu Sülze deckt nicht das Bedürfnis. Wege und Posten sind nicht besser als im übrigen Norden, und da alles noch dabei verdammt teuer ist, so suchen Reisende Mecklenburg in der Regel zu umgehen, oder spuden sich, wie man im Norden spricht.

Die Linie Schwerin besitzt den größten Landesanteil, 228 Quadratmeilen, mit 400 000 Seelen und $2\frac{1}{2}$ Millionen fl. Einkünfte. Die geringe Bevölkerung Mecklenburgs in einem so weiten, und nicht unfruchtbaren Lande, das an der See liegt, muß auffallen. Was ist schuld? Die traurige Hörigkeit zunächst, und dann Mangel an Fabriken, die Ausländer herbeiziehen. Das Großherzogtum ist fast reines Ackerland, hat keine bedeutenden Städte, und verhältnismäßig wenig Dörfer, da die Gutsbesitzer größern Vorteil dabei finden, ihre Bauren zu legen d. h. eine Zahl Landwirte aus dem Besitz ihrer Güter zu werfen, und in bloße Häusler zu verwandeln, die vom Tagelohn leben müssen. Wie gefällt dieses zwar gemilderte aber noch nicht ganz abgeschaffte Obotritenrecht im 19. Jahrhundert?

Mecklenburg gehört zu den fruchtbarsten norddeutschen Staaten. Die Großherzoglichen Domainen mögen $\frac{4}{10}$ des Landes betragen, die des Adels $\frac{5}{10}$ und die der Städte $\frac{1}{10}$. Es ist indessen ein schöner Vorzug der sonst sonderbaren Verfassung, daß weder der Bürgerliche noch der Ausländer vom Ankauf der Rittergüter ausgeschlossen ist, und so nimmt die Zahl der bürgerlichen Gutsbesitzer mit jedem Jahre zu, und die der Adelichen ab. Wird der Bauer noch Eigentümer, so muß sich dessen physische und moralische Kultur von selbst verbessern.

Ein Mecklenburger selbst sagt von den Schulstuben auf den Dörfern, daß die Pferdeställe auf den Rittergütern weit reinlicher und geordneter wären. Richte man also einstweilen jene wenigstens nach diesen, aber Stallmeister haben 500 Taler, Schulmeister kaum 50 Taler.

Mecklenburg ist ein weites Flachland, die Küsten begrenzen Sanddünen, und durch die Mitte zieht sich ein Landrükken nach der Elbe, nördlich aber ist es abgedacht, mit vielen Gewässern ohne rechtes Gefälle, daher die vielen Seen. Ein Friedrich hätte längst Kanäle gezogen und trocken gelegt. Mecklenburg zählte längst dann, neben Zerschlagung der vielen allzu großen Rittergüter eine Million Menschen. Überall in Deutschland scheint mir, Viehzucht und Ackerbau ausgenommen, der Kunstfleiß höher zu stehen, der hier nur auf die nötigsten Gewerbe beschränkt ist. Die Hauptausfuhr besteht in Getreide (20 000 Lasten in guten Jahren) Hafer, Gerste, Butter, Käse, meist nach Preußen, und Rostocker Äpfel nach dem Norden, etwas Holz auf der Elbe, Wolle, Flachs, Tabak, Pferde, Schweine, fette Hammel, Gänsebrüste, Schinken, Würste, Erbsen, Linsen etc. Die Ausfuhr soll der Einfuhr im Durchschnitt gleichkommen, wenn die Getreidepreise nicht zu niedrig stehen. Das Volk lebt meist von Kartoffeln und dürrem Obst, von Weißkraut, Rüben und Pferdebohnen. Die Faba equina ist ein herrliches Pferdefutter, Matrosen, die es oft härter haben als Gäule, werden auch damit abgespeist, aber Landvolk? Ich habe gelegentlich mitgespeist — und danke schönstens.

Die Mecklenburger sind ein schöner starker Menschenschlag. Die Sprache ist platt. Verdammt phlegmatisch, langsam, kalt und schwerfällig erscheint das Volk, wie es bei diesem Klima, der groben Nahrung, und der Pest der Gesellschaft, den Folgen der Leibeigenschaft, kaum anders zu erwarten ist. Der Preußische Nachbar pflegt auch den Mecklenburger für so ein bißchen dumm und einfältig zu halten, weil er allerdings weniger gewandt, und etwas schwerfällig erscheint, und erscheinen muß bei diesem Himmelsstrich und seiner Lebensweise, denn er lebt fast allein dem Ackerbau bei Mehlspeise, Kartoffelbrei, Pferdebohnen und Dünnbier. Geräuchertes Fleisch wechselt mit Gesalzenem, Butterbrot mit Käse, und das Gemüse schwimmt im Fett, und alles in reicher Menge. Solche Esser erscheinen auch gerne grob und derbe, und die platte Sprache muß wie in Pommern, den Schein noch vermehren. Aber es ist doch mehr Schein, und altdeutsche Biederkeit macht alles wieder gut. Man hört wenig von großen Verbrechen — von Mord und Todschlag — höchstens von Diebereien, wo Pferdediebstahl oben ansteht, und über Luxus kann in Mecklenburg im Ganzen genommen nicht Klage sein.

Was das schöne Geschlecht angeht, so scheint mir am ganzen Ufer der Ostsee das Klima dem Teint eben nicht günstig, die rauhen Winde rauben der Haut ihrem Samt, und tragen das Rot zu stark auf — Rosen und Lilien können da nicht gedeihen. Sie werden auch leicht zu fett, oder um galanter zu sprechen, bekommen zu viel Embonpoint. Mais Brantome, der so übel von Damen gesprochen hat, kehrt in einem eigenen Kapitel: *qu'il ne faut jamais parler mal des dames!*[7]

Mecklenburg hat noch keine ständische Verfassung im heutigen Sinne, daher auch keinen öffentlichen Finanzetat, und die Staatsschuld wird zu sechs Millionen Taler angegeben. Die Ritter vertreten ihre Leibeigene, wie jede Stadt ihre Bürger. Der Adel, der Thaers rationelle Landwirtschaft aus dem Grunde versteht, verstand bisher auch vollkommen die minder rationelle Art, mit Hörigen umzugehen und früher auf ziemlich grelle Art. Diese Hörigen waren vor der Revolution nicht besser als Kartoffelsäcke, und wurden gedroschen, wie Kornbunde. Die lange Gewohnheit machte, daß diese obotritischen Menschen und Menscher selbst nicht einmal sich nach größerer Freiheit sehnten, da der Gutsherr für alles sorgte, für Stall und Strohsack, für Kittel und Baarfüße, für Futter und Dünnbier — und nicht selten auch für — Kinder. Ich habe nicht erfahren können: ob die Ehe der Hörigen mit einem eignen unedlen Wort bezeichnet worden, wie etwa im Mittelalter, wo sie nicht Matrimonium, sondern Concubernium genannt wurde.

Unerwähnt darf auch die eigene lobenswerte Versorgungsanstalt unverheirateter Töchter des Adels in den vier Klöstern oder Stiftern Dobbertin, Malchow, Ribnitz und Rostock nicht bleiben, in allem 236 Stellen, worunter 20 bürgerliche sein werden.

Von Schwerin ging ich über Gadebusch und Ratzeburg nach Lübeck.

[1] Stadt der Rosen
[2] Bezwinger des Tyrannen
[3] Fehmarn
[4] Prinzip des Beispiels durch den Herrscher
[5] Was haben wir hier, Bruder? Komm mit mir!
[6] außerhalb der Kirche
[7] Es ist unnötig, Schlechtes über Frauen zu sagen.

Weber, Karl Julius: Briefe eines in Deutschland reisenden Deutschen. Stuttgart 1828, Band 3, S. 607 ff.

Alexander Soltwedel

Die Bibliographen und die Historiker haben aus der Vorgeschichte der Revolution von 1848 manchen Mecklenburger identifiziert, der ohne oder unter falschem Namen das alte »Obotritien« als den Inbegriff einer längst überholten und versunkenen Zeit mit scharfer Feder angriff. Wer aber war »Alexander Soltwedel«? Nirgends sonst taucht dieser Name auf, in keiner Bibliographie, in keinem der Kataloge der großen alten Bibliotheken. Wer verbarg sich hinter dem harmlosen Namen? Jedenfalls einer, der die Dinge, von denen er redete, genauestens kannte.

Ein Reisender sagt im Abendblatte von dem Wege von Plau nach Lübz: Wenn ihm beim Jüngsten Gericht die Strafe für seine vielen Sünden diktiert werden solle, so werde er dem Lord-Oberrichter bloß zu bedenken geben, daß er auf Erden einmal von Plau nach Lübz gereist sei, und er hoffe, daß ihm dies alsdann als eine genügende Strafe angerechnet werde.

1844, anonym

Der obotritische Horizont
(um 1840)

Hinter der aschgrauen Sandwüste und den tristen Rübenakkern der Mark, hinter des großen Berlins großer Zivilisation liegt noch ein herrliches, meist übersehenes, deutsches Land, ein Land von echtem Schrot und Korn, liegt Mecklenburg, sein paradiesisches Stilleben in allzu großer Bescheidenheit träumend. An seinen Küsten brandet die markige Woge der Ostsee freiheitskräftig und liederfrisch; herrliche Landseen im reifenden Ährenkranz lächeln mit reinem Auge der Unschuld empor in den glänzenden Äther und auf strohüberdachten Hütten obotritischer Dörfer nistet der Storch, der Vogel des Friedens. Überall in Runengräbern schlummert die Vorzeit und modert das Slawentum; in Schlössern wohnt die ungnädige Kohorte der »gnädigen Herren«; im Schatten stolzer, knorriger Eiche schläft ein Sänger des Universalvaterlandes, der das Schwert und die Leier mannhaft zu tragen verstand. Mecklenburg ist ein schönes von Allmutter Natur versorglich behandeltes Land, es ist die erquicklichste Oase im dürren märkisch-pommerschen Sandmeer. Hatten mir märkische Kultur- und Lebensfragen, pommersche Spickgänse meine Verdauung zerrüttet, sah ich dich, du unveränderlicher Büffelskopf, das mecklenburgische Wappen, ... welch' eine Wonne! Ja, es pulsierte wieder die Frischheit und Freiheit in mir, ich fühlte den Magen für Mecklenburgs konservative Klöße schon stark genug, und erwarte vom Leser, den ich in dieser Skizze als kundiger Cicerone durchs obotritische Stilleben führe, ein Gleiches.

Reich und köstlich bewässert, meistens ergiebiger Boden, trägt das versteckte Ländchen alle dem »barbarischen« Klima nur irgend angemessenen Naturprodukte in ausgezeichneter Fülle und Kraft; dem Auge des beschaulichen Wanderers wird es so wohl in dieser einfachen, immer aufs Neue überraschenden Abwechslung von starker, saftiger Buchenwaldung und üppigen Feldern, unter Wiesen, Wassern, Mühlen und Dörfchen; er lagert sich so ganz in Mecklenburgs stille Natur und vergißt das Zischen und gierige Lecken da draußen in der gierigen Welt. Ackerbau und Viehzucht sind die echt obotritischen Lebenselemente, auf denen ebenso breit und sicher, als unbehilflich Mecklenburg steht, welches, weil nur gewaltsam poussiert, weil um Deutschland und das progressive Prinzip deutschen Kulturdampfes oder englischer Dampfkultur sich nur ungern bekümmernd, auch zur Industrie unserer Tage sich nur selten emporhebt. Neben einer so ergiebigen Landwirtschaft, wie hier, könnte Fabrik- und Industriewesen im herrlichsten Einklang stehen; der Mecklenburger kennt wohl praktisch den Landbau, die stolze, stämmige Pferderasse seines Landes wird vielfach veredelt, der Wollmarkt und die Tierschau zu Güstrow, das große Pferderennen zu Doberan, die beträchtliche Kornausfuhr nach England und Amerika, ... alles dies spricht für Universalumsicht am landwirtschaftlichen Horizont, während man sich der Industrie aus nirgends, es sei denn, unglücklicherweise, in zahlreichen Branntweinbrennereien, welche das Volk demoralisieren, genähert hat; ein stupender Mangel an rascher Ineinanderhandlung und am Gemeingeist, den selbst der patriotische Verein nie durch patriotische Gesinnung zu wecken vermochte, duldet sie nicht, erdrosselt sie, wo nur emportauchend, schon durch Intoleranz im Embryo und läßt den guten Mecklenburger ganz apathisch drein sehen, wenn die Produkte seines reichen Landes unverarbeitet aus-, durch Kulturfeuer umgeschmolzen und geglättet zum größten Nachteil des allgemeinen Wohlstandes wieder zurückgeführt werden; Ausländisches überwiegt bei weitem das Binnenländische; schon der Glockenklang: »Das ist weit her!« drückt im obotritischen Ohre den intensiven Wert eigener Landesindustrie so burlesk wie gewaltsam herunter. Der stetige Mecklenburger hat nichts dawider, wenn sich das spekulierende England für mecklenburgische Rohprodukte ganz enorme Zölle bezahlen läßt und aus Shylocks Dankbarkeit mit mecklenburgischen, nur verarbeiteten Produkten mecklenburgische Industrie ganz in den Grund bohrt; ein neuer Handelsvertrag mit Frankreich, hervorgegangen aus dem Ehebündnis zwischen der mecklenburgischen Prinzessin Helene und dem Kronprinzen von Orleans, hat wohl den mecklenburgischen Rohprodukten in Frankreich neue Abzugskanäle verschafft, in Mecklenburg wohl den Preis französischer Weine heruntergedrückt, seiner Industrie indes nirgends die Flügel der Zeit angeschnallt ... der Ackerbau, die Viehzucht, Handel mit Rohprodukten, Eintauschung ausländischer Industrie- und Fabriksachen blieb und bleibt immer der *nervus rerum gerendarum*[1] in Mecklenburg. Deshalb, als Stapelplätze der obotritischen Landeserzeugnisse und Konnexionspunkte mit überseeischer Industrie haben Wismar und Rostock sich seit Jahren verbessert und auf Kosten Lübecks emporgeschwungen, welches einst Mecklenburg ganz und gar in sich sog und wieder alles dorthin spedierte, dessen baltisches Handelsmonopol schon vergilbt ist und umsomehr verschießen wird, daß Mecklenburgs umsichtige Regierung, dem zu verbessernden Post- und Chausseewesen ihre Aufmerksamkeit zuwendend, eine ganz vorzügliche Straße von der preußischen Grenze bei Grabow über Schwerin bis zum baltischen Meere, Lübeck umgehend, ausmünden läßt. Der Handel gewinnt, die Industrie aber nicht, da dem mecklenburgischen Büffelskopf durch diese erleichterte Kommunikation mit Seehandelsplätzen nur der Absatz roher Landesprodukte erleichtert, nirgends aber das intelligente Reiserchen der Industrie eingepfropft wird, da seine historisch begründete Stabilität, das sicherste Merkmal, er sei ein durch und durch echter Obotrite oder eigensinniger Kyssierer, ein Abkömmling jenen Geschlechts, welches, gewaltsam ins Wasser geworfen, zum Christenglauben bekehrt und getauft ward, das sich sogar noch im siebenjährigen Krieg für zähe Liebe zur Herkömmlichkeit halb tot prügeln ließ, ihm jede intensive Anregung und spekulative Richtung getötet hat. Die obotritische Einfalt in all den unzähligen Kleinkrähwinkeln und Dörfern ist ganz kolossal, der Superlativ aller Schwabenstreiche, die sich doch nur von vegetabilischen Stoffen, von Sauerkraut, nähren, wenn Mecklenburgs Bauer für feiste Speckseiten mit ledernen Klößen solche Prädilektionen zeigt, wie seine gnädige Herrschaft für den Obskurantismus der Fröhner und grauen Feudalunfug. Der Obotrite vom Dorfe, der gigantische Bauer in Kniehosen und Schuhwerk mit silbernen Sonntagsschnallen, in feuerroter Weste und langem Großvaterrock, seinem runden gebürsteten Suppennapf auf eisernem, obotritischen Kopfe, die prachtvollen Bauernweiber und rosenroten Dirnen, wie sie uns Sonntags in Mecklenburg auf allen Wegen und Stegen lachend und lockend begegnen, mit der üppigsten Busenwölbung und fleischigen Armen, im originellsten Feiertagsstaat, aus vergoldeter Mütze, buntem Friesrock und flitterumsäumten Mieder bestehend, wie sie Berlin zu Hunderten als nährende Ammen verschreibt, ... die echten Obotriten werden noch, nicht sowohl von der Regierung, als vom Adel, auf russisch behandelt, und schäumende, brodelnde Revolutionsideen kennen sie nicht. Das verhindern gewissenhaft ihre »gnädigen Herren«. Genau betrachtet ist Mecklenburg nichts als eine Kette zusammenhängender Landgüter, auf denen die obotritische Noblesse zum Teil recht mittelalterlich haust und hantiert und jedem Prinzip des Fortschritts sich höhnend entgegenstellt, um so leichter, da in der konstitutionellen Verfassung des Großherzogtums das echte Zentrum des Volkes, der Bauernstand und die Geistlichkeit, gar nicht, jeder Gutsbesitzer aber in hohem Grade berücksichtigt wird. Als beklagenswerte Folge jenes Übergewichts, welches sich mittelalterliche Adelsmacht sorglich und oft auf tyrannische Weise einbalsamiert, tritt Servilismus der Bauern, Bauerndruck und Bauerndummheit in grellen Farben heraus, aus denen dann wieder indirekt durch den obotritischen Adel hervorgerufen, jener obenerwähnte Mangel an Industrie, deren intelligentes Prinzip stets freie, individuelle Regsamkeit voraussetzt, und lethargisches Kleben an lockerer Scholle, dumpfe Zufriedenheit in dumpfer, feudalistischer Sphäre entspringt. Im Schweiß seines Angesichts plagt sich zwei Tage in der Woche ein blutarmer Fröhner für seine gnädige Herrschaft, die in den Gutsuntertanen nicht Menschen, nur Kreaturen und Sklaven erblickt, deren Tagelohn der imperatorische »Inspektor« durch seinen »Voigt« nur zu oft durch unverdiente Prügel auszahlen läßt. Ich habe in Mecklenburg Jahre gelebt; ich habe dort tiefen und bodenlosen Jammer in morscher, zerfallender Fröhnerhütte, ich habe dort glänzende, adelige Karossen mit schnaubenden Rossen und reichgallonierten Dienern, ich habe dort noble Herren und tyrannisierte Fröhner, ich habe den Adel lachen, den Bauern weinen gesehen! ... Große Quantität von Dummheit und Denkfaulheit scheint dem obotritischen Volksstamme immer zu eigen gewesen zu sein; aber der Adel hat noch die Qualität dieser abstrusen Lethargie vorsorglich, seinen feudalistischen Zwecken gemäß durch schmähliche Reaktionen verdummt; ihm ist es genug, wenn der Bauer den Ochs von der Kuh zu unterscheiden, sein Weib die adelige Kuh zu melken versteht; in allen ritterschaftlichen Ortschaften Mecklenburgs, im Hauptdistrikt Güstrow, in den Distrikten Rostock, Buckow, Röbel und Teterow liegt das Landschulwesen furchtbar im Argen, während, wo sie konnte, die Großherzogliche Regierung in Städten und ihren Domainen mit fürstlicher Liberalität für besseren Unterricht Sorge trägt. Dem Adel ist jeder Schuster und Schneider, jeder invalide Unteroffizier oder abgedankte Kammerdiener, jeder *magister bonarum artium*[2], der sich die eigene Orthographie phantasiert hat, zum Dorfschulmeister schon gut genug; er fürchtet, es könne sich in die dumpfigen Dorfspelunken sonst einige Volksbildung verirren, er hat auf dem Landtage und in Blättern mit ganz ungeheurer Suffisance eingestanden: eine Mehrbildung des geringen Landmanns sei ganz unzweckmäßig; Intelligenz sei zu seinem Berufe nicht erforderlich; die neuere Bildung des geringen Mannes sei das größte Übel der neueren Zeit, der Blasebalg aller Revolutionen; die Bildung in Volksschulen rufe allein das Gefühl des Unbefriedigtseins hervor und Begehr nach anderem Zustande der Dinge. Diese Worte zeigen das obotritische Adelsprinzip im bengalischen Feuer; der gebildete Arbeiter, sich in freier, selbstgewählter, aber in keiner feudalistisch-sklavischen Lebenssphäre bewegend, das aufgehellte, behagliche Familienleben trägt nirgends revolutionäre Schwindelphantome an seiner Brust; höchstens, wenn Industrie überwüchsig und brodlose Kunst wird, was auf obotritischem Territorium noch in Jahrhunderten nicht zu befürchten ist, weil vom landwirtschaftlichen bis zum industriellen Extrem noch gar keine Brücke gelegt ist. Der obotritische Adel aber sieht weit und gedenkt seiner Vollblutsgenerationen ferner Zukunft; eben darum gesteht er dem obotritischen Volke nirgends an Industrie und Bildung nur einiges, nur allgemein menschliches Recht zu, drückt es gewaltsam herab, direkt und indirekt, positiv und negativ, freut sich auf seinen Stammschlössern, duselt es immer so fort und fort, wie es jetzt noch duselt und nuselt. Der obotritische Bauer, wie ich ihn kenne, und ich glaube ich kenne ihn, besonders im nördlichen Landesdistrikt, durch und durch, ist ein vorzügliches Lastvieh; sein Rücken ist breit und ledern; er hat sich dem Prügelsystem der gnädigen Herrschaft angeschickt und lebt im blauen Himmel der Unschuld; ihm ist's paradiesische Wonne nach saurer Arbeit beim Erntedünnbier, über die Scheunendiele hopsend mit Liesch oder Gret, all den galligen Wust der Sorge heraus aus dem innersten Eingeweide zu kreischen, vierteljährlich zu Jahrmarkt zu ziehen, »Stuten« zu essen und Schuhzeug zu kaufen, sonntags zu »ringeln« i.e. nach dem Ringe zu reiten und montags, weil der adamitische Fluch auf uns Menschen ruht, von der Klapper des Guts in der Dämmerfrühe mit sonntäglich ausgebranntem Hirn in die Frohnen gerufen zu werden. Dabei fürchtet und respektiert er die Geistlichkeit und die Gespenster, wie nur ein Schwabe es kann, den der berühmte Doktor zu Weinsberg durch elektrische Strömung zum geistersehenden Sonntagskinde gemacht hat; er läßt sich in Krankheitsfällen von alten Weibern sympathetisch bestreichen, von Schäfern und Scharfrichtern unter alten Eichen, im mitternächtlichen Walddunkel, heilen, obwohl *Dr. med.* Saß in Travemünde durch den obotritischen Volkskalender, der überall in den Hütten am Nagel hängt, die grassierende Scharlatanerie in ihren schwarzen Folgen schwarz konterfeite. Man bleibt beim Alten und sagt: »dat is 'mal so«; der hochwohlgeborene Adel aber freut sich, »dat alles noch ümmer so is«. Mit Suffisance und Gottähnlichkeitsgefühl verbindet meistens der obotritische Landadel, weil er bei Schafen und Ochsen emporschießt, die handfeste bäurische Grobheit, selten den schimmernden, noblen Ton; er waltet und schaltet so derb und massiv, daß sein schwerer Gang im Schmierstiefel nie ohne deutsche Spuren bleibt. In Patrimonialgerichten, über welche das fortrollende Prinzip der Zivilisation als barbarisch den Stab brach, hält er durch seine, von ihm gewählte Kreatur, den Justitiar, Gerichtssitzung, der oft nicht nur ein Dorf, sondern ganze Städtchen, wie z. B. Dassow dem Gute Lütgenhof, Obedienz schuldig sind, wo Untertanen, wollen sie Recht, beim Gutsbesitzer den Gutsbesitzer, der über sie richtet, zu verklagen genötigt sind ... die natürlichen, traurigen Folgen stellen sich nur zu häufig dar und meistenteils so indirekt, daß Mecklenburgs liberale Regierung die *causa*[3] nur selten zu fassen und zu entwurzeln vermag. Ein Beispiel wird dem Leser eine der gutsherrlichen Diatriben entschleiern. In echter, obschon in mißbrauchter, Humanität hat die Regierung verordnet, daß, sobald die in Vorschlag gebrachten Kandidaten, welche gewöhnlich bis zur Beförderung im Schulfache, als Kantoren, Konrektoren plaziert sind, oder schon Geistlichen ihre Wahlpredigt vor der beteiligten Gemeinde gehalten haben, jedes Mitglied derselben dem am Altar sitzenden Superintendenten und Aktuar ganz nach freier Überzeugung, ohne Nebenrücksicht, seinen Wahlwunsch deswegen zu erkennen gebe, auf daß der Gemeinde Seelsorger von den Seelen der Gemeinde wahrhaftig erkoren sei. Was aber geschieht nur zu oft? Der gnädige Herr oder Gutsbesitzer hat, was ich selbst sah und hörte, all den Gutsuntertanen ein deshalb, nach freier Überzeugung, ohne Nebenrücksicht zu wählen, erlassenes Regierungsdekret zu veröffentlichen; er tut es gewissenhaft und schließt: »dem Kandidaten (der etwa sein Hauslehrer ist) gebe ich meine gutsherrliche Stimme!« Die Bauern verstehen das, übersetzen sich die Randnote, oder lassen sie sich privat vom gutsherrlichen Jäger oder Kammerdiener verdolmetschen, und wählen ohne Nebenrücksicht, aus freier Überzeugung, den Kandidaten ihres gnädigen Herrn, weil ... sie wissen es wohl; aber das Schwert des Damokles über dem Haupte lötet die Zunge fest an den Gaumen. Und so liegen die armen Bauern ganz in den Ketten, welche der gnädige Herr um ihre Beine geschmiedet, sie sind willenlose Marionetten, an deren Draht die hochwohlgeborene Noblesse ganz im Geheimen reißt, wo es gerade geheim sein muß, sonst aber öffentlich; sie nehmen die Prügel des Voigtes, die Nackenschläge des Patrimonialgerichts, den Willen des Herrn als sanktioniertes Gottesgesetz; ich kenne sogar in der Nähe von Rostock ein Gut, dessen Besitzer, ein alter *garcon*[4], nach vermoderten Pergamenten von jeder Braut seines Dorfes die Hochzeitsnacht zu fordern berechtigt sein will; ich kenne nirgends in der zivilisierten Welt einen ähnlichen Barbarismus, eine solche Obszönität, es sei denn, daß alte englische Geschlechter ohne *inexpressibles*[5] am Königsthrone auftreten dürfen; aber sie tun's wenigstens nicht. Oft der einzige Trost im gutsherrlich-feudalistischen Jammertale, wenn der Rücken durch schlagendes Unrecht blau wird, obotritische Geduld zu Ende geht, ist die hohe Regierung in der Residenzstadt Schwerin, der humane, auch überall geliebte Großherzog Paul Friederich, würdiger Nachfolger des leutseligen Friederich Franz, dem untersten Volke zugänglich, ohne Prädilektionen für adlige und richterliche Arroganz. Ein, den Charakter des Großherzogs aufhellendes Beispiel teile ich hier, die volle Wahrheit desselben nach fast offizieller Angabe gänzlich verbürgend, mit großem Ver-

Schloßgarten in Schwerin

gnügen mit. Ein armer Kätner wurde (weshalb? ich weiß es nicht, an sein nächstes Gericht zitiert; folgend dem heiligen Rufe mußte er, dessen täglicher Verdienst von der Hand sogleich in den Mund geht, einen Tag Arbeit versäumend, zum Ort der Gerichtssitzung einige Meilen stiefeln, dort von Stunde zu Stunde harren, dann aber, »dringender Geschäfte halber« unerledigt, mit dem Bescheide, im nächsten Termin aufs neue zu erscheinen, zur Heimat zurückpilgern; seufzend, etwa wie Titus, *dicem perdidi*[6]! Zum zweiten Mal kommt er, zum zweiten Mal verliert er unerledigt den Tag und wird zum dritten Termin beordert. Drob brach auch dem Obotriten die starke Geduld; im »Kruge« blitzt der Gedanke, zum Großherzog zu gehen, durch seine mächtige Seele; am folgenden Morgen erreicht er Schwerin und klagt dem staunenden Fürsten in eigener Person seine Not, den unersetzlichen Verlust zweier Tage zur Erntezeit. Gnädig entläßt der Fürst den gekränkten ehrlichen Untertan und verspricht ihm nähere Nachforschungen und glänzendes Recht. Der immer beschäftigte Gerichtsherr wird an den Hof zitiert; verwunderungsvoll, eine Belobung, eine goldene Tabatiere erwartend, folgt er mit Extrapost der heiligen Mahnung. Pünktlich wartet er in der Antichambre[7]; Lakaien, Minister, Bittsteller gehen aus und ein, Populace geht dem Hohen vor, den niemand beachtet; all' die goldenen Schnupftabaksdosenträume lösen sich auf. Wie Feuer glühen ihm die Sohlen; er fragt, wann Königl. Hoheit geruhen, Höchstdero ergebenen Diener vor sich zu lassen; der Kammerherr zuckt nur die Achseln und schweigt. Der Großherzog geht zur Tafel und sieht ihn nicht. Endlich kommt der Befehl: »dringender Geschäfte halber« sei er bis morgen aufgespart. Gleiche Szene am folgenden Tage. Am dritten Abend löst ihn der Großherzog vom schweren Antichambreposten ab und gibt ihm ein Privatissimum, welches die Nase des Gerichtsherrn um drei Zoll verlängert hat, eine Prise statt der Schnupftabaksdose, theoretischen Verweis, nachdem er ihm, obwohl er die Praxis weit leichter, als ein blutarmer Fröhner, ausüben könne, an sich selbst das Unangenehme des Wartens kommentiert hatte.

Solche schönen Eingriffe einer alles überwachenden Gerechtigkeit träufeln peruvianischen Balsam ins obotritische Herz und schüchtern den brusken Beamtentrotz ein; »Mecklenburg for ever!« schwirrt unaufhaltsam über dem Resonanzboden obotritischen Gefühls und erstickt alle Seufzer; durch all' die Fetzen grauen Horizonts blickt in ewiger hoffnungsstrahlender Bläue ein glänzender Äther aufs üppige, still vegetierende Land. Biederen, eichenfesten Patriotismus verleugnet der Obotrite doch niemals; er harrt und hofft und schickt sich ins Schicksal; er wandert nicht aus übers Meer, wie der Schwabe; er fände doch nirgends seinen humanen Großherzog, seine obotritischen Kraftklöße, seinen obotritischen Schweinespeck. Dem ungeachtet aber, als gar nicht zu bewundernde, ganz natürliche Folge der Rohheit und jedweden, oft auch moralischen Bildungsmangel, sucht er für seinen Groll gegen gutsherrliche Tyrannei und Niederträchtigkeit wohl mitunter Eruptionen durch ungesetzliche Krater und begeht, wie noch neulich, was Zeitungen meldeten, die empörendsten Frevel in seiner rohen, tierischen Wut. Ein Gutsbesitzer, der Abglanz eines Caligula, hatte die Fröhner und Knechte so geschunden und gezwickt, daß diese, aufgerufen vom Verwalter, der auf Kommando des gnädigen Herrn auch durchgebläut werden sollte, eine kleine französische Revolution arrangierten, das Schloß erstürmten, den Besitzer aus Rache bis zum Tode durchprügelten, die Keller erbrachen, sich viehisch besoffen und dann, erregt durch die Geister ungewohnten Weins, im satanischen Taumel wieder zum Gemißhandelten zurückkehrten, mit Scheren, Messern und Nadeln ihn dergestalt marterten, daß er den Geist aufgab, dann aber auch noch von Kindern und Weibern des revolutionären Dorfs scheußlich insultiert wurde. Möge dieses grausenhafte Factum, das Ergebnis des infamen Prügel- und Verachtungssystems, als warnendes Beispiel den mecklenburgischen Gutsbesitzern vorstehen, sie langsam von der Parforcejagd monarchischer Diktatur auf die sanften Pfade der Humanität und des volksdurchdringenden Fortschritts ableiten, der überall dem Streben der Gegenwart als stolzes, herrliches Banner voraufweht, sie, sozusagen, zur Zukunft veredelt ...

Vom Feudalismus auf offenem Lande in die kleinen obotritischen Landstädtchen wandernd, tritt hier dem unbefangenen Auge, wie wohl nirgends in Deutschland, der eingesteifte Philister in baumwollner Nachtmütze, die Kalkpfeife gemütlich im Mundwinkel, alles Fremde beglotzend, entgegen. Jedes Nest hat stolz sich spreizende Bürgermeister und Ratsverwandte, vornehmtuende Honoratioren, die, gar mitleidig lächelnd, aus ihren hermetisch verschlossenen Klubs auf mühsam sich plakkende Plebejer herabsehen. Dem engen Leben einer Kleinstadt von altem Schrot und Korn, im Flitter moderner Ziererei, gewinnt man höchst interessante, psychologische Seitenbemerkungen ab; eben darin fand ich in Mecklenburg den Born unerschöpflichen Vergnügens. Die Krähwinkelhonoratioren haben sich eine steife, burleske Hofetikette herbeiphantasiert, worin sie sich wie im Reifrock bewegen, deren Verletzung von jeder guten Gesellschaft ausschließt, deren Befolgung groteske Schildbursgssituationen massenhaft aneinander schichtet. Bei Volksfesten, Jahrmärkten und Vogelschießen zeigt sich die stadt- und stattliche Angesehenheit in strahlender Glorie, aber entblödet sich demungeachtet nicht, vor den Augen plebejischer Demut in bacchanalischen Sansculottismus überschlagend, durch Grog und Punsch gewaltsam enthusiasmiert, einander die leeren Gläser an volle Köpfe zu werfen; — ich habe gesehen und traute meinen Augen kaum, wie zwei Doktoren der Medizin, also gebildete Männer, auf einem pompösen Leichenschmause zu T. mit ihren Äsculapsstäben, entweder aus kläglichem Brodneid (das derbe, kerngesunde Mecklenburg ist übersät mit Medizinern) oder weil es nur wissenschaftliche Beantwortung der großen Frage galt, was den Seligen ins kühle Grab gebettet, wer also indirekt den Leichenschmaus veranstaltet und honoris causa das Präsidium an der Tafel zu führen habe, unsanft fraternisierten.[8] Wissenschaftliche Bildung versumpft in den Krähwinkeln, wenn sie nur Schulbildung war; der Alltag hängt grau herab und stülpt den Honoratioren die Nebelkappe aufs Haupt; das tagtägliche Werk greift man mit obotritischen Fäusten an und schlendert, wenn abends die ganze Gevatterschaft des Fleckens vor der Haustüre gemütlich die Ruhe genießt, zum »Kruge«, wo beim hohen Glase schäumenden Biers ein Silentium gespielt und gekannegießert wird; — Ausnahmen fordert jede Regel und hier gerade, im westlichen Landesdistrikt, recht viele. Sonntags geht man zur Kirche und nach der Kirche ein Stündchen über das herrliche Land; dann ißt man obotritisch, Nachmittags durchflattern in weißen Pfingstfestkleidern die Fleckendamen ohne Flecken die Straße; man macht den Töchtern des meistens damit gesegneten Pfarrers, wird man elektrisiert von obotritischen Kornblumenaugen und obotritischer Fülle, die auf festem Piedestal ruht, großstädtisch den Hof, schiebt kleinstädtisch Kegel und raucht den famosen mecklenburgischen (Rehnaer) *petum optimum subter solem*[9], geht abends, ist man ein angesehener, ordentlicher Mensch, in den Klub und legt, von sonntäglichen Freuden berauscht, sich ins Bett, »wo kein Wagenrad fährt«. »Buß- und Bettage«, Jahrmärkte, Erntebiere und Scheibenschießen machen Epoche und jedes Nestchen referiert darüber im »Freimütigen Abendblatt«, damit des Nestchens Name gedruckt steht, die Korrespondenz im Nestchen aber allerlei Mutmaßungen und Knalleffekte befördert. Im Kontrast mit diesen barocken Krähwinkeln und auch so manchen gezierten, lecken, kleinen, süddeutschen Residenzstädtchen hat, seiner verpallisadierten Klubs ungeachtet, sich in Schwerin ein wahrhaft erquicklicher, dabei cordialobotritischer Gesellschaftston ausgebildet, der so wenig als möglich den Pli kleiner Hofhaltungen durchschimmern läßt und jedem anständigen Fremdling ohne lästiges Kompliment gern die Hand reicht. Freilich, die noble *haut volée* hüllt sich auch hier in den unbeschreiblichen, noblen Dunst, wie sie ihn Sommers auch über Doberan und Ludwigslust gedeckt hätte, wäre der jetzt verstorbene, biedere Friedrich Franz nicht allzusehr bürgerlich gewesen, ein Todfeind des gespreizten Adeltums; — er aß unter allen Badegästen an öffentlicher Tafel, die Noblesse mußte es auch, und er zwang die forcierte, gnädige, ewig lächelnde Leutseligkeit, welche dann, der Luft als stickige Gewitterschwüle mitgeteilt, jedem Bürgerlichen zu Doberan als Angstschweiß aus allen Poren trat. Seit dem Tode des alten Fürsten, des fürstlichen Musters unter deutschen Potentaten im Sturm und Frieden, dessen Andenken in jeder Bauernhütte fortleuchtet, hat Ludwigslust wie Doberan, wo er schlummert, bedeutend verloren; dieser letzte Ort vorzüglich, den er auf Kosten Schwerins erhob, von dem jetzt, obwohl dort die Taglioni tanzt und der jetzige Großherzog diese Saison daselbst zubringt, der inländische Adel sich zurück und in fremde Bäder, wie nach Travemünde, oder auf seine Güter verzieht. Er geniert sich dort unter dem Auge des Fürsten. Die hohe Beamtenwelt sucht im Bade nach Freiheit, deren sie dort, von ihres »Nichts durchbohrendem Gefühle« immer gezupft, zu wenig genießt. Mit seinen teuren Logis am glänzenden Kamp ist Doberan wohl ein hübsches Tusculum, steht schon deshalb aber, weil bis zum Meerstrand eine Stunde ermüdenden Weges ist, es also zum Badeleben nie das für Binnenländer so erquickliche Strandleben hinzufügen kann, hinter dem fashionablen Travemünde zurück, wo der Genuß des letztern durch frequente Dampfschiffahrt nach allen nordischen Reichen poussiert wird. Der steinerne, gespreizte, abgezirkelte Ton, der seit dem Tode des alten Franz sich aufbläht, kann einem Badeorte nur schädlich sein, wo man in freier Meerflut frei und frisch, ein neuer Adam zu werden gedenkt. Wismar hat eigentlich gar keinen Ton; noch ist es im Werden, im Stadium der Pubertät, es rührt sich rasch und lebt von Eisenbahnprojekten und Zukunft. In Güstrow gibt der zottige Wollmarkt, in Parchim das Oberappellationsgericht mit dem affablen Schweif der Beamten den Brummbaßton an. In Rostock vernimmt man die Landesuniversität und fidele, obotritische Burschen, denen das Flottsein meistens mehr als Philosophie gilt. Mir aber scheint es die düsterste doch charakteristische Seite vieler Universitäten, vor allen Rostocks, daß bei all dem wissenschaftlichen Schaugepräge der helle Hochpunkt reiner Wissenschaft, die Philosophie, von akademischer Tugend nur zu oft als Schwungbrett von harter Schulbank zum Stagnum fertiger Brodwissenschaft herüber gehandhabt wird. Vom Mediziner wird sie gar nicht gefordert, und doch ist der praktische Arzt ohne sie nur ein Künstler, durch sie ein Anthropologe und Seelenforscher; leise tappt der Jurist darüber fort und der geschulte Theologe, trägt er nicht schon die Sonde zum Forschen im innersten Busen, hütet sich wohl vor jenem gefährlichen Dilemma der prüfenden Philosophie, der versorgenden Gottesgelehrtheit. Vor wenigen Semestern gab es, irre ich nicht gar zu massiv, in Rostock nur einen Schüler der Philosophie, während im Durchschnitt die Akademie, eine der ältesten Deutschlands, 1419 gegründet, hundert immatrikulierte Studenten zählt. Der Ton unter diesen, deren Bestrebung zu oft aufs Bloßmaterielle läuft, ist nicht der beste in wissenschaftlicher Hinsicht; aber er ist obotritisch solide, nirgends schäumend und brodelnd. Die Lehrer lesen bestimmt vom Katheder herab, die Schüler hören zu und beide Teile stehen sonst in keiner organischen Verbindung; Causalnexus des Könnens und Wollens findet sich nicht; geselliges Lebenselement, anreizend und weit besser oft auf die Jugend wirkend, als wurmstichiger Kathedervortrag, scheint Rostocks Professoren durchweg unbekannt; die Studiosen kneipen recht brav und haben mit der weiblichen Dienstklasse, deren Gefälligkeit Rostock berühmt gemacht hat, Associationen öfters recht zart geknüpft. Über das intensive Leben der obotritischen Landesuniversität wünsche ich dieser leichten Skizze schon deshalb keine ernsten Zugeständnisse zu machen, da ein weitschichtiger, die Universität Rostock einzig und allein betreffender und vielseitig abwägender Aufsatz anderwärts meine Feder in Zukunft beschäftigen wird. — Betrachtet ihr aber zu Rostock auf hohem Sockel von Granit ein stolzes, ehernes Standbild, dann gedenkt nur der Kraft, der Macht und des Deutschtums der ehrlichen Obotriten ... ein Obotrite von altem Schrot und Korn, ein deutscher Held, den jedes Kind kennt, Vater Vorwärts steht im ehernen Panzer der Ewigkeit vor euch. Blücher war die Potenz der Obotriten; jeder Zoll an ihm obotritisch! Hier in der alten Umgebung seiner Vaterstadt schaut Junker Hans weit kecker und dreister um sich und hernieder ins schlichte Volk, als drüben in ihrem zivilisierten Berlin auf zivilisierte Köpfe, in denen die neue Zeit brandet, welche er nicht versteht, wo man ihn profaniert durch Opern Spontinis, ihn, den Musikdirektor der Schlacht; hier errichtete ihm der wärmste Patriotismus all' seiner obotritischen Landsleute, durch Schadow aufgeführt, ein ehernes Standbild; dort belohnte ihn nur die Anerkennung des Königs durch jene kolossale Bildsäule, die Rauch modellierte, Reissinger aber und Le Quine in Erz goß. Ich stand in Berlin und Rostock unter Blücher, dem Kämpen für Freiheit und Recht; nur in Rostock wurde mir's warm und weich und seltsam, und ein dröhnender, gellender Klang heulte durch die vernarbte Brust des Kriegers, ein Sonnenstrahl zuckte daher, ich glaubte den ehernen Helden verbluten zu sehen ... vorwärts! tobte es da, und vorwärts! sei deine, Mecklenburgs, Deutschlands heilige Losung ... Am Jahrestage der Katzbachschlacht, am 26. August 1819, erhob bei seinen Lebzeiten obotritischer Patriotismus den greisen Helden zu Rostock im Erzpanzer der Ewigkeit; ein schöner, klarer Beweis, wie gern der obotritische Patriotismus, nicht provinziell abgestorben, seine Fibern ums Herz des großen Universalvaterlandes streckt, ähnliches zeigte auch noch im Frühling v. J. die große Feier fünfundzwanzigjähriger Freiheit zu Güstrow, wo in Erinnerung alte Kampfgenossen bei Becherklang und Festmahl die blutigen Tage des Kampfes und Sieges durchschwelgten, wo auch »Lützows wilde verwegene Schaar« repräsentiert und dem großen, edlen Toten in die Becher des Jubels eine Träne der Wehmut geopfert ward.

Von diesem Verein, der alte Kameradschaft und deutsche Freiheit würdig und festlich zelebrierte, wende ich mich zum »Ausschuß für Geschichte und Altertumskunde Mecklenburgs«, dessen patriotisches und dabei wissenschaftliches Streben die Aufmerksamkeit und Anerkennung des Auslandes in höherem Grade verdient. Je dunkler, unklarer und korrupter, meistens von parteilichen Mönchsschriftstellern, wie Helmold, geleitet, unsere Begriffe vom Slawentum und den wendischen Völkerschaften, Kyssierern, Polabern usw. sind, desto interessanter stellen sich die unermüdlichen Nachforschungen dieser Versammlung heraus. Die alte Kapelle zu *Althof*, worin *Woizlawa*, die Mutter des obotritischen Fürstenhauses, die Gründerin des Christentums in Mecklenburg, welche mit Hilfe des *Wendenapostels, Benno* von Schwerin, ihren Gatten *Pribislav* durch Liebe bekehrte, was *Heinrich* der Löwe durchs Schwert vergebens versucht, seit 1172 schlummert, war seit den Zeiten des rohen, dreißigjährigen Kriegs ein Backhaus, bis endlich *Friedrich Franz* im Jahre 1820 daran glasierte Ziegel mit merkwürdig gegrabener Inschrift entdeckte, welche sich jetzt in der Großherzoglichen Altertumssammlung zu Schwerin befindet. »Die Ziegel geben den deutlichen Beweis«, sagt ein antiquarischer Aufsatz, »fürs hohe Alter des Gotteshauses, wenn die Geschichte nicht schon, der Rundbogenstil, die Pflasterung der Altarstätte mit alten Mosaikziegeln zu solcher Annahme bestimmt berechtigten«. Jetzt steht die Kapelle, aus der das Licht des Christentums im Lande der Westwenden hervorging, die Grabstätte der Mutter des mecklenburgischen Fürstenhauses, in einer großartig gebildeten Gegend von außen und innen gereinigt, als Denkmal des Altertums, erinnernd an längst verschwundene Zeit, wichtig dem spähenden Blick des geschichtlichen Forschers. Der Verein für mecklenburgische Vorzeitkunde, 350—400 Mitglieder zählend, wurde zu *Schwerin* durch den Präsidenten, Minister *von Lützow*, im Jahre 1838 eröffnet und bildete durch seine Sammlungen, neben den Großherzoglichen aufgestellt, ein interessantes Museum aus Gegenständen der slawischen, germanischen Vorzeit, deren ich hier nur durch ein ehernes, altgermanisches Hüfthorn, bei *Wismar* im Torfmoor gefunden, erwähnen will. Altdeutsche, kurische, angelsächsische Münzen in Menge; eine mit reich gearbeitetem Henkel versehene Silberschale erregt des Forschers Aufmerksamkeit, weil sie, zur Evidenz dem römischen Altertum angehörend, doch im Wendenland, welches nie unter dem Druck der römischen Kohorden litt, aufgefunden sein soll. Von diesem Verein, eben da ich vergebens die solide, philisterhafte Landstraße des Stils aufsuche, springe ich schnell auf Associationen der Kunst, die aber in Mecklenburg selten hausbackne, teigige Stoffe verleugnet, selten das Ideale, wie es von jeder Kunst verlangt wird, durch materiellen Tungor durchschimmern läßt. *Schwerins Gemäldegalerie* erhebt sich fast gar nicht über das Niveau der Mittelmäßigkeit, weit weniger noch die obotritischen Maler, wenn sie im stinkigen Binnenland verschlammend, nicht aus weiter Ferne, von dort, wo goldne Orangen glühen, ihre Phantasiestücke holen. Ein Schweriner Maler, namens *Fischer*, malt sehr geschicklich *mixta composita*[10]; aber ich nenne das keine wahre, bräutliche, idealische Kunst, ich bedaure, daß er sein künstlerisches Täuschungstalent bei Porträts und Spielereien verplämpert. Fröhnend dem musikalischen Modeton, hat Mecklenburg eine strotzende Abundanz[11] an sich spreizenden Gesangsvereinen; alle, die ich kenne, waren jämmerlich; der aber zu Wismar in seiner pompösen Wichtigkeit ein musikalisch sein sollender Schwabenstreich. Mecklenburg hat keine Stimme, darum hat auch das unverdorbene Landvolk von stillen schwäbischen Liedern gar keinen, oder sehr sonderbaren Begriff, es versteht nur das Juchen und gellendes Kreischen; Stadtvolk wähnt musikalisch zu sein und singt, als öffnete der obotritische Büffelkopf seinen heisern Rachen, als säße ihm immer und ewig der obotritische Mehlkloß im Halse ...

Ich wage mich ungern aufs *theatralische Korallenriff*, am wenigsten aufs Schweriner Hoftheater, welches ich seit anderthalb Jahren nicht frequentiert habe, also nach jetzigen Leistungen und Kräften in keiner Hinsicht beurteilen kann. Mecklenburgs Städte begnügten sich in stiller Genügsamkeit, *Schwerin* ausgenommen, wo man im Sommer die Kunst nach *Doberan* transportiert, mit ihren Liebhabertheatern und wandernden Bühnen, während jetzt auch die Bürger *Wismars*, materiellen, wie spirituellen Fortschritt beweisend, Thalia in feste, steinerne Hallen zu führen gedenken. Landmarschall, Graf v. Hahn, einst Herr von neunundneunzig Gütern, der erste Beamte des Großherzogtums, aber traurig berühmt durch seinen wilden Enthusiasmus für Thaliens Kunst, hatte dereinst als *nervus r. g.*[1] seine Kassen füllte, auf seinem Gute der Kunst ein glänzendes Asyl eröffnet und dorthin Europas erste Künstler gezogen ... des sonderbaren Mannes, der alle Warnungen des Großherzogs, die Ehescheidungsklage seiner Gattin, die Entfremdung seiner noblen Familie, den Verlust seines Vermögens und seiner Ämter wild in den Wind schlug, sonderbares Leben voll flackernder Lichter, bleibt immer höchst wunderbares Phänomen und verdient dermal biographische Darstellung. Vom Landmarschall wurde er Führer einer wandernden Komödiantentruppe, der ein Rescript des Großherzogs jedes Spiel in Rostock oder Doberan untersagte; er führte das Theater zu Lübeck, häufte dort ungeheure Schulden an, spielte zu Altona und vagabundiert jetzt, wenn ich nicht irre, mit einem Regisseur Aimer in hannoverschen Städten. Mecklenburg ist noch immer das Land, willkommen der *Thalia vulgivaga*[12], durchrädert von wandernden Bühnen, denen die eingeschneiten Landstädte harrend entgegensehen. In Leihbibliotheken alte, zerfetzte, schmierige *Spieß-Cramer-Claurensche* Literatur, auf der Bühne versilberte Pappanzer, Geisterröcheln, Eduard und Kunigunde ... ah! das ist köstlich! so vergeht schon der Winter, und wieder im Sommer erfreut der bekannte *Kolter* durch equilibristische, akrobatische und Voltigierkünste.

Literatur, die moderne literarische Auffassung will in Mecklenburg nie recht gedeihen, und Mecklenburgs Literatur genießt da draußen in der anspruchslosen Welt wenigen Ruf; man nimmt obotritische Bücher und Schriften fast immer mit Vorurteilen zur Hand, man excommuniziert das vegetierende Land vom wilden Taumel des deutschen Büchermarktes. Das »Freimütige Abendblatt«, Mecklenburgs literarisches Faktotum, welches in keinem Krähwinkel fehlt, trägt ganz den soliden, ehrenhaften, obotritischen Charakter zur Schau; es ist das papierne Mecklenburg, schwatzt über Hafer, Stroh und Rinderzucht, wirft vaterländische Nekrologe und vaterländische Korrespondenzen dazwischen, weiset die deutsche Literatur im Feuilleton kurzweg ab, gibt aber dann und wann Vorträge aus der philomathischen Gesellschaft zu Rostock, würdig eines den Geist durchdringenden Lesepublikums, der allgemein deutschen Verbreitung. Ich nenne hier nur die Erwägung *Fried. Rückerts* im Stufengang seines literarischen Strebens von *Dr. Wendt*; ein körniger, scharf einschneidender Aufsatz; im Abendblatt aber vergessen, verschlammt, vielleicht gar zu Pfefferdüten versudelt. Als noch die »baltischen Blüthen« unter der umsichtigen Redaktion des *Dr. med. Pentzlin* zu Wismar Mecklenburgs Interesse haarscharf ins Auge faßten, fanden sie ziemlichen Anklang; indes, als die Verlagshandlung, Schmidt und Cossel in Wismar, sie zu Anfang 1838 als »baltische Blätter« poussierte, sie unter *Dr. Kleins* neuer Redaktion in deutsche Literatur prunkend einsetzen wollte, als *Dr. Klein* das obotritische Schriftstellern stolz ignorierte, gewaltsam, im fremden Interesse, an Gutzkow zum Ritter werden wollte, da ... entschliefen sie sanft und selig vor Jahresschluß. Neudeutsche Polemik und stolze Ignorierung ihres biederen Volkes behagte den ehrlichen Obotriten nicht. *Dr. Klein* war unselbständig, dehnbar und schwankend; der Obotrite ist fest, wie ein Mehlkloß; beide Parteien wurden von Zentrifugalkraft gegeneinander beseelt. Mecklenburg Verlagshandlungen, Schmidt und Cossel in Wismar, Stiller in Schwerin, Opitz in Güstrow, haben seit einiger Zeit ihr belletristisches Feuer merklich gemindert, gehen also den belletristischen Krebsgang; obotritische Schriftsteller produzieren demungeachtet fort und fort, wie die tellurische Schöpfungskraft. David Russa (Assur), der bei Hartmann in Leipzig den wirklich toten »Scheintod« erscheinen ließ, ferner eine Novellensammlung: »Sonst und Jetzt«, ist Feuilletonist des Abendblattes und bekennt sich so zur modernen Literaturbewegung; demungeachtet wirft er in seinem waschledernen Feuilleton alle beachtungswerten Literaturprodukte der Neuzeit so barock und planlos durcheinander, daß selbst diese Feuilletonkost schwerer als Mehlbrei erscheinen mag; er beurteilt nicht, er hebt keine leuchtende Idee des anzuzeigenden Werkes leuchtend hervor; er läßt keine Streiflichter blitzen und Kongrevsche Raketen pfeifen; er käuet wider mit obotritischer Oberflächlichkeit, die sich unter der Masse verbirgt; ihm ist das Feuilleton der bequemste Großvaterstuhl. L. H. Rauße (Heinr. Friedr. Franke, geb. 18. August 1805) widmet sich zu Güstrow der Jagd- und Forstwissenschaft; bei Schieferdecker in Zeitz ließ er bekanntlich mit burschikosem Vorwort den »Stern der Liebe« und eine Flugschrift über Gräfenbergs Wasserheilanstalt erscheinen, worin er, ein Laie in der Arzneikunde, höchst unleidlich räsoniert, die Erfahrungen aller Jahrhunderte stürzen und Wasser zum Heiland der leidenden Menschheit machen will; er ...!!

Unter dem Namen Paul Hellmuth ist Pastor Fischer in Schönberg als ein Jugendschriftsteller rühmlichst bekannt, der mit psychologischer Wahrheit und rührender Einfachheit seine Effekte für zarte Jugendblümchen zu berechnen versteht; als theologischer Autor wurde er neulich vom Könige von Preußen, dem er sein Werk gewidmet, freundlich gelobt und ermuntert. F. W. Rogges Gedichte bei Brockhaus in Leipzig erlebten mehrere Auflagen, sonst aber kenne ich sie nicht; seine Tragödie, »Heinrich 4.« erschien oder erscheint bei Fleischer. Gräfin Ida Hahn-Hahn ist den Lesern durch zarte Lebensauffassung, schöne Reimmodulation im poetischen Blumengarten weit besser bekannt, als »aus der Gesellschaft«, wo ich sie persönlich als liebenswürdige Dame kennenzulernen zu Ehre gehabt. Ein gewisser Schütz in Wismar, der seine traurigen Umstände durch Herausgabe »sämtlicher Werke« kurieren will und mit einer miserablen Posse »Die eifersüchtigen Weiber« als Probe den Anfang gemacht hatte, der als Subskriptionseinladung seinen Briefwechsel mit dem Verleger Opitz edieren, sich selbst aber den »ersten und letzten deutschen Klassiker« nennen möchte; — der gehört in Mecklenburgs vortreffliche Irrenanstalt, auf den Sachsenberg bei Schwerin unter Aufsicht des achtungswerten Medizinalrats Dr. Flemming[13].

---

[1] Haupttriebkraft, Hauptsache
[2] Meister der schönen Künste
[3] Sache, Streitgegenstand, Beweggrund
[4] (frz.) Junggeselle
[5] (engl.) »Unaussprechliche«, Unterhosen
[6] verlorene Mühe
[7] Vorzimmer
[8] sich verbrüdern
[9] »Das Beste unter der Sonne«
[10] Stilleben
[11] Überfluß
[12] Wanderbühne, »umherstreifende Muse der heiteren Dichtkunst«
[13] Carl Friedrich Flemming (1799—1880) begründete die moderne Psychiatrie in Mecklenburg

Soltwedel, Alexander: Der obotritische Horizont. Ein Pasquill. In: Gelehrte und gemeinnüzzige Beiträge aus allen Theilen der Wissenschaften. Herausgegeben von Prof. Kaemmerer, Rostock 1840, Band 1, S. 177 ff.

Ernst Moritz Arndt

geb. in Schoritz (Rügen) 26. 12. 1769
gest. in Bonn 29. 1. 1860

Neun Jahrzehnte lebte der Sohn eines leibeigenen rügischen Pächters; sein Leben umschloß die unruhigen Zeiten der Französischen Revolution, die Jahre der napoleonischen Bedrückung Europas und die Befreiungskriege, schließlich die Revolution von 1848 und das Parlament in der Paulskirche. Als er starb, war er längst eine Legende wie Jahn, Blücher oder Körner. Er war ein Patriot, und er liebte seine Heimat bis ans Ende seines Lebens.

Diese gedrungene markige Sprache ist in unserer Literatur lange nicht gehört worden und verdiente auf manchen von der jungen Generation einen dauerhaften Eindruck zu machen. Lieber straff als schlaff! ... Nein, da ist mir doch der männliche Knochenbau des Arndtschen Stils lieber als die schwammige Manier gewisser moderner Stilisten.
Friedrich Engels

Heimweh nach Rügen
(1842)

O Land der dunkeln Haine,
O Glanz der blauen See,
O Eiland, das ich meine,
Wie tut's nach dir mir weh!
Nach Fluchten und nach Zügen
Weit über Land und Meer,
Mein trautes Ländchen Rügen,
Wie mahnst du mich so sehr!

O wie, mit goldnen Säumen
Die Flügel rings umwebt,
Ein Märchen und mit Träumen
Erinnrung zu mir schwebt!
Sie hebt von grauen Jahren
Den dunkeln Schleier auf,
Von Wiegen und von Bahren,
Und Tränen fallen drauf.

O Eiland grüner Küsten!
O bunter Himmelschein!
Wie schlief an deinen Brüsten
Der Knabe selig ein!
Die Wiegenlieder sangen
Die Wellen aus der See,
Und Engelharfen klangen
Hernieder aus der Höh'.

Und deine Heldenmäler
Mit moosgewobnem Kleid,
Was künden sie, Erzähler
Aus tapfrer Väter Zeit,
Von edler Tode Ehren
Auf flücht'gem Segelroß,
Von Schwertern und von Speeren
Und Schildesklang und -stoß?

So locken deine Minnen
Mit längst verklungnem Glück
Den grauen Träumer hinnen
In alter Lust zurück.
O heißes Herzenssehnen!
O goldner Tage Schein,
Von Liebe reich und Tränen!
Schon liegt mein Grab am Rhein.

Fern, fern vom Heimatlande
Liegt Haus und Grab am Rhein.
Nie werd' an deinem Strande
Ich wieder Pilger sein.
Drum grüß' ich aus der Ferne
Dich, Eiland lieb und grün:
Sollst unterm besten Sterne
Des Himmels ewig blühn!

Arndt, Ernst Moritz: Ausgewählte Gedichte und Schriften. Herausgegeben von Gustav Erdmann, Berlin 1969, S. 93 f.

August Heinrich Hoffmann —
genannt »von Fallersleben«
geb. in Fallersleben 2. 4. 1798
gest. in Corvey 19. 1. 1874

Der bedeutende Germanist und volkstümliche Dichter verlor 1842 sein Breslauer Lehramt, weil er in seinen »Unpolitischen Liedern« die gesellschaftlichen Zustände in Preußen angegriffen und verspottet hatte. Nach längerem ruhelosen Wandern fand er in Mecklenburg politisches Asyl. Hier, in der für ihn ungewohnten ländlichen Abgeschiedenheit des Gutes Holdorf bei Brüel, schuf Hoffmann eine Vielzahl der bis heute populären Volks- und Kinderlieder, aber auch Spottgesänge auf die Zustände in seinem Exilland.

Der Inhalt dieser Gedichte hat als ein durchaus verwerflicher erkannt werden müssen. Es werden in diesen Gedichten die öffentlichen und sozialen Zustände in Deutschland resp. in Preußen vielfach in bitterem Spotte angegriffen, verhöhnt und verächtlich gemacht: es werden Gesinnungen und Ansichten ausgedrückt, die bei den Lesern der Lieder, besonders im jugendlichen Alter, Mißvergnügungen über die bestehende Ordnung der Dinge, Verachtung und Haß gegen Landesherrn und Obrigkeit hervorzurufen und einen Geist zu erwecken geeignet sind, der nur verderblich wirken kann.

Aus dem Verbotsreskript des Königlich-preußischen Ministeriums zu den »Unpolitischen Liedern«, 1841

Old Meklenburg for ever!
(1845)

1. Wir Meklenburger sind nur Herrn und Knechte,
   Nichts als die Luft ist uns gemein,
   Gleich sollten sein die Pflichten und die Rechte,
   Wir sollten freie Bürger sein!
   Chor:
   Dat ginge wol Alles, doch geht et man nich,
   Dat litt ja de Ridderschaft nich.

2. Freiheiten haben wir in großen Massen,
   Wo aber ist die Freiheit, wo?
   Wollt' Einer nur von seinem Vorrecht lassen,
   So würden ihrer tausend froh.
   Chor:
   Dat ginge wol Alles, doch geht et man nich,
   Dat litt ja de Ridderschaft nich.

3. Wir sprechen deutsch und haben nie erfahren,
   Was Fortschritt und Gemeinsinn ist.
   Soll uns denn ewig Gott davor bewahren?
   Sind wir denn reif zu keiner Frist?
   Chor:
   Dat ginge wol Alles, doch geht et man nich,
   Dat litt ja de Ridderschaft nich.

4. Wir haben unsre eignen Interessen,
Und möchten gern doch Deutsche sein.
Wolan, so wollen wir uns selbst vergessen
Und treten in den Zollverein.
Chor:
Dat ginge wol Alles, doch geht et man nich,
Dat litt ja de Ridderschaft nich.

5. Wir Meklenburger sind nur Herren und Knechte,
Nichts als die Luft ist uns gemein.
Gleich sollten sein die Pflichten und die Rechte,
Wir sollten freie Bürger sein!
Chor:
Dat ginge wol Alles, doch geht et man nich,
Dat litt ja de Ridderschaft nich.

Hoffmann von Fallersleben, August Heinrich: Ein »Volkslieder«-Buch. Herausgegeben von Uli Otto, Hildesheim 1984, S. 94

Als Kuhhirt in Mecklenburg

Ich war nun wieder auf Mecklenburg angewiesen. An die drei Städte Güstrow, Rostock und Wismar hatte ich wohl gedacht, die Bedingungen zum Bürgerwerden waren aber meinerseits schwer zu erfüllen, und die nachherigen Gemeindesteuern standen mit dem was ich zu erreichen suchte in gar keinem Verhältnisse. Ich versuchte es nun mit unserm nächsten Städtchen Brüel. Durch Vermittlung unsers freundlichen Nachbars, des *Pastors Zarncke in Zahrenstorf* verhandelte ich mit dem Bürgermeister Born. Alles ging gut. Als ich aber eine günstige Entscheidung erhalten sollte, erfolgte folgender Bescheid mit einem Ochsenkopf-Stempel von 2 Schillingen:

> Unter Remission der Anlagen des Vortrags vom 18. d. M. erwidern wir Ihnen: daß wir uns, in Beyhalt bestehender gesetzlicher Vorschriften, de

jure außer Stande befinden, Ihnen das gewünschte Bürgerrecht hiesiger Stadt zu Theil werden zu lassen.
 Brüel den 27. April 1845.
 Bürgermeister und Rath Born.
Wir waren sehr überrascht. Am 18. hatte ich mit Rudolf Müller den Herrn Bürgermeister besucht und ihm meine Eingabe überreicht; er fand alles in bester Ordnung, lud uns zum Abendessen ein und wir waren sehr vergnügt und kehrten des Erfolgs sicher im herrlichen Mondenschein heim. Herr Born hatte dem Herrn Pastor Zarncke auf dreimalige Anfragen, ob nichts dem Antrage entgegen stehe, erklärt: »Nein! Unbedenklich!« Aber der Herr Bürgermeister war in Schwerin gewesen und hatte von seinem Herrn Schwager, einem Manne der Regierung, die Mahnung erhalten: »Wenn er einen solchen Menschen zum Brüeler Bürger mache, so würde er sich das allerhöchste Mißfallen zuziehen.« Die Sache machte etwas Aufsehen, aber dabei blieb es. Es hätte übrigens gar nicht so vieler Umstände bedurft, um mich zum Ziele gelangen zu lassen. Ein eigentliches mecklenburgisches Staatsbürgerrecht gab es nicht, aber jede Stadt und jedes Domanium oder jeder Ritter hatte das Recht, jemandem das Heimatsrecht zu ertheilen. Nachdem dies meinen Freunden klar geworden, war die Angelegenheit schnell erledigt. Dr. Samuel Schnelle, der mir erst einen Wohnungsschein ertheilt hatte, nahm mich bald darauf als Insassen seines Gutes auf:

Dem Herrn Dr. Hoffmann von Fallersleben, hiebevor Professor in Breslau wird hiedurch das Einwohnerrecht in Buchholz und durch dasselbe Heimathsrecht in diesem Gute zugesichert und ertheilt.
Zur Urkunde Dessen ist diesem Heimathschein das hiesige Gerichtssiegel beigedruckt.
Buchholz in Meckl.-Schwerin   *S. Schnelle Dr.*
am 10ten Julii 1845.   *als Guts- u. Gerichtsherr.*

Ich schickte eine durch einen Notar beglaubigte Abschrift an die Regierung in Breslau, dieselbige entließ mich darauf hin aus dem preußischen Unterthanen-Verbande.

Auf der Insel Poel

Weit und breit war große Freude, daß durch ein so einfaches Mittel den polizeilichen Verfolgungen vorgebeugt war. — Die Nachricht ging in viele deutsche Zeitungen über und wurde als ein erfreuliches Ereignis begrüßt. Auch die »Ludwigsluster Blätter« sprachen sich beifällig aus:
»So sind die Hoheitsrechte, welche unseren Rittern über ihre Hufen zustehen, denn doch zu etwas gut. Hoffmann ist jetzt ritterschaftlicher Hintersasse und als solcher naturalisierter Mecklenburger und vor allen Anfechtungen, die er wohl von mecklenburgischer Seite überall nicht zu befahren hatte, so sicher als säße er in Abrahams Schoß.«
Nur einige Standesgenossen des Dr. Schnelle konnten nicht begreifen, wie derselbe dazu gekommen, einen Menschen in sein Gut aufzunehmen, den er doch zu nichts gebrauchen könnte, ja sogar noch unterhalten müßte, wenn er in seinem Nichtstun alt und hinfällig würde.
Auf solche Bedenken erwiderte ein Witzkopf: »Der Hoffmann ist Kuhhirt, hat aber im Sommer einen Stellvertreter.«
Das mochte Glaßbrenner zu Ohren gekommen sein und er versah es mit einer andern Pointe in seinem Büchlein: »1845 im Berliner Guckkasten«:
Guckkästner. Nanu weiter! Rrrrr, ein andres Bild: Hür, meine Herrschaften, präsentiert sich Ihnen der wendische Kuhhirte Hoffmann von Fallersleben, wie er eben uf Doctor Schnell's Jut bläst, deß es in Mecklenburg Morgen wird.
Bücke. Wenn Sie entschuldigen wollen, ich denke — —
Guckkästner. Ja, ich dhu' des, aber überall wird des nich entschuldigt.
Bücke. Ich wollte sagen: ich denke, Hoffmann von Fallersleben is en deutscher Dichter?
Guckkästner. Ja, aber um in Deutschland bleiben zu können, is er Kuhhirte jeworden.
Erster Junge. Na, aber versteht er denn des aber ooch?
Guckkästner. O ja, er hat schon früher des Rindvieh recht jut behandelt. Rrrrr ...

Hoffmann von Fallersleben, August Heinrich: Mein Leben, Aufzeichnungen und Erinnerungen (in 6 Bd.). Hannover 1868, Band 4, S. 223 ff.

JOHN BRINCKMAN
geb. in Rostock 3.7.1814
gest. in Güstrow 20.9.1870

Am 10. September 1839 verläßt der Student der Rechte, der Rostocker Reederssohn, seine Vaterstadt Rostock. Er geht in das freiwillige Exil nach Amerika. Neunundzwanzig Monate später kehrt er zurück, enttäuscht, mittellos und verbittert, aber um jene fundamentale Erkenntnis reicher, die er in seiner Muttersprache, dem Niederdeutschen, so ausdrückt:
»... und noch up eens verlat du di:
Dei Gäus gaht allerwegen barft!«
Ja, die Gänse gehen überall barfuß, die kleinen Leute tragen überall die schwersten Lasten, in Amerika nicht anders als im alten Mecklenburg. Und mit dieser Erkenntnis reiht er sich ein in die vorderste Front der Dichter des mecklenburgischen Vormärz.

Brinckmans Anteilnahme an den politischen Bestrebungen der demokratisch gesinnten Teile des Bürgertums drückt sich nachhaltig in den »Neuen Mecklenburgischen Liedern« aus, die leidenschaftlich und oftmals satirisch zugespitzt das mecklenburgische Adelsregiment als anachronistisch aburteilen.

Kurt Batt

DER SECHZEHNENDER HAT VOLLBRACHT,
Das Halali soll klingen!
Nun gehts zu einer andern Jagd!
Hubertusnacht! Hubertusnacht!
Nun laßt den Cliquot springen!
Zum Teufel Schnell' und Stever[1]!
Old Meklenburgh for ever!
Hip — hip — hip — hurra!

Nun her den Kopf vom wilden Schwein,
Nun Austern her und Trüffel!
Und jeder Gast muß adlig sein,
Sein Blut, sein Wappen alt und rein,
Kein Schmutzfleck dran, kein Schandfleck drein
Von einem Bürgerbüffel!
Zum Teufel Schnell' und Stever!
Old Meklenburgh for ever!
Hip — hip — hip — hurra!

Nun Tusch geblasen, horrido!
Die Becher vollgegossen!
Ein Toast der Jagd — halli — hallo!
Ein Toast der Rennbahn ebenso!
Ein Toast den Vollblutrossen!
Zum Teufel Schnell' und Stever!
Old Meklenburgh for ever!
Hip — hip — hip — hurra!

Nun Tusch geblasen, hussassa!
Als ging's zu der Bataille!
Nun schwenkt die Gläser hoch — hurra!
Und leert sie noch einmal — hurra!
Zum letzten Tropfen doch hurra!
Verdammt sei die Kanaille!
Zum Teufel Schnell' und Stever!
Old Meklenburgh for ever!
Hip — hip — hip — hurra!

(1848)

---

[1] Schnell' und Stever: Dr. Samuel Schnelle und Staatsrat Theodor Ernst Stever, Führer der antifeudalen bürgerlichen Opposition in Mecklenburg

Brinckman, John: Neue Meklenburgische Lieder. In: Meklenburg. Ein Jahrbuch für alle Stände. Jg. 1848. Hamburg 1848, S. 14

LUDWIG REINHARD

geb. in Mustin/Lauenburg 9. 4. 1805
gest. in Bolz 19. 7. 1877

Ludwig Reinhard, Pädagoge, Journalist, Schriftsteller, Politiker, Redakteur — ohne Zweifel eine der bedeutendsten Erscheinungen der mecklenburgischen politischen Geschichte des 19. Jahrhunderts! Als Abgeordneter der Paulskirche auf deren äußerstem, linkem Flügel, als Autor zahlreicher Zeitungsartikel vor und nach der Revolution von 1848, auch als Freund und kritischer Berater Fritz Reuters war Reinhard zugleich ein äußerst urteilsfähiger, scharfdenkender Mann; sein Weg führte ihn später folgerichtig an die Seite August Bebels als Redakteur der Allgemeinen Deutschen Arbeiterzeitung. Er war wohl auch ein Kosmopolit; Landesgrenzen betrachtete er als unliebsame Hindernisse. Mit einer Art zärtlicher Wut hing er an seinem Mecklenburg, obwohl es ihm mit Absetzung vom Rektoramt in Boizenburg und Einsperrung im »Brummstall zu Rostock« übel mitgespielt hatte ...

Korrespondenz aus Boizenburg

Mit einem Korrespondenten — d. h. was so ein ordentlicher Korrespondent sein will — ist es nichts Dummes. Vielmehr gehört er zu den wichtigsten Personen im Staat. Das ist mathematisch. Denn jedermann wird zugeben, daß ein Staat, solange er nicht unter die Taubstummen gehen will, ohne Zeitungen etwas Undenkbares ist. Ausgemacht ist es ferner, daß jedes Journal mehr oder weniger eine Zeitung sein soll oder muß. Ein Journal ohne Korrespondent ist nun aber vollends wie eine Orgel ohne Pfeifen. Folglich sind die Korrespondenten die rechten Männer, welche den Staat halten und stützen. Wird das aber wohl erkannt? Und doch liegt es bloß an uns, ob der Staat alle werden soll — oder nicht.

Werfen wir jetzt, um dem Leser einen höchst heilsamen Respekt vor uns einzuflößen, einen Blick auf das weite Gebiet unseres Wirkens. In der Tat, wir sind Männer der vielfältigsten Qualitäten.

Ein Korrespondent ist der Adjutant seines Herren Generals, des Redakteurs. Er ist zweitens nicht bloß ein simpler deutscher Nachtwächter bei Tage und ruft ab, was die Glocke geschlagen hat; sondern er ist drittens auch ein englischer Nachtwächter, der einem geehrten Publikum den Stand des sozialen Wetters getreulich annonciert. Folglich ist er viertens ein Laubfrosch; so wie er fünftens ein Musiker ist, der auf dem Klavier der öffentlichen Meinung Konzerte gibt. Sechstens aber erkennt jedermann in ihm einen Grenzjäger, der an den Linien der Gegenwart Wache hält. Mit scharfem Auge späht er, ob ein politisch-praktischer Schmuggler darauf aus ist, einen Packen Vergangenheit oder eine Tracht Mittelalter einzuschmuggeln. [...] Ein Korrespondent ist siebentens ein Theaterrezensent und berichtet, welche Stücke seines Orts auf die Bühne kommen und ob die Lampen auch zeitgemäß brennen. Achtens ist er ein Missionar, der den Ungläubigen das Evangelium der Gegenwart verkündet. Er ist neuntens ein Nachfolger des hochseligen Jupiter und schleudert Blitze gegen die dummen Giebel des Schlendrians. [...]

Denn der bleiche Egoismus, der aufgeblasene Übermut und die hohle Blasiertheit zittern und beben vor einem Korrespondenten, weil es leicht geschehen kann, daß er ihr wohlgetroffenes Porträt aufs Papier wirft und mit etlichen schwarzen Strichen verziert, also daß es aussieht, als ob Herr Egoismus, Junker Übermut und Frau Blasiertheit soeben eine Partie »Schwarzen Peter« gespielt haben. Kurz, und um mit Schiller zu reden: der schrecklichste der Schrecken, das ist der Korrespondent in seinem Zorn.

Verstehen Sie mich aber nicht miß, Herr Leser. Glauben Sie ja nicht, daß ein Korrespondent sich zu dem unehrlichen Geschäft eines Neuigkeitskrämers erniedrigt. Dazu ist er zu stolz; auch weiß er sehr wohl, daß er niemals sein Geschlecht, das genus masculinum, verleugnen darf und daß sein Journal weder ein Teetisch noch eine Waschküche noch ein Gänsestall ist. Er bringt auch keine trostlosen Artikel über reformierte Turmluken, stabile Rinnsteine, ägyptisch finstere

Nächte, Seiltänzer, gelehrte Hunde, durchpassiertes Vollblut, explodierenden Pietismus, frommen Traktätleinschwindel und andere Kopfkrankheiten, sondern anderes. Er bringt Geschichte. Aber, wohl zu merken, nicht alles, was geschieht, gehört damit schon der Geschichte an. [...] Der Schein trügt. Sonst wäre ein Landmann, der aus einer kurzen Pfeife raucht, damit schon ein Friedrich Pogge[1] und ein Leutnant mit einem Schnurrbart ein Marschall Blücher.

[...]

Doch kann ich mein Amt als Korrespondent dieser »Mecklenburgischen Blätter« nicht antreten, ohne vorher einen Seufzer zu tun und mir einen Stein vom Herzen zu wälzen. Ich seufze also folgendermaßen:

Man muß zugeben, daß über unserer Journalistik ein eigener Unstern zu walten scheint. Unsere periodischen Schriften scheinen unter demselben Naturgesetz zu stehen, unter welchem die Menschen stehen, von denen ein Siebentel schon in der Kindheit stirbt. Und gleichwie mancher junge Erdenbürger schon in der schlimmen Periode des Zahnens sein Leben lassen mußte, also ist auch schon manch junges Journal eines schnellen Todes verblichen, sobald es Zähne bekam und Haare darauf. Eine Geschichte unserer eigenen Tagesblätter und der Krankheiten, an denen sie starben, würde nicht uninteressant sein. Ich denke hierbei an vieles, unter anderem auch an Herrn Jobst Sackmann, Hochehrwürden zu Limmer bei Hannover, und an seine plattdeutsche Leichenpredigt auf den wohlverdienten Küster und Schulmeister Michel Wichmann. Der belesene Leser erinnert sich wohl jener klassischen Stelle, wo der Redner ein halbes Dutzend hochseliger Hannoverscher Herzoge vorführt und wo er jedem einzelnen die wehmütige Klage nachruft:

Awerst wo is he blewen?
Mortuus est![2]

Hiermit will ich einem künftigen Geschichtsschreiber mecklenburgischer Journale vorstehenden Sackmannschen Refrain bestens empfohlen haben.

Worin aber, frage ich, hat diese Sterblichkeit unserer Journale ihren Grund? So trefflichen Weizen Mecklenburg erzeugt, so kommt auf dem Boden unserer Journalistik meistens nicht viel Besseres als Sandhafer fort. Unsere lesenden Konsumenten beziehen ihren Bedarf an Zeitblättern aus dem Auslande; Journale gehören zu unseren Einfuhrartikeln. Indessen will ich mich keinesfalls als Unglücksvogel auf die Rah dieses neuen schmucken Schiffes setzen, dessen Mannschaft mit fröhlichem Jauchzen die Anker aufwindet und dessen Steuermann schon auf seinem Posten steht und den Kompaß rüstet. Vielmehr verspricht alles eine gute, glückliche Fahrt. Nach den Worten der Ankündigung haben mehr als 70 Arbeiter ihre Mitwirkung zugesagt. Schon in der Zahl der Arbeiter liegt eine Garantie. Denn wenn es auch bei früheren Unternehmungen dieser Art nicht an Kräften gefehlt hat, so hat es doch an vereinten Kräften gefehlt. Schließen wir deshalb einen Kreis, meine Brüder, und sprechen unseren Segen über dieses jüngste Kind mecklenburgischer Journalistik, und sprechen wir ihn mit den salbungsvollen Worten der wohlbekannten Wismarschen Gesundheit, die da lautet: Es grüne und blühe wie die Zedern auf Libanon und wie die Stockfische in Bergen!

Spucken Sie gefälligst, nach altem Ritus, dreimal aus, meine Brüder, damit jene böse Hexe, die ich nennen will, dem Kindlein nichts Böses antue. Möge denn mancher Herbst vorüberstürmen, ohne daß diese Blätter welken und fallen! Mögen sie frei und lebensfreudig säuseln im frischen Morgenwind des anbrechenden Tages. Und mögen sie zugleich ein Schutz und Schirm sein, unter welchem die zarte Blüte manches jungen publizistischen Talents sich entwickle. Nie und nimmer aber sollen die garstigen Wanzen des Servilismus und der privilegierten Lüge auf diesen Blättern herumkriechen und sie in üblen Geruch bringen. Summa summarum: überall, wo es gilt, das alte, ewig heilige Menschentum zu vertreten, da nehme dieses Blatt kein Blatt vor den Mund!

Boizenburg, im März 1847 L. Reinhard

[gekürzt]

[1] Pogge, Friedrich (1791—1843), führte moderne Produktionsmethoden in der Landwirtschaft ein
[2] gestorben ist er

Reinhard, Ludwig: Korrespondenz aus Boizenburg. In: Mecklenburgische Blätter, Rostock 1847, Nr. 13

DANIEL SANDERS
geb. in Strelitz 12. 11. 1819
gest. in Strelitz 11. 3. 1897

ADOLPH GLASSBRENNER
geb. in Berlin 27. 3. 1810
gest. in Berlin 25. 9. 1876

Die kleine mecklenburgische Residenz Neustrelitz wurde zum zufälligen Ort der Begegnung dieser so gegensätzlichen Männer. Sanders, Vorsteher einer jüdischen Freischule, Germanist und Lexikograph von internationalem Ruf, ein eher verschlossener, stiller Gelehrter, und Glaßbrenner, berühmter und gefürchteter Berliner Journalist und Theaterkritiker, trafen sich auf einem Terrain, das in den Jahren vor der Achtundvierziger Revolution niemand als einen Hort des Fortschritts hätte betrachten wollen. Und doch! Hier heckten die beiden Antipoden ihre »Xenien der Gegenwart« aus und streuten sie »wie eine Schachtel stechender Flöhe« (Reuter) unter die Leute.

Ihr glaubt, wir schliefen, da ihr uns nicht hörtet,
Und wären matt gehetzt und müd' geworden;
Ihr irrt, die Kraft, die alte, ist geblieben;
Ihr könnt sie fesseln wohl, doch nimmer morden.
Anonym im »Neujahrsgruß aus Mecklenburg an Deutschland«, 1853

Aus:
Xenien der Gegenwart *(1850)*

Motto
Wundert euch nicht, daß wir grob. Ehret göttliche Grobheit!
Sie einzig
Ist ja das Medikament für ein entnervtes Geschlecht —.

Der beruhigte Visitator
»Öffnet, ihr Herren! Die Schachteln enthalten doch nicht
Diamanten,
Goldschmuck, Spitzen und Pill'n?« — Nein, nur Gedanken
sind drin.

Die Polizei
Xenien sind's, unritterlich scharf, Mißstimmung erregend,
Unfromm, treffend und spitz! Lauter gefährliches Zeug!

Wir
Doch Bajonette nicht sind's. *Wir* schießen und morden nicht.
Also
Dein Rechtsboden, er bleibt unangetastet von uns.

Die Kritiker
Xenien, wie? Ist's möglich? Und weder von Goethe noch
Schiller? —
»Schmutzig gedichtet und roh, witzlos, erbärmlich und
plump!«

Wir
Lumina mundi, verzeiht! Pflichtschuldigst gewandert nach
Weimar,
Hörten vom Herzog wir: »Schiller und Goethe sind tot.«

Unglückliches Deutschland
Weh! welch Jammergeschick traf Deutschland! Seine
Bewohner
Fielen dem Wahnsinn all oder der Lüge anheim.

Deutschland = Jakob
Deutschland, lange gedient hast werbend um Freiheit du.
Als du
Endlich erworben sie, gingst fröhlich du — leider! — zu Bett.

Enttäuschung
Doch du erwachtest getäuscht. Was göttliche Freiheit gedünkt dir,
War, als du's morgens besahst, häßliche — Konstitution.

Ausruf und Frage
Nein, *das* darf sie nicht tun! Tyrannei, des erfrechst du dich nimmer!
Gott sei gedankt, noch gibt's Recht und Gerechtigkeit!
— »Wo?«

Der Verbrecher vor den Richtern
Ja, ich beging das Verbrechen des Meineids. Aber, ihr Herrn,
Da Royalist ich bin, hoffe ich, sprecht ihr mich frei.

An das Volk
Bete: dich, Volk, trifft Fluch. Arbeite: dir wird der Ertrag nicht.
Wisse, dir hilft kein Gott, wenn du dir selber nicht hilfst.

Freundlicher Abschied
Hahn-Hahn, Gräfin, mit dir auch ein Hühnchen zu pflücken, es geht nicht!
Ida, Charmante, du bist deine Satire allein.

Die deutschen Professoren
»Deutsche Verfassung? Jawohl! Doch alles historisch entwickelt!
Wartet gefälligst so lang, bis wir's zuende gebracht.«

Park in Neustrelitz

Der Staat eine sittliche Person
Der Staat sittlich? Und heuchelt und knechtet und fälscht, bricht Eide,
Steckt schon in Schulden und borgt? Diese Person ist ein Lump!

Der Soldat gegen die Rebellen
Wahr ist's, den eigenen Bruder erschoß ich. Doch dafür erhielt auch
Ein Kommißbrot mehr heut' ich auf höhern Befehl.

Ärgernis auf der Landkarte
Eines der Reiche, der deutschen, ich konnt es nicht finden. 'ne Fliege
Unanständigster Art hatte verschüttet das Reich.

Im Auslande
»Ich bin Franzos!« — »Engländer!« — »Ich, Russe!« — Und Sie, mein Verehrter?
»Schulze aus Meiningen, Herr! Dero ergebener Knecht.«

Der Mäßigkeiter
Zween der Flaschen Champagner geneußt er zum Besten der Menschheit.
Feurig, im frommen Verein, spricht er nun gegen den Schnaps.

Der Wandersmann in Neustrelitz
Wie am bequemsten nach Preußen er komm', fragt freundlich der Müde,
Freundlich bescheide ich ihn: Wanderer, bleiben Sie hier.

Die Hoflieferanten
Spitzen und Pillen und Pfeile, wir liefern die köstlichste Waare;
Julius Campe, er nimmt franko Bestellungen an.

Letzttrunk den demokratischen Brüdern
Brüder, wir weihn dies Glas euch zum Abschied: Unser die Zukunft!
Stirb, Tyrannei! Hoch! Hoch lebe die Demokratie!

Glaßbrenner, Adolf und Sanders, Daniel: Xenien der Gegenwart. Hamburg 1850

Fritz Reuter
geb. in Stavenhagen 7.11.1810
gest. in Eisenach 12.7.1874

Als Fritz Reuter seinen brisanten Aufsatz »Ein Heimatloser in Mecklenburg« schrieb, war er längst nicht mehr der »entlassene Festungsgefangene«, der »desparate Demagoge« und »umstürzlerische Räsonneur«, als den man ihn noch Anfang der 50er Jahre beschimpft hatte. Er war etabliert; eben war der erste Band seines Hauptwerkes »Ut mine Stromtid« erschienen und wurde von den führenden Blättern besprochen. Gustav Freytag druckte Reuters kritische Geschichte des Krischan Schult in seiner renommierten Zeitschrift »Die Grenzboten« ab. Reuter hatte jetzt eine gewichtige Stimme — er erhob sie zu der längst brennend gewordenen Frage des »mecklenburgischen Heimatrechts«, und er sprach aus Kenntnis und Erfahrung.

Ein Heimatloser in Mecklenburg
(1860)

Ob die nachstehende Tatsache der alleinige zwingende Grund oder nur eine Veranlassung mehr war, daß Mecklenburg sich der am 15. Juli 1851 geschlossenen sogenannten Gothaer Konvention »über die gegenseitige Übernahme Ausgewiesener« anschließen mußte, wollen wir unentschieden lassen, da es im ganzen gleichgültig ist, an welchem Beispiel die Misere unserer deutschen Heimatsverhältnisse zuerst so recht deutlich ans Tageslicht getreten ist. Es ist genug, daß dergleichen Fälle — und gewiß nicht vereinzelt — dem Begriff vom einigen deutschen Vaterlande arge Stöße versetzt haben und daß das komische Element, welches wir darin finden müssen, wenn mächtige Regierungen sich mit erhitzten Noten und drohenden Demonstrationen abquälen, um Bagatellsachen zu beseitigen, bei weitem durch die Tragik überboten wird, die das Haupt des unbeschützten einzelnen trifft. — Kurz: die Sache wäre lächerlich, wenn sie nicht so traurig wäre.

Im Jahre 1850 oder 51 wurde auf dem Gute Käseke (Käsch), Demminer Kreis, Vorpommern, einem Tagelöhner, Krischan Schult, Meier oder Müller, von dem Gutsinspektor P. die Wohnung gekündigt und ihm angezeigt, daß er dieselbe zu Johannis desselben Jahres zu verlassen habe. Krischan Schult zeigt aber an dem festgesetzten Termine dem Inspektor an, er habe trotz aller angestellten Nachforschungen keine neue Heimat finden können. »Das geht mich nichts an«, sagt der Inspektor, »Er ist rechtzeitig gekündigt, die Wohnung ist anderweitig vergeben, Er wird auf die Straße gesetzt.« — Ganz in der Ordnung! — Es geschieht, und Krischan Schult sitzt eines schönen Junitages mit Frau und sieben Kindern inmitten seiner Habseligkeiten auf der Straße, »den Himmel über sich zum Zelt und um sich her die Nacht«.

Aber das geht doch nicht, hier muß doch etwas geschehen. — Krischan Schult meldet sich bei dem Herrn Landrat in Demmin und klagt ihm seine Not.

»Wie lange hat Er in Käseke gewohnt?« fragt der Herr Landrat. — »Nägen Johr«, ist die Antwort. — »Wo hat Er denn früher gewohnt?« — »Wahnt heww ick vördem noch gor nich, ick bün ok so äwer de Grenz gahn und heww in Käsch dunn frigt.« — »Dann ist Er ja ein Mecklenburger.« — »Ja, ick bün ut den Ivenackschen, ut Bas'paul.« — »Ist Er denn naturalisiert?« — »Dat weit ick gor nich, wat dat is.« — »Dann haben wir nichts mit Ihm zu tun, dann muß Er nach Basepohl wieder zurück.«

Der betreffende Befehl wird gegeben, Krischan Schult wird mit Frau und Kind, mit Sack und Pack aufgeladen und über die Grenze nach Basepohl, einem Gute des Grafen Plessen auf Ivenack, gefahren. — Er meldet sich bei dem Gutsinspektor D.: »Gun Dag ok, Herr, nu bün ick wedder hir.« — »Wer is Hei, un wat will Hei?« — »Je, Herr, ick bün den ollen Jochen Schulten sin Sähn un heww in Käsch wahnt; äwer de Preußen will'n mi dor nich länger behollen un hewwen mi mit min Fru un Kinner äwer de Grenz bröcht.« — »So? Also Fru und Kinner hett Hei ok noch? Wo lang' wahnt Hei denn all in'n Preußschen?« — »Nägen Johr.« — »Denn holl Hei sick jo bileiwe nich up! Denn sett Hei sick fix wedder up den Wagen, dat Hei tau führen kümmt. Wi nehmen Em hir nich wedder up.«

Krischan Schult setzt sich also wieder auf den Wagen und fährt nach Käseke zurück. — »So, Herr«, sagt er zu dem Inspektor P., »wat nu?« — »Je, wat nu!« erhält er zur Antwort, »ick nehm Em hir nich wedder an.« — »Na, denn möt ick mi woll wedder en beten an den Herrn Landrat 'ranneswenken«, sagt Krischan Schult und geht nach Demmin. — »So, Herr, nu bün ick wedder hir«, sagt er zum Herrn Landrat. — »Das sehe ich«, erhält er zur Antwort; »aber *hier* bleibt Er nicht, Er muß wieder über die Grenze.« — »Ja, denn helpt dat nich«, sagt Krischan Schult, läßt sich mit Familie und Effekten wieder aufladen, nimmt Abschied von Käseke, und hört nur noch, wie der Inspektor P. dem Fuhrknecht den Befehl gibt, er solle die Gesellschaft über die Brücke des Grenzgrabens fahren, »un dor ladst du de Saken af un führst glik wedder taurügg, dat de Kirl nich wedder mitkümmt!« — Das geschieht; gleich hinter der preußischen Grammentiner Forst fließt der Grenzgraben; jenseits desselben auf der Basepohler Feldmark werden die Habseligkeiten abgeladen, der Wagen fährt zurück, und Krischan Schult hat die beste Gelegenheit, sich in Ruhe den mecklenburgischen wie früher den preußischen Sternenhimmel anzusehen.

Es wird ihm dies jedoch langweilig, oder er sieht nicht recht was Besonderes daran, er meldet sich also wieder bei dem Inspektor D. in Basepohl: »So, Herr, nu bün ick wedder hir; un min Saken liggen all up des' Sid von de Scheid'.« — »Dor sälen sei nich lang' liggen bliwen«, sagt der Inspektor, nimmt

Mannschaft mit und läßt Kisten und Kasten wieder ins Preußische hinüberwerfen.

Dieser Fall mußte natürlich eine Menge Federn in Bewegung setzen, eine gute Anzahl Noten wurden über die Grenze hinüber und herüber gewechselt, und während der Zeit war Krischan Schultens Hausrat auch immer über die Grenze hinüber und herüber gewechselt, selbst die beabsichtigte Hinüberführung durch einen preußischen Gendarmen scheiterte an der Wachsamkeit des Inspektors D., der an der Spitze von aufgebotenen Tagelöhnern sich dieser Gewaltmaßregel mit Glück widersetzte.

Aber Krischan Schult? — Oh, der war gut zuwege; der lag mit den Seinen in der schönsten Jahreszeit im frischen grünen Walde; der Oberförster zu Grammentin »fühlte ein menschliches Rühren« und gab ihm die Erlaubnis, sich aus Baumästen und Rasenstücken ein Wohnhaus zu bauen; die Umgegend unterstützte ihn mit Kartoffeln, er selbst ging auf Erntearbeit, und Frau und Kinder trieben Wegelagerei, zwar nicht *vi*, sondern bloß *precario*[1], und überfielen ehrenwerte, ansässige Reisende mit einer schrecklichen Darstellung ihres heimatlosen Zustandes.

Wie die Leute sagten, stand Krischan Schult sich sehr gut dabei, und wir glauben selbst, daß er als freier Mann und unabhängiger Arbeiter in dieser deutschen Polizei-Idylle unter Vogelgesang und Wipfelrauschen das schönste Vierteljahr seines Lebens verlebte; aber — die Tage der Glücklichen sind gezählt — sowie sich der Notenhimmel der Grenzbehörden endlich dahin aufklärte, daß das ritterschaftliche Gut Basepohl sich entschieden weigerte, den Ausgestoßenen mit Frau und Kindern aufzunehmen, bezog sich der Himmel über dem Grammentiner Forst mit schweren Regenwolken, die Vögelmusik zog ab, und der Herbststurm brauste in den Wipfeln der alten Buchen. — Krischan Schult konnte es in seinem Sommerpalais eines Samojeden nicht länger aushalten, er ging wieder nach Demmin zum Landrat — »Herr, nu bün ick wedder hir.« — und sprach den dringenden Wunsch aus, von seinem Biwak in ein regelrechtes Winterquartier geführt zu werden. Der Landrat sah die Dringlichkeit und Gerechtigkeit dieses Wunsches ein und wäre in Verlegenheit gekommen, wenn bei der Zweckmäßigkeit deutscher Polizeigesetze überhaupt eine deutsche Polizeibehörde in Verlegenheit kommen könnte oder dürfte. Die Zähigkeit der mecklenburgischen Ritterschaft in Heimatssachen hatte er erprobt, vielleicht war es möglich, daß das großherzogliche Domanium sich fügsamer zeigte. Krischan Schult wurde also seinem Sommervergnügen entführt, er wurde mit Frau und Kind und Sack und Pack aufgeladen, nach Demmin gefahren und von dort in Begleitung von zwei Gendarmen, um der Sache mehr Nachdruck zu geben, über die östliche Seite von Mecklenburg in das großherzogliche Amt Dargun geschafft.

Die Gendarmen lieferten Krischan Schulten und ihre Begleitschreiben ab und ritten davon: »Gott sei Dank, *den* Kerl wären wir los!« Aber so schnell geht's nicht. — Die großherzoglichen Beamten sagten: »Was zum Kuckuck geht uns der Kerl an? Er mag tausendmal ein Mecklenburger sein, wenn er nicht aus dem Domanium gebürtig ist, können wir uns mit der Sache gar nicht befassen; der Kerl gehört der Ritterschaft an; fort mit ihm, dahin, woher er gekommen ist!« Die Herren hatten recht, denn Mecklenburg scheidet sich in drei Landesteile, großherzogliches Domanium, Ritterschaft und Städte, die unter sich *vice versa*² die Heimatsgesetzgebung energischer aufrechterhalten, als dies sogar einem fremden Staate gegenüber geschieht; aber die Herren hatten auch Glück: der Zufall wollte, daß an diesem Tage des im Flecken Dargun abgehaltenen Herbstjahrmarktes wegen zwei mecklenburgische Gendarmen zugegen waren. Diese wurden nun kommandiert, die Familie Schult wurde wieder aufgeladen und über die preußische Grenze geschafft.

Und da *soll* nun der höchst betrübende Fall eingetreten sein, daß zwischen der bewaffneten Macht zweier befreundeter Staaten auf der Grenze ein kleines Scharmützel stattgefunden hat, infolgedessen die mecklenburgischen Gendarmen ihre preußischen Herren Kollegen zwangen, die Familie Schult wieder mit nach Demmin zu nehmen, wo Schult Vater denn bei dem Herrn Landrat zum fünftenmal mit den Worten einrückte: »Na, Herr, nu bün ick wedder hir!«

Ein solcher Skandal war denn doch zu groß. Das landrätliche Amt in Demmin hatte alle seine Pfeile verschossen, und alle waren machtlos an dem dreifachen Panzer mecklenburgischer Heimatsgesetzgebung abgeprallt, die Sache mußte anderen Händen, den Händen der Regierung, übergeben werden.

Die preußische Regierung nahm nun auch die Sache auf und fragte bei der mecklenburgischen an, welche gesetzlichen Bestimmungen in bezug auf die nach Preußen ausgewanderten und dort *nicht* naturalisierten Landeskinder in den mecklenburgischen Landen geltend wären. — Die Antwort war, daß alle, die zwei Jahre oder länger abwesend wären oder im Auslande einen eigenen Haushalt begründet hätten, als aus dem Untertanenverbande ausgeschieden betrachtet würden. Und — fragte Preußen weiter — unter welchen Bedingungen erwerben die diesseitigen Landeskinder das Heimatrecht in Mecklenburg? — Wenn sie fünfzehn Jahre ununterbrochen an einem und demselben Orte sich aufgehalten hätten, hieß es.

Dies war denn doch ein zu großes Mißverhältnis; die preußische Regierung drang auf gegenseitige Gleichheit in diesen Verhältnissen, und um ihrer Forderung mehr Nachdruck zu geben, drohte sie, widrigenfalls alle über die Grenze gegangenen und nicht naturalisierten Mecklenburger, eventualiter mit Frau und Kind, auszuweisen und in ihr Geburtsland zurücksenden zu wollen. Es wurden auch in Wirklichkeit an der ganzen Grenze herum Recherchen nach den nicht naturalisierten Mecklenburgern angestellt, welche ein Ergebnis von dreißig- bis vierzigtausend Personen geliefert haben sollen, die alle nach mecklenburgischen Gesetzen in ihrem früheren Wohnort das Heimatsrecht verloren und in Preußen kein neues erworben hatten, die also, falls man sie über die Grenze geschickt hätte, als Heimatlose dem mecklenburgischen Landarbeitshause verfallen gewesen wären.

Eine so große Menschenmenge konnten denn doch die allerdings großen Räume des alten Wallenstein-Schlosses zu Güstrow, welches zum Landarbeitshaus umgestaltet ist, nicht fassen. Mecklenburg mußte sich Preußen gegenüber zu einer liberaleren Heimatsgesetzgebung verstehen, wie sie in der Gothaer Konvention ausgesprochen ist. In seinen eigenen Eingeweiden aber dauert die alte hartnäckige Verstopfung fort, und von einem lebendigen und erfreulichen Stoffwechsel zwischen Domanium, Ritterschaft und Landschaft ist keine Rede.

Und Krischan Schult? — Nun, dessen Schicksale sind nach obigem leicht zu ermessen. Mecklenburg mußte sich dazu verstehen, Krischan Schulten zurückzunehmen, remonstrierte aber mit Hand und Fuß gegen die Aufnahme von Weib und Kindern als gebornen Preußen. Die Familie wurde einstweilen zerrissen, Frau und Kinder blieben in Preußen, und Krischan Schult wurde über die mecklenburgische Grenze gejagt — endlich mit Erfolg. Das Gut Basepohl weigert sich, ihn anzunehmen, wozu es auch durchaus nicht verpflichtet war; in dem Domanium und den Städten fand er natürlich erst recht keine Aufnahme, und so war er denn vor dem Gesetz ein heimatloser Vagabund, der ins Landarbeitshaus gehörte, dessen friedliche Räume ihn denn auch aufnahmen.

Ob er später ein anderweitiges Unterkommen gefunden hat, ob er wieder mit seiner Familie vereinigt worden ist, wissen wir nicht. Wir haben diese Geschichte nur so erzählt, wie das allgemeine Interesse, welches begreiflicherweise dieser eklatante Fall namentlich bei den Ausgewanderten hervorrufen mußte, sie zu jener Zeit täglich besprach. Man hat nachträglich behauptet, Krischan Schult sei ein Taugenichts gewesen, aber ändert das etwas an der Sache selbst? Und — wäre er ein dreimal geschliffener und facettierter Tugendspiegel gewesen, eingefaßt in den vergüldeten Rahmen frommer Denkungsart, wäre er nicht in dieselbe Lage gekommen?

---

[1] nicht raubend, sondern bloß bettelnd
[2] umgekehrt, andererseits

Reuter, Fritz: Ein Heimatloser in Mecklenburg. In: Die Grenzboten. Herausgegeben von Gustav Freytag, Heft 21, Leipzig 1862, S. 501 ff.

Johannes Gillhoff
geb. in Glaisin 24.5.1861
gest. in Parchim 16.1.1930

Im Schulkaten von Glaisin in der »Griesen Gegend« im kargen Südwesten Mecklenburgs wurde er als Sohn und Enkel von Schulmeistern in eine Welt hineingeboren, die sich immer noch völlig in den patriarchalischen Zuständen des längst versunkenen 18. Jahrhunderts befand. Johannes Gillhoff wurde Lehrer, wie alle seine Brüder. Aus der Welt des mecklenburgischen Dorfes erstand schließlich seine Dichtung, und mit dem Roman »Jürnjakob Swehn der Amerikafahrer« wurde der Dorflehrer zum Bestseller-Autor.

Aus:
Jürnjakob Swehn der Amerikafahrer
(um 1915)

Die Reisekarte hatte Kaufmann Danckert in Ludwigslust mir besorgt. Sie kostete bis New York 29 Taler, und einen hab ich ihn runtergehandelt. Aber es war doch viel Geld, wo mein Vater der ärmste Tagelöhner im Dorf war. Das meiste Geld hatte ich mir als Kleinknecht beim Bauern verdient. Drei Jahr lang bei Hannjürn Timmermann, das machte 27 Taler, denn $3 \times 9 = 27$. Siehe, ich habe das kleine Einmaleins mit herüber genommen; das gilt auch im Land Amerika. Und einen Rock extra.

Heute kriegt der Großknecht bei euch ja wohl seine 400 Mark, und für den Vater muß der Bauer noch 300 Ruten pflügen und eggen. Aber Geld haben sie darum doch nicht in der Bucks. Bei uns auf der Farm kriegt der Knecht hundert Dollars das Mond und ein Reitpferd durchzufüttern. Dafür heißt er auch Farmhand. Man bloß, es ist keiner zu haben, ob er nun Knecht oder Farmhand heißt, und Dirns erst recht nicht. — Fünf Taler hab ich mir noch zugeliehen vom alten Köhn und von Karl Busacker, und sie haben keinen Schein gefordert. So war das Geld zusammen und noch ein paar

Schilling für den Notfall, daß die Amerikaner nicht sagen sollten: Seht, da kommt er an als wie ein Handwerksbursche und hat keinen roten Dreiling im Sack. —

Im Dorf ging ich rund und sagte Adschüs. Das ging fix. Dann kam Mutter an die Reihe. Das ging nicht fix. Sie sprach: Nu schick dich auch und schreib mal, woans es dir gehen tut und paß auch auf deine Hemden und Strümpfe und auf dein Geld, daß dir da nichts von wegkommt. Und vergiß auch das Beten nicht! — Dann mein Bruder. Ich sprach: Halt sie gut, wenn sie alt wird. Ich will dir auch Geld schicken, daß du ihr Sonntags mal Fleisch kaufen kannst und zum Winter einen wollen Umschlagetuch. Er sprach: Da sorg dich man nicht um. Sorg du man erst für dich selbst, daß dir unterwegs kein Wasser in die Höltentüffel kommt.

Als das fertig war, schwengte ich mir meinen Sack auf die Schulter und nahm meines Vaters eichen Sundagstock in die Hand. Vater hatte seine letzte Reise schon hinter sich. Dazu brauchte er keinen Stützstock mehr. So faßte ich ihn bei der Krücke und ging nach Ludwigslust. Meine Mutter stand in der Katentür, hielt die Hände unter der Schürze und sah mir nach. Siehe, ich habe sie in 32 Jahren nicht mehr gesehen.

Hinter Hornkaten, in den Lieper Bergen, wo der Sand am dünnsten war, da stand ich still. Das war so die Angewohnheit an der Stelle. Da hatte der alte Hannjürn mit Pferd und Wagen auch immer stillgehalten, auf daß sie sich verpusteten. Er aber stand daneben und guckte sich um, und dann sagte er so ganz langsam und ebendrächtig vor sich hin: Dies Land ist dem lieben Gott auch man mäßig geglückt. Wenn er das gesagt hatte, dann sagte er: Hüh! und fuhr weiter. Denn er war ein Mann, der wenig Wörter machte. Wenn du seinen Sohn siehst, dann grüß ihn von mir.

Da stand ich auch still und sah zurück und sprach zu mir: Jürnjakob Swehn, du bist den Weg schon mehr als fünfzig Mal gegangen. Aber heute ist es anders als sonst. Wo dir das wohl gehen wird im fremden Lande. Da sind vor dir schon viele in ein fremdes Land gewandert, und ihre Spuren hat der Sand verweht. Und Jakob auch, als er nach Haran zog, wie du uns in der Schule gelehrt hast. Mich soll man bloß wundern, ob ich auch zwei Kuhherden vor dem Stock habe, wenn ich zurückkomme. Wenn's auch man bloß eine ist wie Karl Busacker seine zwölf Stück. Aber Jakob brauchte auch nicht über das große Wasser. — Und als ich das gedacht hatte, sagte ich zu meinem Sack: Nun komm man wieder her! So ging ich weiter. Das war 1868. Ich war neunzehn Jahre alt, und am 20. Juli sollte ich von Hamburg gehen.

Gillhof, Johannes: Jürnjakob Swehn der Amerikafahrer. Berlin 1917, S. 2 ff.

HEINRICH SEIDEL
geb. in Perlin 25. 6. 1842
gest. in Berlin 7. 11. 1906

Der Pastorensohn floh das Gymnasium, um Ingenieur zu werden. Nur wenige, die seinen poetischen »Leberecht Hühnchen«, seine versponnenen, oft skurrilen Märchen oder seine Naturgedichte lesen, ahnen etwas von der zur Lesewelt des deutschen Kleinbürgertums so antipodischen Lebenswirklichkeit Seidels. Er war einer der bedeutenden deutschen Stahlkonstrukteure der 2. Hälfte des 19. Jahrhunderts. Als sein größtes ingenieurtechnisches Werk galt die freitragende Riesenhalle des Anhalter Bahnhofs in Berlin, die im 2. Weltkrieg zerstört wurde. Seidels Dichtungen, die auf den ersten Blick Idylle kultivieren und nicht ohne nostalgisches Gefühl auskommen, erreichten ein großes Publikum. Der Großstädter erinnerte sich schreibend immer wieder der arkadischen Gefilde seiner mecklenburgischen Kindheit. Und manchmal, unverhofft, blitzt Satirisches auf.

> Wie du lebst, wirst du mitnichten
> Sammeln viel an Hab und Gut.
> Du versäumst die Zeit mit Dichten
> Und gehst viel zu oft zu Huth.[1]
> *Johannes Trojan an Seidel*

Die Mecklenburger im Zoologischen Garten
(1883)

Der rastlose Herr Hagenbeck aus Hamburg, der uns im Zoologischen Garten schon so manche fremde Völkerschaft vorführte, hat uns eine neue Überraschung bereitet. Dem unablässigen Bestreben seines Agenten ist es gelungen, in dem aus Reuters Erzählungen bekannten Lande Mecklenburg eine Truppe von Eingeborenen anzuwerben und sie mit ihren Gerätschaften, Haustieren, Musikinstrumenten und fremdländischen Gebräuchen uns vorzuführen. Herr Direktor Bodinus hat durch das Engagement dieser Truppe sich den Dank der Berliner im höchsten Grade erworben, denn die Mecklenburger bilden das Ereignis des Tages und am letzten 25-Pfennig-Sonntag war der Garten von 118 703 zahlenden Personen besucht, die höchste Ziffer, die seit dem Bestehen des Zoologischen Gartens bis jetzt erreicht worden ist. Von den Bediensteten des Gartens wurden am anderen Morgen allein $1\frac{1}{4}$ Zentner im Gedränge verloren gegangener Haarzöpfe, 73 Pfund abgetretener Stiefelhacken, und $5\frac{1}{2}$ Zentner Zigarrenstummel aufgesammelt.

Die Mecklenburger gehören sämtlich der in diesem Lande so sehr verbreiteten Ackerbaukaste an und stehen unter der Führung eines ihrer Unterhäuptlinge, des Inspektors Christian Bohmhamel, eines nahen Verwandten des berühmten Zacharias Bräsig, dem er auch ungemein ähnlich sehen soll. Die Truppe besteht aus 11 Erwachsenen und 5 Kindern, im ganzen also aus 16 Personen.

Ihre Namen sind:

1. Christian Bohmhamel, Inspektor.
2. Elise Brathäring, Mamsell.
3. Fritz Kieckebusch, Wirtschaftslehrling.
4. Jochen Römpagel, Statthalter.
5. Trina Römpagel, dessen Frau.
6. Hinnerk Päsel, Tagelöhner.
7. Stina Päsel, dessen Frau.
8. Korl Trilck, Pferdeknecht.

9. Fiek Regelin, Außenmädchen.
10. Klas Abendsegen, Schäfer.
11. Korlin Krüper, Schweinemädchen.
12. Hanne Römpagel,⎫
13. Liesch Römpagel,⎪
14. Fidde Römpagel, ⎬ Kinder.
15. Dürten Päsel,⎪
16. Willem Päsel⎭

Besonders die Kinder erregen die Teilnahme der Berliner Damen, und ihr Liebling ist der kleine $^{3}/_{4}$jährige Willem Päsel. Sie können sich nicht genug verwundern, daß er gerade so trocken gelegt und abgehalten wird, wie sie es selber mit ihren Kindern zu tun gewohnt sind; wiederum ein Beweis, daß gewisse Kulturelemente allen Völkern gemeinsam sind. Den ganzen Beifall der Männerwelt dagegen hat Korlin Krüper, das kraftvolle Schweinemädchen. Das musikalische Element der Gesellschaft vertritt Korl Trilck, der das nationale Instrument, Treckfiedel genannt, mit Virtuosität handhabt. Im Großen und Ganzen hat dies viel Ähnlichkeit mit der auch bei uns nicht unbekannten Ziehharmonika. Wir waren so glücklich, von einem Kenner der mecklenburgischen Landessprache den untergelegten Text zu einem sehr beliebten Tanze in Erfahrung zu bringen. Sein Anfang lautet:

»Unsre Katt hett nägen Jungen
Dat hett Nawers Kater dahn!«

Man wird aus dieser kleinen Probe sehen, daß diese Sprache nicht ohne Wohlklang ist. Großes Interesse erregt auch der Schäfer und Wetterprophet Klas Abendsegen, wenn er würdevoll auf seinen Stock gestützt seine Schafe hütet und dazu ungemein lange blaue Strümpfe strickt. Der Bock der Herde ist ein Abkömmling jenes aus Reuter bekannten berühmten Schafbockes, der keine »Poppieren« hatte. Die »Vossische Zeitung« hat sich diese Gelegenheit nicht entgehen lassen und bringt seit einigen Tagen außer der Wetterprophezeihung der Seewarte und des Braunschweigischen Wolkenonkels auch die des erfahrenen Schäfers Klas Abendsegen, so daß die beneidenswerten Leser dieser Zeitung jetzt die Auswahl zwischen drei Wettern haben, und jeder sich das aussuchen kann, was ihm am besten paßt.

Für den nächsten Sonntag ist ein ganz besonders interessantes Programm aufgestellt. Unter anderem wird Herr Fritz Kieckebusch mit seiner braunen Stute »Strangschläger« die nationale Methode der Bändigung stätischer Pferde vorführen. Diese besteht bekanntlich darin, daß man einen mit Wasser gefüllten irdenen Topf mit auf das Pferd nimmt und diesen in demselben Augenblick, wo es stätisch wird und nicht weiter will, auf dem Kopfe des Tieres entzweischmettert. Man weiß, daß Fritz Triddelfitz damit seiner Zeit bedeutende Resultate erzielte.

Die Hauptanziehungskraft wird aber jedenfalls die von sämtlichen Mitgliedern veranstaltete Darstellung des höchsten nationalen Festes der Mecklenburger, der sogenannte »Austköst«, ausüben. Es ist ein den Göttern nach glücklich vollendeter Ernte gebrachtes Dankfest, wobei eine aus Ähren geflochtene und bundgezierte Krone geopfert wird. Herr Inspektor Christian Bohmhamel wird dabei eine fulminante missingsche Rede halten. Der Festzug wird als ungemein sehenswürdig geschildert. Später werden unsere fremdländischen Gäste ihre nationalen Spiele vorführen, wobei besonders ein Spiel der Männer, namens »Frischback«, als sehr erheiternd gerühmt wird. Einer der Männer wird mit verbundenen Augen auf eine Bank gelegt und die hinteren Enden seines Rockes auseinander getan. Dann naht sich einer der Genossen nach dem andern und erteilt ihm einen herzhaften Schlag auf den fleischigsten Teil seines Körpers. Errät der Geschlagene den Täter, so tritt dieser an seine Stelle, wo nicht, muß er weiter dulden. Später werden zum Klange der Treckfiedel nationale Tänze aufgeführt und den Beschluß bildet ein Festessen, bestehend aus den ständigen Festgerichten: Rindfleisch, Pflaumen und Reis. Als Getränk werden die beliebten Nationalgetränke »Lüttjedünn« und »Kähm« genossen. Ersteres ist bierähnlich und das zweite ähnelt unserem Gilka. Für gewöhnlich werden die Leute mit Speck, Eiern, Hering, Schwarzbrot, Schmalz und viel Kartoffeln und Gemüse verpflegt. Herr Christian Bohmhamel jedoch als Unterhäuptling seines Stammes führt mit der Mamsell und Fritz Kieckebusch einen besonderen Tisch. Ihm werden täglich zwei Flaschen Langkork geliefert, eine Rotweinsorte, die auch sein berühmter Verwandter Bräsig sehr liebte und die man extra aus Lübeck verschrieben hat. »Kähm« und Tabak von Saniter und Weber aus Rostock nach Belieben.

Unsere fremdländischen Gäste werden sich nur noch kurze Zeit hier aufhalten, da sie in Dresden bereits mit Schmerzen erwartet werden. Zum Schluß noch ein Zug rührender Pietät des Inspektor Bohmhamel. Sofort nach der Ankunft der Gesellschaft ließ er sich zum Lamagehege führen, wo sein berühmter Verwandter damals das unliebsame Abenteuer erlebte. Er betrachtete sich ein Lama, das an das Geländer kam, vorsichtig von ferne und sprach: »Wie die Kretur veninsch kucken tut. Ja, dir kenn ich, weißt' woll von wegen meinen Vetter Zacharias. Na, hätt' ich dir man auf meinen Hof in Krupmannshagen — das Spucken wollt' ich dir schon ablernen! Ne, was's doch all für Kreturen gibt!« Damit ging er befriedigt zu seiner Gesellschaft zurück.

---

[1] Huth: Weinstube in Berlin um 1890

Seidel, Heinrich: Kinkerlitzchen. Leipzig 1895, S. 140 ff.

Martha Müller-Grählert

geb. am 20.12.1876 in Barth
gest. am 18.11.1939 in Franzburg

Es ist schon merkwürdig mit diesem Lied! Die Heimatdichterin, die auf der Halbinsel Zingst aufgewachsene Adoptivtochter eines Müllers, schrieb es in Berlin, wo sie mit einem aus Sachsen stammenden Veterinär-Professor verheiratet war. Ein Thüringer namens Simon Krannig vertonte das Lied in der Schweiz, und seine Uraufführung erlebte es bei der Beerdigung eines aus Flensburg stammenden Glasers in Zürich. Dann ging es um die Welt, und kaum jemand, der es sang, dachte an die Verfasserin, die verarmt und erblindet in einem Altersheim starb. Und wenn die Anwohner der Nordsee die Strophen als Heimathymne heute für sich reklamieren, so schadet das dem Lied nicht weiter, sondern stellt seine Volkstümlichkeit nur unter Beweis.

Mine Heimat

Wo de Ostseewellen
Trecken an den Strand,
Wo de gele Ginster
Bleugt in 'n Dünensand,
Wo de Möven schriegen
Grell in 't Stormgebrus,
Da is mine Heimat,
Da bün ick to Hus.

Well- un Wogenrauschen
Wir min Weigenlied,
Un de hohen Dünen
Sehgn min Kinndertied.
Sehgn uck all min Sehnsucht
Un min heit Begehr,
In de Welt to fleigen
Oewer Land un Meer.

Woll hät mi dat Lewen
Dit Verlangen stillt,
Hät mi allens gewen,
Wat min Herz erfüllt.
Alles is verswunnen,
Wat mi quält un drev,
Hev dat Glück nu funnen,
Doch die Sehnsucht blev.

Sehnsucht na dat lütte
Kahle Inselland,
Wo de Ostseewellen
Trecken an den Strand,
Wo de Möven schriegen
Grell in 't Stormgebrus,
Denn da is min Heimat,
da bün ick to Hus.

Niederdeutsches Liederbuch. Herausgegeben von Heike Müns, Rostock 1981, S. 197. (Hier in der Fassung des Erstdrucks in den »Meggendorfer Blättern«, 1908)

Richard Wossidlo
geb. in Ferdinandshof 26.1.1859
gest. in Waren (Müritz) 4.5.1939

Der Warener Gymnasialprofessor investierte sein schmales Lehrergehalt und alle Kraft seines Lebens in seine selbstgestellte Aufgabe — er zog durch Mecklenburg und sammelte Volksgut: Trachten, Bräuche, Geschichten, Schwänke, Sagen, Märchen, Legenden. Heute ist der »Perfesser Voßlo« selbst eine Legende geworden. Sie beschreibt ihn in vielfachen Abwandlungen als einen stets korrekt gekleideten Herrn in Gehrock und Melone, der seine Sammelergebnisse auf Papiermanschetten festhielt. Er war trotz seiner spröden Erscheinung doch äußerst populär; selten war einem Wissenschaftler eine so große Volkstümlichkeit beschieden. Mecklenburg verdankt ihm die wohl umfassendste volkskundliche Dokumentation einer Landschaft in Deutschland.

Sünd de Röben rip, sünd de Röben rip,
Kümmt de kolle, kolle Winter.
Ach, wur krieg 'k 'n Wif, ach wur krieg 'k 'n Wif
Ik olle arme, arme Stümper.
Aus Wossidlos Sammlung »Rimels«

Aus meiner Sammeltätigkeit
(um 1910)

Wer in das geistige Leben eines Volkes eindringen will, wird zuerst und vor allem die Sprache erforschen müssen. Schon um das Vertrauen der Leute zu gewinnen, ist eine völlige Beherrschung der Mundart unbedingtes Erfordernis. Aber auch die Freude am Sammeln wird wesentlich erhöht, wenn man der Mundart einen Ehrenplatz gönnt. Auf der Suche nach den eigentlichen Volksüberlieferungen werden Mißerfolge nicht ausbleiben. Aber das Gefühl des Überdrusses nach solchen Enttäuschungen kommt nicht auf, wenn man durch einen vol-

Mönchguter Hügel

len Trunk aus dem Born mundartlicher Rede immer wieder Erquickung schöpfen kann.

Ich kenne keine größere Freude, als mit Männern und Frauen aus der Landbevölkerung zu plaudern, die, von städtischem Verkehr und dem Einfluß der Schriftsprache unberührt, aus lebendigem Sprachgefühl heraus ihre Rede formen. Da ist fast jeder Satz nach irgend einer Seite hin bedeutsam. Gelegenheit, dem Volke »aufs Maul zu sehen«, um Luther's bekannten Ausdruck zu gebrauchen, hat ja jeder. Natürlich, wer durch verwandtschaftliche oder freundschaftliche Beziehungen eng mit dem Landleben verknüpft ist, dem wird sich die Volkssprache leichter erschließen. Aber auch in der Stadt kann man täglich finden, wenn man nur ernstlich sucht, zumal heute, wo die ländlichen Arbeiter in immer größeren Mengen in die Städte strömen. Und ein Gespräch mit dem Hirten auf dem Felde, dem Alten, der die Wege bessert, dem Mütterchen, das beim Hüten der Gänse von jungen Tagen träumt, dem Tagelöhner, der des gleichen Weges zieht, ist bald im Flusse, wenn man den Leuten mit freundlichem Gruß gegenübertritt und auf ihre Interessenwelt einzugehen weiß. Meist erkennt man nach wenig Minuten, ob man Ausbeute erhoffen darf. Das Alter allein tut es nicht.

Eine außerordentlich günstige Gelegenheit, das Volk zu belauschen, bietet sich dem Sammler dar, wenn er kleine Händler und Aufkäufer ins Vertrauen zieht und mit ihnen auf ihren Wagen auf dem Lande herumfährt. Bei dem Verkehr gerade dieser Leute mit den Bauern und Tagelöhnerfrauen kommen in der Erregung, wie sie der Handel mit sich zu bringen pflegt, besonders viele alte Wendungen ans Licht.

Freilich, sobald die Leute merken, daß man sie aushorche, ist bei den meisten die Unbefangenheit dahin. Nur wenige ertragen es ohne Einbuße sprachschöpferischer Kraft, daß man niederschreibt, was sie reden. Ich habe in früheren Jahren abwaschbare Gummimanschetten benutzt, oder irgend einen Vorwand gesucht, um ohne Verdacht das Notizbuch oder das Kursbuch oder den Kalender hervorzuholen. Durch Übung lernt man, ohne solche Stützen auszukommen und bei scharfem Hinhören ein kürzeres Gespräch zu bemeistern. Indem man sich den Lauf der Unterhaltung wieder vergegenwärtigt, fallen einem auch die Eigenheiten im Ausdruck und Satzbau wieder bei. Doch wer sich höhere Ziele steckt, wer den unermeßlichen Wortvorrat und die zahllosen Redensarten und Sprichwörter auch nur annähernd erschöpfend sammeln will, der wird sich mit einem solchen gelegentlichen Belauschen des Volkes, so notwendig es ist, nicht begnügen dürfen, und wenn er es lange Jahre mit glücklichstem Erfolge betrieben hat: es muß planmäßiges Ausfragen geeigneter Gewährsmänner hinzukommen. Und ein solches Sammeln mundartlichen Stoffes ist leicht erlernbar, und jeder, der in den Überlieferungen einer Landschaft heimisch werden will, wird, glaube ich, gut tun, mit diesen Dingen zu beginnen. Natürlich, wer in allgemeinen Wendungen nach alten Ausdrücken fragen wollte, würde sich kurze Abweisung gefallen lassen müssen. »Ja, wenn Se so'n olle Landwürd' söken, denn möten Se na de Dömitzer Gegend gahn, dor hebben se väl so'n platt Würd', bi uns is sowat nich begäng'.«

Man frage zunächst gewecktere Leute, deren Gunst man im Dorfkruge durch ein Glas Bier oder einige Zigarren gewonnen hat, nach ganz bestimmten, konkreten Dingen, nach Flurnamen, bei deren Erklärung dann oft alte Sagen ans Licht kommen, nach den Benennungen der einzelnen Geräte, nach den Namen von Tieren und Pflanzen. Läßt man dabei seltene Ausdrücke einfließen, die man in anderen Landesteilen gehört hat, so ist das allgemeine Interesse bald geweckt. So sind alle Standessprachen leicht zu erforschen. Wenn man erst bei den Fischern im Boote sitzt und Teilnahme für ihre Arbeit bekundet, so werden sie bald gesprächig. Um in die Schiffersprache tiefer einzudringen, die mir von allen Berufssprachen der Heimat immer als die reichste und bedeutsamste erschienen ist, pflege ich in den Dörfern der Ostseeküste früheren Kapitänen und Matrosen eigenartige, anderswo gehörte Wendungen vorzulegen mit dem Vorgeben, den Sinn derselben nicht zu verstehen; in solchen Erklärungen kommt dann oft ein ganzes Nest verwandter Ausdrücke zum Vorschein.

Hat man den Leuten durch solche Fragen über Dinge, die ihrem Gesichtskreise nahe liegen, ein Verständnis beigebracht, was man will, so versuche man ganz allmählich, auf andere, schwierigere Gebiete überzugehen.

Aber freilich, nicht jeder hält dem Frager stand. Gerade Originale, an die man gewöhnlich verwiesen wird, die in ihrer täglichen Rede altes Sprachgut in Menge im Munde führen, verhalten sich meist der Wißbegier des Sammlers gegenüber ablehnend; sie sind zu selbständig, um sich fremdem Gedankengange anzubequemen. Dann wieder gibt es Leute, die in höchstem Maße hilfsbereit sind, denen aber selbst die Gegenwart des Sammlers lästig ist; sie wollen allein sein, um ihren Erinnerungen nachzuhängen. Diese Erfahrung habe ich noch jüngst wieder in Waren gemacht. Die Anfrage eines auswärtigen Forschers führte mich zu einem Manne, der die Sprache unseres Landvolkes auf das genaueste kennt. Er zeigte größtes Interesse, allein ich merkte bald, daß ihm das ewige Fragen unbequem sei. Ich gebe ihm nun bestimmte Gebiete auf, meist solche, die ich in einer meiner früher veröffentlichten Skizzen behandelt habe. Er sinnt in seinen Mußestunden darüber nach und macht sich ganz kurze Notizen, wobei er natürlich auch anderes, was ihm gerade in den Sinn kommt, berücksichtigt. Dann gibt er mir einen Wink. Ich gehe zu ihm, um mir alles vortragen und genau erklären zu lassen. Nur selten werden solche mitten im Leben stehende Kenner der Volkssprache es über sich bringen, alles mit den Erklärungen fein säuberlich zu Papier zu bringen. Je mehr man die Bequemlichkeit der Menschen in Rechnung zieht, um so weniger wird man Enttäuschungen ausgesetzt sein.

Andere wieder wollen durch unablässige Fragen angeregt sein. Je schärfer umgrenzt die Fragen sind, je mehr sie den Befragten dazu bringen, sich besondere Lebenslagen, bestimmte Personen vor Augen zu stellen, um so größer ist der Erfolg. Dabei wird man je nach dem Grade der geistigen Beweglichkeit des Gewährsmannes entscheiden müssen, ob man besser tut, ein Einzelgebiet erschöpfend zu behandeln oder an der Hand der Vergleiche und Metaphern in loser Verknüpfung von einer Gruppe zur anderen zu eilen. Die Fähigkeit einzelner, den leisesten Andeutungen nachzugehen, ist ganz erstaunlich. Hat man solche Leute gefunden, die mit leichter

Mühe aus der überströmenden Fülle ihrer Muttersprache schöpfen, so kommt es nur darauf an, gleich zu Anfang den rechten, halb ernsten, halb launigen Ton zu treffen. Nach wenigen Minuten halten die Frische und der Humor mundartlicher Redeweise Frager und Befragten in ihrem Bann gefangen. Die Freude, die den Sammler überkommt, sobald das erste neue, schöne Bild hervortaucht, hebt auch die Stimmung des anderen auf reine Höhe. Er fühlt sich stolz, eine Kunst zu meistern, die doch wohl etwas wert sein muß, wenn ein studierter Mann sich ernstlich um sie bemüht. Und immer ungehemmter kommen die Erinnerungen hervor. So wächst der Erfolg meiner sprachlichen Sammelarbeit von Jahr zu Jahr, jemehr ich erkennen lerne, auf welchen Gebieten in der Mundart sich sprachschöpferische Kraft am lebendigsten äußert. Die Echtheit der meisten so gewonnenen Stücke ist über allem Zweifel erhaben. Natürlich bleiben mitunter auch Irrtümer nicht aus. Doch jede neue Sammlung beleuchtet und erklärt frühere Funde.

Ich kann von diesen Dingen nicht reden, ohne an einen Mann aus dem Landvolke zu denken, der mir bei meinen ersten, tastenden Schritten in das Wunderland der heimischen Mundart außerordentliche Dienste geleistet hat. In dem Dorfe der Hagenower Heide, wo ich in den achtziger Jahren wiederholt während der Ferien Quartier nahm, hatte ich das Glück, einen jungen Büdnersohn kennen zu lernen, der sich mir bald aufs engste anschloß. Im Elternhause im Banne alten Glaubens und alter Sprechweise aufgewachsen, dabei von leichter Fassungskraft und wissensdurstig, ließ er sich leicht von dem Werte alter Überlieferung überzeugen und war dann, jede Belohnung von sich weisend, unablässig bemüht, mir den Boden zu ebnen. Die Hilfe eines solchen Vermittlers aus dem Volke selbst kann der Sammler gar nicht hoch genug schätzen. Ich begleitete den jungen Freund bei der Feldarbeit oder fuhr mit ihm mit dem Holzwagen in den Wald, immer wieder überrascht, zu sehen, mit welcher Leichtigkeit er bei jeder sich darbietenden Gelegenheit aus seiner Schatzkammer alter Wendungen den treffenden Ausdruck hervorzuholen wußte. Unter seiner Einwirkung hatten dann auch bald die übrigen Dorfbewohner jede Scheu vor dem Fremden verloren. Mit meinen Zetteln in der Hand ging ich auf dem Felde hinter den Binderinnen oder Kartoffelsammlerinnen her, oder suchte mir ein Plätzchen hoch oben im Scheunfach, um von dort aus die Rede der Leute, die bei froher Erntearbeit in munterem Wechsel hin und her zu gehen pflegt, zu belauschen.

Wenn so die Schätze der Mundart, die uraltes Gut in reicher Fülle treu bewahrte, bei ernstlichem Bemühen leicht zu heben sind, so erfordert das Sammeln der eigentlichen Volksüberlieferungen in heutiger Zeit ein erheblich größeres Maß von Übung und Opferwilligkeit. Kinderreime, die noch heute in lebendigem Gebrauche sind, werden ja jedem Sammler leicht zufallen. Aber das Suchen nach den verklungenen, halb vergessenen Volksreimen und Liedern ist, bei uns zu Lande wenigstens, ein saures Stück Arbeit. Und nicht ohne leises Schaudern denke ich an jenen Sommer des Jahres 1891 zurück, als ich sechs Monate lang, in ruheloser Hast von Dorf zu Dorf eilend, das Land ausschließlich nach Rätseln und Reimen absuchte. Erst wenn man Brauch und Glauben, Sagen und Märchen, Erzählungen und Schnurren hineinzieht, wenn man neben den Wörtern zugleich in die Kenntnis der Sachen einzudringen sucht und Hausbau, Tracht und Gerät erforscht, erst wenn man ein volles Bild von dem äußeren und inneren Leben des Volkes in entschwundener Zeit zu gewinnen sucht, erst dann entspricht der Lohn der aufgewandten Mühe. Zu einer Lust aber kann das Sammeln dieser Dinge nur werden, wenn man alles flüchtige Durchstreifen des Landes aufgibt und in ruhigem, planmäßigem Vordringen den Besitz engbegrenzter Bezirke zu erschöpfen sucht. Ich hatte mir früher in der näheren und weiteren Umgebung meines Wohnortes einige landschaftlich schön gelegene Orte herausgesucht, zu denen ich immer wieder zurückkehrte. In den letzten fünf Jahren habe ich dann — der Rethra- und Burgwallsagenforschung zuliebe — zunächst die Neubrandenburg—Penzliner Gegend und darauf die Umgebung anderer slavischer Kultstätten im Osten und Nordosten des Landes von Dorf zu Dorf und immer wieder von neuem abgesucht.

Erst bei solcher öfter wiederholten Einkehr in ein Dorf

kann man das volle Vertrauen der Leute gewinnen und ihnen
Zeit lassen, sich in die alten Erinnerungen wieder hineinzule-
ben. Und nur in solchen Standquartieren, wo man mit den ört-
lichen Verhältnissen genau vertraut geworden ist, kann man
an die Einrichtung von Sammelabenden in größerem Stil her-
angehen, wie ich sie in Waren lange Jahre hindurch mit glück-
lichem Erfolge abgehalten habe.

Wossidlo, Richard: Aus dem Lande Fritz Reuters, Leipzig 1910, S. 2 ff.

Herrmann Fornaschon
geb. in Domsühl 4. 10. 1865
gest. in Lübeck 21. 10. 1961

Der Sohn eines Dorftischlers aus Domsühl, einem der schön-
sten Dörfer Mecklenburgs, wurde, wie seine Zeitgenossen Ri-
chard Wossidlo und Johannes Gillhoff, Lehrer. Und wie sie
verschrieb er sich den Gebräuchen der einfachen Dorfleute,
erforschte sie und zeichnete sie auf. Von ihm stammt die ein-
zige bekannte Darstellung von Bestattungs- und Trauersitten
in mecklenburgischen Dörfern um die Jahrhundertwende.

Wenn ick starw, säd' de Fru, kriggt min Mann
tweemal söt Grütt: eenmal, wenn ick graben ward,
un dat anner Mal, wenn he wedder heurad't.
Sagwort

Ein Todesfall
(um 1900)

Durch das Dorf spricht es sich schnell von Mund zu Mund:
»Bauerjochen ist tot!« — Gestern mehrte sich die Krankheit
und heute nacht ist er eingeschlafen ... Am Morgen wird bei
dem Dorftischler ein Sarg bestellt — sofern er nicht schon bei

Lebzeiten besorgt wurde —, aber gut muß er sein und zum vierten Tage fertig: fünfviertelzöllige ungeleimte Bretter mit einigen Hohlstößen am Deckel, schwarz gestrichen und blank lackiert, Hänge und Bleischilder sind nicht nötig. Der Tischler arbeitet emsig und fleißig, denn bei den Särgen ist der beste Verdienst. Am Morgen des Todestages sind auch der Pastor und Küster benachrichtigt und Totengräber und Glockenläuter bestellt worden. Beide Funktionen bleiben vereinigt, und zwei ehrenwerte Nachbarn oder nähere Bekannte werden damit betraut. Gegen 11 Uhr am Sterbetage läuten die Glocken vom Turme zwei Touren von je einer Viertelstunde. Zum ersten Male klingt in ernsten Tönen die große Glocke allein, ein Zeichen für die Bevölkerung der umliegenden Dörfer, daß ein Erwachsener entschlafen ist, denn bei Kindern fangen die beiden Glocken zugleich an zu läuten. — Die Anverwandten des Verstorbenen fahren noch heute zur Stadt, um hier alles einzukaufen, was zur Beerdigung unerläßlich nötig ist. Am nächsten Tage wird gebacken, nicht bloß Fein- und Grobbrot, sondern auch Kuchen; es darf an nichts fehlen, und am Begräbnistage gibt es vollauf, denn »es ist ja das Letzte«, wie man zu sagen pflegt, »was man dem Verstorbenen mitgibt«; d. h. die Mittrauernden bekommen's in Fülle, und durch nichts wird in Wirklichkeit weniger das Andenken des ins Grab Gesenkten geehrt und bewahrt, als durch den nachfolgenden *Leichenschmaus im Trauerhause*. Aber es ist herkömmliche Sitte, und diese wird befolgt, sobald nicht Armut dagegen spricht.

Der Verlauf des Beerdigungstages ist nun folgender: Am Vormittage wird der Sarg mit der Leiche auf der großen Lehmdiele aufgebahrt und vorläufig geschlossen, wobei zu bemerken ist, daß das Totenhemd, von der Frau selbst gearbeitet, vielfach schon seit langer Zeit fertig war. Die Tragbahre haben die Totengräber (Kuhlengräber) aus dem Kirchturme geholt, wo sie für gewöhnlich zur Aufbewahrung steht; sie gehen nun an ihre Arbeit auf dem Friedhofe, der meistens mitten im Dorfe um die Kirche herum liegt, und graben eine Gruft für den Toten. Zu dieser Arbeit haben die Zwei sich aus dem Trauerhause eine Flasche voll Kümmel mitgenommen, denn heute darf einer mehr getrunken werden, als für gewöhnlich üblich ist ... Ist das Grab nach ein paar Stunden fertig, steigen die Männer auf den Glockenturm und läuten es mit zwei Pausen ein. Nach Mittag, gewöhnlich gegen 2 Uhr, versammeln sich von den Dorfbewohnern Männer und Frauen, soweit sie von der Arbeit abkommen können, im Trauerhause, um dem Verstorbenen die letzte Ehre zu geben; denn *jede* Familie im Dorfe und die Verwandten und Bekannten in den Nachbardörfern wurden am Nachmittage vorher vom »Leichenbitter«, der von Haus zu Haus ging, dazu eingeladen und die Freunde noch zum Kaffee überher. Kurz vor der festgesetzten Beerdigungsstunde, wenn der Pastor, sofern er nicht im Orte wohnt, ins Dorf zum Küster gefahren ist, läutet die zweite Glocke vom Turme, um die Trauernden ins Sterbehaus zu rufen. Man nennt dieses Geläute vielfach »die Semmelglocke«, weil jetzt jeder, der zum Folgen des Trauerzuges erschienen ist, von der »Totenfrau« eine Semmel zum Mitnehmen bekommt. Die Frau, vielfach die Hebamme, steht nämlich mit einer großen Schürze voll Semmel auf der Diele. Sobald jemand kommt und am Sarge sein stilles Gebet verrichtet hat, tritt sie zu ihm und reicht ihm grüßend und schweigend eine Semmel; die Träger und Läuter bekommen zwei und die Chorknaben je vier oder zwei größere, sogenannte »Franzbröte«. Im übrigen gehen beim Erklingen der Semmelglocke auch sämtliche Kinder der Straße ins Trauerhaus und holen sich ihre Semmel. So werden für etwa drei bis vier Mark — ein ganzer Sack voll — Kleinbrot verteilt. — Beim Erscheinen der mittrauernden Dorfbewohner ist der Sarg geöffnet, daß jeder den Verstorbenen noch einmal sehen kann, sind aber hernach der Pastor, der Küster und die Chorknaben anwesend, dann wird er geschlossen und die Totenfeier nimmt ihren Anfang. Haben die Leidtragenden keinen besonderen Gesang zum Absingen gewählt — was sonst einige Schillinge »Opfergeld« kostet — wird der allgemein festgesetzte gesungen. Der Küster gibt die Nummer des Gesangbuches bekannt mit den Worten: »Wir singen den Gesang Nr. ...«, die Trauergemeinde schlägt auf, und Küster und Chorknaben fangen an zu singen. Mit dem letzten Verse beginnen die Glocken zu läuten, ein stilles Gebet wird gesprochen, und der Trauerzug ordnet sich. Voran geht ein Knabe mit einem großen hölzernen schwarzen Kreuze, welches recht hoch getragen werden soll, die andern Knaben folgen paarweise und hinter ihnen der Pastor und Küster. Danach kommen die sechs Träger mit dem Sarge auf der Totenbahre, dann die nächsten Verwandten des Verstorbenen, hierauf die »folgenden« Männer und zuletzt die Frauen. Der Küster und die Chorknaben singen, und unter ernstem Trauergeläute bewegt der Zug sich langsam vom Bauerhofe herunter und auf der Dorfstraße dem Friedhofe zu. Doch bevor es zum Grabe geht, erheischt es die Sitte, daß der Tote noch einmal rund um die Kirche herum getragen und erst dann der Sarg über das offene Grab gestellt wird. Die Träger lassen ihn nun in die Gruft und das Glockengeläut verstummt.

Nachdem der Pastor die Einsegnungsworte gesprochen und mit der Gemeinde gebetet hat, wird das Grab durch die Träger mit Erde geschlossen, während die Glocken wiederum läuten und die Kinder singen: »Nun lassen wir ihn hie schlafen« usw. und der Zug geht in voriger Ordnung ins nahe Gotteshaus. Ein kurzer »Toten-Gottesdienst« beschließt sodann die kirchliche Begräbnisfeier. — Wird der Verstorbene aus einem Nachbarorte ins Kirchdorf gefahren, so ist der Hergang der Trauerfeier derselbe, nur daß die Glocken anfangen zu läuten, wenn sich der Zug — der Sarg wird von einem Bauern gefahren — über die »Wegscheide« der Feldmarken bewegt. Vor der Kirchhofspforte wird dann der Sarg vom Wagen gehoben und die Friedhofsfeier beginnt in der oben geschilderten Weise. Auf der Rückfahrt wirft der Bauer das Stroh von seinem Wagen auf die Wegscheide; von dort mag es sich holen, wer Lust hat. Nach dem Gottesdienst versammeln sich die besonders Geladenen aufs neue im Sterbehause, auch der Herr Pastor und Küster kommen, und es wird nun Kaffee getrunken und tüchtig Kuchen und Feinbrot dazu gegessen. Sodann wird, nachdem man sich einige Stunden eingehend über die Ökonomie des Landwirts unterhalten, und nachdem sich für gewöhnlich die Geistlichkeit verabschiedet hat, zu Abend gegessen und von allem Möglichen aufgetragen, was Keller und

Kammer zu bieten vermögen; »denn dat is«, wie man sagt, »jo dat Letzt, wat wi em mitgeben ...!«

Fornaschon, Herrmann: Im Bauerndorfe. Mecklenburgische Volkstypen. In: Mecklenburg. Zeitschrift des Heimatbundes Mecklenburg. Schwerin 1911, Nr. 3, S. 100

Ernst Barlach
geb. in Wedel 2. 1. 1870
gest. in Rostock 24. 10. 1938

Der ungemähte Rasen, eine wilde wuchernde weite Fläche aus Grün und ein wenig Weiß und etwas Gelb, nimmt die Bewegung des Windes auf. Wechselndes Licht aus einem sich stetig verändernden Himmel. Hinten sind Schafe angepflockt. Mittendrin steht mit ihrem satten Rot die Güstrower Gertrudenkapelle; ihr spitzes Dächlein überragt kaum die alten Bäume. Still ist es. Innen surrt eine verzweifelte Hummel hinter einem hohen Fenster. Seine Bildwerke, so stumm sie sind, reden, singen, schreien und flüstern. Die Tür knarrt in den alten eisernen Angeln. Steht er nicht draußen, selbst, wie auf jenem berühmten Foto, auf den Stock gestützt, noch ganz er, noch unverfolgt? Bereit auszugehen, vielleicht, über die Wiesen, den alten Weg durch die Hügel?

Aus:
Güstrower Tagebuch

17. August 1914
Gestern, Sonntag, war ich mit Klaus am Grundlosen See, weiter bis zum Gliner See, wo wir in die Haselnußbüsche brachen; da saß es dick und voll, sonderbar, wie die Früchte offen und verborgen stecken, oft stößt man mit der Nase dran und sieht sie nicht. Man erntet sie wie Lebendiges, was sich birgt und aufgestöbert wird, versteckt und entdeckt. So hatten

wir Taschen und Klaus' Hut voll. Gingen über die Felder heim, und ich spellte die Nüsse auf, und abwechselnd fraßen wir. Störche spazierten auf den Stoppeläckern, es wurde gedroschen oder sonst an den Garben geschafft, die niedergehende Sonne schien fast herbstlich, die fernfliegenden Störche kerbten ihre scharfen Schwenklinien in den Horizont, wir plauderten und fraßen, und ich dachte, so schmeckt der Friede, wie Nüsse, eine um die andere geknackt und entschalt und zerbissen. Dazu stille freie Felder, müde vom Segenspenden, erschöpft vom Schöpfen. Wir gingen den Weg, wo ich so oft den Kartoffel-Mythos breit und immer breiter ausgebildet habe, weil Klaus etwas hören wollte. Nachts las ich Keller bis tief in die Nacht und war doch bloß mit dem Auge dabei, eigentlich las ich vom Krieg. Vom Bahnhof bei der Nachtstille hörte man ewig das Rollen der Züge, die Truppen nach Westen bringen. Nachher schlief ich lange nicht, und immer war da Pfeifen und Rollen und Keuchen der Lokomotiven. Es klingt besser als Singen und Hurraschreien, es hört sich unheimlich ernsthaft an. Das Land atmet einen Orkan in sich ein, es braucht einen ungeheuren Vorrat, bis es genug hat, um das hämmernde Herz zu sättigen.

19. August 1914

Mit Klaus ging ich über den Hafen an der Nebel entlang, immer dem Deich nach. Es war windig und sonnig, frischwarm und klar, und viele Angler saßen an den Borden, viele ältere und junge Männer, sogar Mädchen angelten. Manche Gruppen ließen sich als Picknicks an mit Eßvorräten und Lagerbehagen. Bei den Männern argwöhnte man leicht Fischhunger, es müssen viele sein, die feiern müssen. Alle diese Landstürmer, die einberufen werden können, legen, weil sie von ihren Stellen entlassen sind, die Hände in den Schoß. Was aber soll man zu den fahrenden Fräuleins sagen, soll man ihnen den Ernst der Zeit predigen? Ihnen beteuern, daß das Honigblumengetue sich überlaufen hat? Soll man sich dafür auslachen lassen? Aber sie, wahrhaftig, merken nichts davon, daß es nach Blut und Leichen riecht, wenn auch weither. Sie spreizen im Abwässerhauch des Kanals auf dem Deichrasen ganz friedlich ihre Bescherung aus. Gegenüber neben der Zuckerfabrik weht die Rote-Kreuz-Flagge über dem Lazarett, und von weiter rechts ergeht derselbe Zeichenwink. Unwillkürlich neigt man sein Ohr nach Westen und Osten und Norden, als ob die furchtbaren Dinge dahinten ihren Schall noch bis hierher herantragen könnten, man weiß, die blutigen Wellen werden auch über unsre Gegend laufen. Darauf ist man vorbereitet und richtet Lazarette ein und sammelt Geld — aber diese gänsehaften Fürchtenichtse salben sich putzlustig aus der Bürzeldrüse und fahren mit dem Schnabel in jeder pöbelhaften Amüsiertheit herum.

Auf den Wiesen waren Frauen und Mädchen beim Heuwenden, die frischen Fuder waren uns schon in der Ulmenstraße begegnet, überall in den Fernen der Felder entqualmt der Dreschmaschine ihr Hummelgebrumm. Das dicke Schilf des Ufers läßt sich vom Wind biegen und raschelt seinen ewigalten Zischelspruch im dünnen und vollen, im schwellenden und sterbenden Chor. Immer, wenn ein Windhauch einfällt, antwortet es schmeichelnd und höflich, immer aus tieffreudiger Seele andächtig in seiner immergleichen seidigen Eigenheit schamhaft selig. An den Kanalbrücken stehen wir als Sachverständige, werden vom Wärter mit wenig Mißtrauen begnadet und schauen dem Angler an der Schleuse zu, einem alten Bahnveteranen mit weißem Bart, der sein Flott in die Seitenwirbel taucht, die hinter dem Fall durcheinanderlaufen und übereinanderdrängen.

Dann gehts auf dem Sandweg heim an Eidechsen vorüber, zwischen grünüberwucherten Spargelplantagen und Laubengärten durch. Morgen ist Klaus acht Jahre. Da kriegt er ein Automobil, Papierlaternen, Schmetterlings-, Käfer- und Fisch- und Pilz-Tabellen und von Mutter eine Dattelpalme, ein zartes Junges. Dazu einen Tisch für seine Pflanzen. Die wuchern schon in seinem Sinn wildnishaft. Auf seinem Beet regiert, wie von den Toten erweckt, die schon verdorrte Zimmerlinde, auf dem Gestell hockt eine bunte Kameradschaft von Töpfen, ein wahres Findelhaus von allerlei zusammengelesenen und verwahrlosten Existenzen: ein Däumling von einem Doppeleichlein, die spannlange Calla, allerlei Kümmerlinge und Kaktus-

Güstrower Dom

sen und »seine« Königin der Nacht in der Verfassung einer Vogelscheuche.

Und wo ist der Krieg geblieben? Morgen soll sich unsereins, unausgebildeter Landsturm, zur Stammrolle anmelden.

7. September 1914

Und wieder war heute einer der schönsten Tage! Wir gingen über die Wiesen in den Wald, da, wo die Tannenwedel zwischen Kiefern stehen, Romantik und Versponnenheit zu Hause im klassisch klaren Säulenraum des Waldes. Alte Jungfern mit verstaubten Sehnsüchten und verwüstenden Träumen mitten im schicksalgerechten Leben der Welt. Gespenster, die in Mietskasernen hausen, wo es keine dunklen Winkel, Spukböden und Graulkeller gibt. Und man wandert im Sonnengespinn, Gewebe von Spinnen hängen mit ihren lauernden Erbauern im Zentrum rätselhaft-künstlich zwischen den Stämmen. Klaus und ich vergrübeln unsere Köpfe, wie die Spinne das Seil auf diese Entfernung zwischen zwei Stämmen spannen kann. Und wir kreuzen und können nicht anders mit unsern Riesenleibern durch die zähe Nichtigkeit aller dieser Fangnetze für Lichtstrahlen, denn sie hängen alle voll von Sonnenglanz, weithin im Wald, wohin man schaut, sitzt das Licht still zwischen den Maschen, und ihre zwirnigen Seile ziehen uns über Gesichter, Hände und Kleider. Die Spinnen selbst entstürzen in wilder Flucht vor unsern Schicksalswegen.

Gegen sieben Uhr fielen wir auf Gleviner Burg, während noch die tiefe Sonne den ansteigenden Grund der Bäume hinter uns im Garten, über Tag der Schattenbereich, dick mit Gold übermalte. Klaus wilderte zwischen den Büschen herum, koboldete und puckte und elfte zwischen Schatten und im Licht umher. Wir freuten uns im Freien, im kühl bedenklichen Septemberabend zu essen — aßen mit übermütiger Aufgelegtheit des Magens und zogen auf der Chaussee heimwärts der Sonne nach, die hinter Güstrow versackt war, ihren nahen Wandelstern im hellen Schein nachziehend. Hinter uns am Himmel aber brannte der Funke des folgenden Planeten, und überm schwarzen Wald wälzte sich der gelbe Mond aufwärts.

Da blieben wir einen Augenblick stehen, und ich malte dem Klaus das Schema dieser kosmischen Nachbarschaften in den Sand, er durfte zum Vergleich nur an den Himmel sehen. Dann aber ging es mit Siebenmeilenstiefeln wieder nach Paris und zugleich mit staubigem Schusterrappentrott nach Güstrow. Noch in der Gleviner Straße saßen wir im »Cabaret du père Lunette« im Studentenviertel, im »Château rouge«, und auf dem Markt betraten wir die »Hallen«, um eine Morgensuppe zu verzehren.

Barlach, Ernst: Güstrower Tagebuch. Berlin 1978, S. 7 ff., 10 ff., 34 ff.

VICTOR AUBURTIN
geb. in Berlin 5. 9. 1870
gest. in Garmisch 28. 6. 1928

Auburtin und Pasewalk haben, was niemand vermutet hätte, eine Beziehung zueinander. Dieser elegante Feuilletonist, der auf so zauberhafte Weise zugleich charmant und gallebitter sein konnte, ist mit seinen Texten selten außerhalb Berlins und seiner Peripherien anzutreffen. Dies ist eine Ausnahme.

Pasewalk
(1921)

Ich komme jedes Jahr mindestens einmal mit der Eisenbahn durch Pasewalk gefahren und habe fünf Minuten Aufenthalt in dieser Stadt, die über einen so wohlklingenden Namen und über so große Erinnerungen verfügt.

Die Erinnerungen Pasewalks sind zwiefacher Art: die Schinkenbrötchen und die Kürassiere.

Die Schinkenbrötchen des Pasewalker Bahnhofs waren vor dem Krieg berühmt in der ganzen Welt; und auf keinem Bahnhof der Erde hat es jemals solche Schinkenbrötchen gegeben wie in dem Bahnhofsrestaurant Pasewalk.

Was aber die Pasewalker Kürassiere anbetrifft, so konnte man sie oft bei der Durchfahrt in dem Bahnhof stehen sehen. Sie trugen hohe Stiefel, und ihre Augen sagten: Euch werden wir es schon zeigen.

Und nun sind sie beide dahin und sind alte Geschichte geworden wie Babylon und der König Hammurabi: und ich kann gar nicht sagen, wie leid es mir um diese Schinkenbrötchen tut.

An dem Tisch, auf dem früher die Brötchen lagen, wird jetzt Kaffee verschenkt, und ich trete melancholisch heran und bestelle mir eine Portion. Und melancholisch reicht mir das Fräulein die Tasse.

Wie? Sollte auch diese junge Dame der großen Zeit nachsinnen? Gewiß, das tut sie sicherlich. Aber sie ist nicht so schüchtern wie ich, sie denkt nicht an die Schinkenbrötchen, sondern sie träumt von den großen Stiefeln. Denn diese jungen Mädchen haben noch Phantasie.

Aber um Pasewalk herum, durch ganz Pommerland, ist jetzt die Heuernte im Gange. Unser Zug kommt an einem einsamen Heuhaufen vorüber, in dem ein Jüngling und eine Jungfrau zärtlich umschlungen liegen. Offenbar haben wir die beiden in etwas gestört, denn sie blicken uns mißbilligend an; auch scheinen sie ungeduldig, weil der Zug so lang ist und gar kein Ende nehmen will.

Ich segne euch, liebe Kinder. Mögen die Herrscher vergehen mit ihren Janitscharen, wenn nur die Heuernte immer fruchtbar gerät.

Auburtin, Victor: Sündenfälle. Feuilletons. Herausgegeben von Heinz Knobloch, Berlin 1970, S. 141

Friedrich Schult

geb. in Schwerin 18. 2. 1889
gest. in Güstrow 23. 6. 1978

»Gib dich aus Händen« ist der Titel eines schmalen Gedichtbändchens von Friedrich Schult. Damit läßt sich schon das Leben des »kleinen Schmalhans«, wie Barlach ihn nannte, umreißen: er stellte es fast ganz in den Dienst am Werk des Meisters aus Güstrow. Daß Barlachs Werk aus der schlimmen Welt herübergerettet wurde in unsere Gegenwart, ist nicht zum geringsten das Verdienst Friedrich Schults. Der Lehrer, Graphiker und Dichter traf 1919 mit Barlach zusammen. Seine wohl bedeutendste Hinterlassenschaft ist das prägnante und dokumentarisch unersetzliche Buch »Barlach im Gespräch«. Daß er aber doch auch ein ganz Eigener war, beweisen seine Gedichte und vor allem seine Prosastücke, die er im Laufe seines Lebens ansammelte.

Ein hiesiger junger Herr Schult hat den Inbegriff seines Geschlechts aus Jahrhunderten filtriert in sich bewahrt — er weiß wie es hergegangen ist ... Vielleicht würde es Sie als ebenfalls Mecklenburger interessieren, diesen letzten Mohikaner, an dem kein falscher Ton ist, in neuzeitlicher Gestalt kennenzulernen.
Aus einem Brief Barlachs an Reinhard Piper 1919

Kleine Prosa

Höchst merkwürdige Begegnung

Zu den Zeiten, als das Handwerk noch wanderte, lief ein Zimmergesell aus dem pommerschen Dorfe Verchen, dicht an der mecklenburgischen Grenze gelegen, nachdem er sich im Reiche genügend umgesehen, gemächlich die Donau hinunter, bis er nach Belgrad kam und weiter in einem tapferen und schönen Bogen nach Konstantinopel mitten unter die Türken und Heiden. Und weil er noch nicht müde war, ließ er sich mit gutem Wind über den Bosporus setzen und ging, als wär er mitten in der Mark, mit seinem Ranzen wohlgemut feldein. Indessen aber ward es Abend, ihn überfiel die Dunkelheit, und da er eine Ortschaft, wo er hätte übernachten mögen, nicht mehr erreichen konnte, stieß er zum Glück auf ein verfallenes Gemäuer, das dicht am Wege lag. Er tritt hinein, um es sich schnell darin bequem zu machen, und findet, nach Gewohnheit, eine Ecke, wirft seinen Ranzen ab und will sich selber legen. Da rührt er plötzlich, in der fremden und dumpfen Finsternis, an einen Menschen. »Düwel!« sagt er und springt erschrocken wieder auf. »Keen Düwel nich«, entgegnet eine Stimme, »ick bün ut Schönfeld!« Hier muß man wissen, daß Schönfeld nur eine halbe Stunde Wegs von Verchen liegt und unseren Biederleuten denn, bei ebensolchem Willen, schon eher und bessere Gelegenheit gegeben war als gerade sieben Meilen hinter Pfingsten. Nichtsdestoweniger ist die Geschichte wahr. Wer es nicht glauben will, mag morgen schon mit einem guten Freunde selbst die Probe machen.

Von einer gekauften Braut
Eine quicke mecklenburgische Magd, die unter den Knechten des abgelegenen kleinen Dorfes zwei ebenso wackere Liebhaber hatte, geriet, da eine glückliche Vaterschaft über kurz oder lang zu bekennen war, in die allerseltsamste Not. Nicht etwa, daß die Burschen leichten Herzens sich davon abgeschworen hätten, sie drangen vielmehr, einer wie der andere, auf das heftigste und mit billigen Gründen auf eine geschwinde Ehe, und jeder betrieb seine Angelegenheit so gut, daß die Umworbene, die am liebsten beide genommen hätte, nur noch verlegener wurde. Nun darf man hier nicht glauben, daß die gründlichen Leute, da niemand weichen wollte, mit dem nächsten Prügel übereinander hergegangen wären. Sie einigten sich, in einem Lande, wo man sachlich ist, und weil sie gute Kameraden waren, auf drei Tage Frist. Als man nach dieser Zeit erneut zusammenkam und die gewissenhafte Schöne, die keinen kränken wollte, sich weniger als je entschließen mochte, warf plötzlich der eine, mitten in ihr ratloses Geschluchze hinein, zehn blanke Taler auf den Tisch. Und da er seinen Gesellen fragte, ob er zufrieden sei, um solche guten, runden Gründe

von seinem väterlichen Anteil ein für alle Male abzustehn, da schwieg und zögerte der zwar eine Weile, dann aber strich er, was so vom Mond gefallen, sorglich ein. Der glückliche Bräutigam indes, der sich wie ein Schneekönig freute, daß ihm der Handel so wohl geraten war, ging mit der baß getrösteten Braut, so schnell er konnte, denn es hätte den anderen am Ende reuen mögen, fröhlich von dannen.

Von einem seltenen Glase

Vor etwa hundert Jahren mußte der schöne, kupferne Helm der Güstrower Pfarrkirche, den eine barocke Faust in guter, freier Brüderlichkeit ehmals auf einen kurzen und fetten gotischen Rumpf gestülpt, notwendig gebessert werden. Man nahm Gelegenheit, zugleich die Kugel und den Hahn, nicht nur als Zierat und als bloßes Zeichen, mehr noch zu einem bessern Schutz und Trutz, aufs gründlichste zu scheuern und zu putzen. Nachdem das zwiefach hohe Werk mit Glück vollendet war, berief man festlich die zufriedene Gemeinde, und von dem Knopf herab, der frisch vergoldet war, in schwindelnder und banger Höhe über allem Volk, hielt fromm und stolz der Meister seine Rede. Als nun das letzte Wort verklungen war und er sein Glas, das in der Sonne hell wie ein Tropfen blinkte, gemächlich vollgeschenkt und feierlich geleert, so sicher und gelassen wie ein Zimmermann beim Richtfest, warf er es schweigend als ein Opfer in die Tiefe. Das kleine Stück kam anfangs sanft herab und fiel je länger desto schneller, doch da es eben jedermann verlor und unter dem beginnenden Geläute aller Glocken schon zersplittert wähnte, lag es gefangen in der Mütze eines Knaben und glänzte unversehrt und war beinahe wie ein Wunder. Wir wollen aus dem seltsamlichen Fall hier kein Mirakel machen, doch bei dem erzenen und himmlischen Gedröhn schien es zum wenigsten ein doppelt glückverheißendes und schönes Zeichen. So wird das Glas noch heute aufbewahrt, und wer es sehen will, mag auch die eingeschnittene, herzliche Umschrift lesen:

> Schulz, von Rostock hergesandt,
> Leerte mich auf hohem Stand,

Warf mich von des Turmes Spitze
In des Schusterburschen Mütze,
Krüger nannte sich der Knabe,
Der sich freute dieser Gabe.

Schult, Friedrich: Kleine Prosa. Rostock 1966, S. 27, 29, 30 ff.

KURT TUCHOLSKY
geb. in Berlin 9.1.1890
gest. in Hindas bei Göteborg 21.12.1935

Ganz ähnlich wie bei seinen Schriftstellerkollegen Kerr und Kästner, ist auch Tucholskys Verhältnis zu Mecklenburg durch die Ostsee bestimmt. Hierher kam man von Berlin aus sommers, um sich zu erholen. Zurückgekehrt, ließ man dann liebevoll-sarkastisch Bemerkungen über dieses deutsche Ferien-Eldorado fallen. »Tuchos« scharfer Blick sah aber mehr als das bunte Sommertreiben. Ob er nun wollte oder nicht, es war so seine Art: Er traf zugleich auch immer »uff det Schlimme«.

Für den Berliner Kurt Tucholsky war das Bemerkenswerteste an Mecklenburg die Sprache der Leute. Er hat sich zunächst satirisch geäußert, indem er in einem Feuilleton den Leuten unterstellte, sie redeten nur deshalb »das gute Platt«, um bei den Preisangaben durch mangelhafte Verständigung mit dem hochdeutschen Kurgast gedeckt zu sein.

Ulrich Bentzien

Saisonbeginn an der Ostsee
(1922)

232 km. Warnemünde. (Plan s. S. 114)
Gasthöfe am Strande: Hübner mit Konditorei,
150 Zimmer zu 1,25 M—5 M, Frühstück 1,25 M,
Pension 5—6 M.

»Baedeker« 1914

Es läuft der Vorfrühlingswind
durch kahle Alleen;
seltsame Dinge sind
in seinem Wehn.
Hugo von Hofmannsthal

Oben an der Nordostküste Deutschlands rollen die Wogen in langen Linien auf den Strand — es ist sehr kalt und frisch, und der Sand ist ganz naß. Horch! Läutets da nicht silberhell durch die Lüfte? Du hast dich nicht verhört, herzliebster Leser: ist ers doch, der rosafüßige Frühling, der soeben — mit Genehmigung der zuständigen Wetterwarte — seinen Einzug gehalten hat. Frühling, ja, er ists! Marie, der Lenz ist da — und allenthalben hebt ein geschäftiges Leben und Treiben an und versetzt die biedere Bevölkerung der Wasserkante in die höchste Aufregung.

Die Ostseewirte sind aus langem Winterschlaf erwacht und recken faul die gewaltigen Glieder. Langsam kriechen sie aus den wärmenden Speckhüllen, die sie in der rauhen Jahreszeit vor den Unbilden des unwirschen Klimas geschützt haben, die Fenster fliegen auf, und in riesigen Schwaden entweicht ein trüber Grogdunst in den hellblauen Frühlingshimmel. Kräftige Fäuste packen die Stoffüberzüge, mit denen winters die Wälder zugedeckt werden, zerren daran und reißen sie herunter; die jubelnde Jugend reinigt den Strand und schüttet frischen Sand als Streu für die zu erwartenden Kurgäste auf. Saisonbeginn!

Die fleißigen Gemeindeväter treten zu ernster Beratung zusammen: gilt es doch, die Kurtaxe mit Rücksicht auf den Ernst der Zeit um das Dreifache zu erhöhen und den lieben Gästen das Leben im Ort so angenehm wie möglich zu gestalten. Nachdem noch rasch der Mindestpreis für das Zimmer mit voller Pension (Mittagessen mit einbegriffen, Beleuchtung, Bewässerung, Bedienung und Beschlafung extra) auf 410 Mark festgesetzt worden ist, eilen die wetterfesten Männer an die Arbeit.

Da heißt es, angeschwemmte Strandgutplanken zum Familienbad zusammenzuzimmern, Strandkörbe werden ausgebessert, ja, ein luxuriöser Badeort, dessen Name hier nicht genannt sein soll, trägt sich bestem Vernehmen nach mit der Absicht, einen Rettungsring anzuschaffen. Er soll Ende August eintreffen. Der Strand wird rasch von Quallen und Tang befreit und beides vor die einzelnen Häuser ausgebreitet, zwecks Herstellung der ff. Seeluft. Viele große Badeorte

Warnemünde

schließen mit Berlin Lieferungsverträge für den kommenden Sommer ab, und große Kisten Flundern rollen aus der Residenz an, wohin sie das fleißige Fischervölkchen verschoben hat. Die Weinkarte (mit Gummizug) wird aktualisiert, auch werden große Sterilisationsapparate aufgestellt, mit denen man Seewasser trinkbar machen kann. Bei dieser Gelegenheit wird der alte Bestand in den Weinkellern aufgefrischt. Waisenkinder verteilen längs des Strandes Bernsteinstücke, die später bestimmungsgemäß von den aufjubelnden Kurgästen gefunden werden. Viele Muscheln erleiden einen qualvollen Tod: sie tragen, als Aschbecher und Briefbeschwerer verkleidet, das Bild Hindenburgs und werden mit Recht den daheim gebliebenen Verwandten zum Andenken mitgebracht.

Auf mancherlei Besuch gilts sich einzurichten. Tiere und Menschen suchen in heißer Sommerszeit das kühlende Naß der Ostsee auf — an manchen Orten verkehren auch Sachsen. Zinnowitz läßt auf dem Gemeindehaus ein großes blank poliertes Hakenkreuz anbringen: im dortigen Herrenbad werden Badehosen nur nach vorheriger Revision durch den Badearzt abgegeben. (Es sollen dabei böse Vertuschungsmanöver vorgekommen sein.) Ein herzerfrischender antisemitischer Wind pfeift brausend über den judenreinen Strand des anmutigen Badeörtchens; seine Toiletten sind sämtlich schwarz-weiß-rot angestrichen und mit frommen Wünschen für die Monarchie versehen. Horrido —! Die Stellung kann bezogen werden.

Ein sanfter Zephyr hingegen mauschelt um die geschwungene Bucht Heringsdorfs. »Freya«, der germanische Dampfer, das einzige arische Lebewesen weit und breit, ächzt durch die Fluten; pflichttreu, alt und gebrechlich, hat das wackre Boot, das kurz vor Erfindung der Dampfmaschine in Dienst getreten ist, schon manchen Kummer erlebt. Es ist auch heuer zur Stelle. In den Hotels wibbelt und kribbelt es: einem neu eingetretenen Angestellten, der ein Zimmer aufzuschrubbern versucht, wird vom Direktor seine Ungehörigkeit ernst verwiesen, und der zweite Gemeindevorsteher geht mit seinem Söhnchen spazieren, um ihm eine Fensterscheibe zu zeigen, die er einmal als Knabe eingeschlagen hat. Nach gutem alten heringsdorfer Brauch ist sie bis heute nicht erneuert.

In Mecklenburg hängen sich die Schiffer die Umhängebärte um, die ihnen ein so biderbes Aussehen verleihen, und die übrige Landbevölkerung lernt noch einmal rasch aus dem Polyglott Kuntze das gute Platt, um bei den Preisangaben durch mangelhafte Verständigung mit dem hochdeutschen Kurgast gedeckt zu sein. Ostpreußens Steilküste strahlt in schönster Ausstattung und ist am besten dran: Mücken und Berliner sind daselbst unbekannt.

Auf den Dünen werden die Polizeiverordnungsschilder neu angepinselt: »Das Betreten der Dünen und das Ausreißen derselben ist streng untersagt. Königl. Preuß. Hafenamt. 14. Juli 1876.« (Wie habe ich immer die Leute beneidet, die am 13. Juli 1876 da gebadet haben! Die durften noch!) Rasch werden einige hundert Schilder mit der Aufschrift »... ist verboten« ausgeteilt — die Lücke kann später beliebig ausgefüllt werden. Am Horizont dampft inzwischen das deutsche Kriegsschiff zu Reklamezwecken hin beziehungsweise her. Ganz Berlin kann mit Operngläsern feststellen, wofür es seine dikken Steuern bezahlt ...

Die frisch gesalzenen Wogen rollen an den Strand. In einer Reihe, die ganze Küste entlang, stehen die Wirte, großen Raubvögeln gleich, vor ihren Horsten und lauern auf Beute. Sie klappern mit den Schnäbeln, die leeren Kröpfe baumeln im Winde, ab und zu fällt einem von ihnen hinten ein kleiner Prospekt heraus. Sie scharren ungeduldig mit den riesenhaften Fängen im Sande. Und warten.

Sieh! Da naht ein langer Zug ernster Männer dem Strande. Es ist der Landrat von Swinemünde, gefolgt von einer unabsehbaren Reihe Badeort-Delegierter. Von Holstein bis Samland ist alles vertreten. Die Geistlichkeit beider Konfessionen sowie heringsdorfer Kultusbeamte eröffnen den Zug. Fahnen wehen ihnen voran. Die Emma-Möwen kreischen und klacksen kleine Glückwünsche. Der Wind weht. Schulkinder singen. Der Zug steht.

Und hervor tritt der Landrat und hält eine schöne Rede, in der er auf die gute alte Zeit hinweist und darauf, wie grade die Ostsee allezeit treu zum Deutschen Reiche gehalten habe, weil in ihr (früher: auf ihr) dessen Zukunft liege und weil Nepptun der Gott des Meeres sei. Biegen oder Brechen sei auf See stets die Losung gewesen. Von der Schmutzkonkurrenz der Nordsee wolle er schweigen — hie gut Ostsee allewege! Die Möwen schreien. Die Geistlichkeit spricht Gebete, Messen und Broochen und erfleht vom Himmel eine feiste Saison. Das Meer wird eingesegnet.

Und der Landrat hebt den Zylinder und spricht. Auftakt und Anfangssignal der Sommerzeit 1922: »Hiermit erkläre ich die Ostsee für eröffnet!«

Tucholsky, Kurt: Ausgewählte Werke. Herausgegeben von Roland Links. Berlin 1969, Band 2, S. 420f.

ALFRED KERR

geb. in Breslau 25.12.1867
gest. in Hamburg 12.10.1948

Blitzgescheit, brillant, ein begnadeter Stilist, ein fanatischer Theaterkritiker, ein Kenner seiner Zeit und ihrer Begebenheiten, dazu furchtlos, angriffslustig und in seinen Äußerungen von entlarvender Genauigkeit: das alles war Alfred Kerr. Und er war ein Freund der Ostsee, der geliebten, wo er quallenrettend sich vom Tohuwabohu der Weltstadt Berlin entspannte ...

> Nu schicken alle Bäcker Kuchen
> nach Ihrem Haus in'n Jrunewald.
> Schohspieler kommen Sie besuchen
> von wegen hmzig Jahre alt.
>   Ick schrieb mir leise mit se ran,
>   mit Orska und Herrn Sudermann,
> und ruf aus der Pariser Ferne:
>   »Ick kann mir nich helfen,
>   ick hab Ihnen jerne —!«
> *Tucholsky, »Gruß an Alfred Kerr«, 1927*

Quallen

(um 1914)

I

Wie schön, wenn jemand möglichst weit an Mecklenburgs Meer entlanggeht, weit weg von bewohnten Siedelungen — und dort ins Wasser schreitet.

Die Gewandung hat man zuvor abgeworfen, so daß beim Gehn der Körper die Salzluft atmet — mit allen Poren.

II

Verlassene Stätte. Meilenlanger Wald in Einsamkeit schiebt sich bis an das Gestade. Wild ist nicht viel abgeschossen worden, darum flitzt plötzlich ein Hasentier dahin. Alle Augenblick eins. Manche beeilen sich gar nicht mehr; sie wissen, daß Krieg ist; das Pulver wird anderswo verbraucht ...

Einmal wird im Wald ein Eber sichtbar. Ungefährlich, denn niemand hat ihn angeschossen. Ist es der Gatte dieser schwarzen Sau mit den spaßhaft kleinen Ferkeln, die neulich über den Weg lief?

III

Der Wind flattert in halb träger Gangart von Dänemark, der Himmel ist lichtblau, hier am Strand hat das Waldgrün eine stumpfe Färbung (als ob es mit Beize, vom Spielzeugladen, überzogen sei). Wieder ein Hase. Ohne Achtung zieht er seines Weges — weiß er, daß unbekleidete Leute kein Schießgewehr haben? (Er schwindet gemächlich, behaglich in Sanddeckung.)

IV

Wenn man zwanzig Meter hineingegangen ist, steigt einem das Wasser kaum bis über die Knie. Keine Seele rings. Man guckt über die gekrauste Fläche — ob ein Wassermann (lieber eine Wasserfrau) in der Richtung von Norden her auftaucht. Nichts. Im Wald auch nichts, wo der Hase schwand. Seitwärts abermals keine Seele.

V

Man sitzt in der Flut wie in einer Badewanne. Doch, da kommt was an. Wunderbare Schale von Kristall mit veilchenfarbenem Inhalt.

Ist ein Schiff untergegangen, ein nobles Schiff — und die Geräte, worin man sich nach Tisch die Finger abspült, um dann den einen etwas feucht an die Lippen zu führen, sind davongeschwommen? Ach nein: eine Qualle. Sechzig Quallen, hundert, anderthalbhundert kommen in fast einer Reihe ran, vom aufsteigenden Wind gelenkt. Noch nicht in dem trüben Zustand, wie sie manchmal halb zerfetzt am Ufer liegen, vom Gestein zerrissen, von Kieseln zerbeult, geviertelt.

Nein, in ursprünglicher Herrlichkeit, im hohen Glanze des Meeresdaseins.

VI

Soviel man packen kann, wirft man wieder zurück in die Flut, oder man trägt sie hinein an tiefe Stellen — damit sie nicht, an den Strand geworfen, verdursten, verkümmern, ersticken ... Mit etlichen macht man sogenannte Intelligenzversuche; setzt sie ins Wasser an eine klare Stelle, läßt sie schwimmen, stellt ihrer Schwimmrichtung dann eine Hand entgegen. Weicht sie aus, die Qualle, so ist sie intelligent. Schwimmt sie auf die Hand los bis zur Berührung, so ist sie doof ...

VII

Alle sind intelligent; weichen aus.

Wer sie hält, aus dem Wasser gehoben hat, glaubt doch nur ein lebloses Stück Glibber-Bibber zu haben. (Wer sagt uns, daß ein Stein nicht ebenso belebt ist — daß wir vorläufig nur zu dumm sind, es zu erkennen. Auch der Stein sieht unbelebt aus in meiner Hand ... und hat vielleicht Nervenstränge, ein Hirn, ja ein Herz — in seiner eignen mir verschlossenen Brust.)

VIII

Gleichviel; was an mir liegt, sollen die Quallen zurück in die See — entweder sind sie schuldlos vom Wellengang hierher verschlagen, dann ist es Nächstenpflicht, sie zu retten. Oder es sind freche Biester, Pioniere, die sich vorgewagt, Grenzen ihrer Daseinswelt zu erforschen; in gefährliche Polargegend zu dringen; — dann verdienen sie doppelt gerettet zu werden: weil dem Mutigen anständige Behandlung werden muß ...

Von der Sandbank herunter trägt man wieder vierzig, fünfzig tiefer hinein in die Flut.

IX

Und jetzt, wo man ein gutes Werk vollbracht hat, aalt man sich — im Wasser, auf dem Rücken schwimmend.

Weiter hinaus; manchmal wirft man sich auf die Brust und äugt, ob noch kein Meergeschöpf kam. Es kommt keins ...

Zwischendurch schwimmt und kriecht man ans Gestade, geht in den Wald, guckt Krähen nach (Möwen gibt es hier nicht viel.) und überläßt es dem Wind, dem himmlischen Kind, den triefenden Leib zu trocknen.

X

Nachher geht man wieder hinein ins Wasser. Man wünscht, alles dies möchte kein Ende nehmen.

Kerr, Alfred: Sätze meines Lebens. Über Reisen, Kunst und Politik. Berlin 1978, S. 126 ff.

Erich Kästner
geb. in Dresden 23. 2. 1899
gest. in München 29. 7. 1974

Als Erich Kästner schon ein in Deutschland verbrannter Autor war, erschien in der Schweiz ein weiteres seiner wundersamen Kinderbücher mit dem Titel »Emil und die drei Zwillinge«. Dies ist eine Feriengeschichte, und sie spielt an der mecklenburgischen Ostseeküste. Die Helden, Emil Tischbein, Pony Hütchen und Gustav mit der Hupe, kriegen erstmals die Ostsee zu Gesicht und sind überwältigt. Selbst die Großmutter sagt leise: »Endlich weiß ich, wozu ich so 'ne alte Schachtel geworden bin.«

Kästner selbst hingegen, für seine Person, scheint vom Strandleben weniger gehalten zu haben ...

Selbstmord im Familienbad

Hier bist du. Und dort ist die Natur.
Leider ist Verschiedenes dazwischen.
Bis zu dir herüber wagt sich nur
ein Parfüm aus Blasentang und Fischen.

Zwischen deinen Augen und dem Meer,
das sich sehnt, von dir erblickt zu werden,
laufen dauernd Menschen hin und her.
Und ihr Anblick macht dir Herzbeschwerden.

Freigelaßne Bäuche und Popos
stehn und liegen kreuz und quer im Sande.
Dicke Tanten senken die Trikots
und sehn aus wie Quallen auf dem Lande.

Wo man hinschaut, wird den Augen schlecht,
und man schließt sie fest, um nichts zu sehen.
Doch dann sieht man dies und das erst recht.
Man beschließt, es müsse was geschehen.

Wütend stürzt man über tausend Leiber,
bis ans Meer, und dann sogar hinein —
doch auch hier sind dicke Herrn und Weiber.
Fett schwimmt oben. Muß denn das so sein?

Traurig hängt man in den grünen Wellen,
vor der Nase eine Frau in Blond.
Ach, das Meer hat nirgends freie Stellen,
und das Fett verhüllt den Horizont.

Hier bleibt keine Wahl, als zu ersaufen!
Und man macht sich schwer wie einen Stein.
Langsam läßt man sich voll Wasser laufen.
Auf dem Meeresgrund ist man allein.

Kästner, Erich: Die Zeit fährt Auto. Leipzig 1968 (RUB 433), S. 89

Franz Fühmann

geb. in Rokytnice (ČSR) 15.1.1922
gest. in Berlin 4.7.1984

Fühmann, aus Böhmen ans Meer gekommen, ein feinfühliger Riese mit einer leis brüchigen Stimme, in der sich noch weitab Pragerisches verbarg in Ton und Timbre, Fühmann also sah ich zuletzt im Treppenhaus des Rostocker Verlages stehen; er sprach mit jemandem, zufällig, seine Hände formten seine Sätze nach in kargem, aber harmonischem Gestus. Damals dachte ich gleich an seine Seelenverwandtschaft zu Barlach. Hätte der ihn modelliert wie den Däubler oder die Durieux, wenn er ihn hätte kennen können? Ich jedenfalls stelle mir eine Barlach-Plastik vor: Sprechender Fühmann. Ein Holzbildwerk; der Dargestellte vorgebeugt wie stets, der schwere Schädel unbehütet, die Hände vorgestreckt zu einer schützend-hüllenden Geste.

Doch will ich es wagen, diejenigen Worte
zu nennen, die ich für seine wesentlichen
halte; es sind dies:
Wandlung. Wahrheit. Wahrhaftigkeit. Ernst.
Würde.
Christa Wolf

Aus:
Barlach in Güstrow

Den Weg nordwärts nach Parum, den liebsten seiner Wege, querfeldein über Acker und Weide in der Senke der Hügel, war Barlach nicht mehr gegangen, seitdem er das Haus im Süden Güstrows bewohnte, und das war ein Dutzend Jahre schon her. Das letzte Mal war er ihn wohl mit Friedrich Schult, dem Dichter und Freund, gegangen; sie hatten, Gewohnheit aus Notzeit und willkommne Entspannung, nach Champignons gestochert und sich an den vollen Formen der schneeweißen, recht in das Handrund sich schmiegenden fleischigen Knollen gefreut und dabei wohl auch von chinesischer Philosophie gesprochen, dieser bildlich-konkreten Form welterklärenden Denkens, die sie beide so liebten und die der Art ihres Denkens verwandt und vertraut war. Barlach, als ob darin Rettendes läge, versuchte sich zu erinnern, wovon Schult so beredt berichtet hatte — ach ja, Liä Dsi, wahres Buch vom quellenden Urgrund, und darin das Gleichnis von den beiden Weisen, die unter Räuber geraten, umgebracht wurden, wie immer auch sie sich verhalten mochten. Nun ja, China, ein fernes Land, und das Gleichnis war alt wohl zweitausend Jahr. Welch Glück, in einem modernen Kulturstaat zu leben! Er hatte dies laut gesprochen; ein neugieriges Kalb kam herbeigeholpert und rieb sein feuchtglänzendes Maul an Barlachs Rock. Barlach kraulte das Tier zwischen den Ohren, das Kalb muhte, ein glückliches Geschöpf, wieviel Glück bei den Tieren doch war! Was für Gedanken? Kommst du nun auch zu Lob der Genügsamkeit im Freß- und Habeglück, Alter? Glückliches Kalb; es schlenkerte fort, Herden grasend am Horizont, glückliche Herden, Gras und Ruhe, käuen, sich lagern, ruhn, wiederkäuen, verdauen, sich mästen, grasendes Glück im Gezirp der Grillen, Tierglück, und Barlach ging und fühlte nicht Wind und Weg, und er stand, bilderkäuend, und Eichen wanderten vorbei und gewölbte Hügel und Koppelverschläge aus kantigem Zimmermannsholz und Gruben Sands und eine mannshohe Dornenhecke, die er zum erstenmal sah auf diesem liebsten der Wege, und die Hecke drehte sich in einer unendlichen dornigen Schraube und drehte die Straße heran, und wieder Weiden und hinter den Weiden das Schilf, wilde Ballen aus Schilf, vom Wind geformte plastische Masse, Buchten und Berge aus klirrendem Grün, und Barlach sah plötzlich in der Schräge gestaffelter Blätter die Lösung eines Linienzugs an der Hungersäule, und er sah's, und das Schilf wanderte hin und der Nebelkanal, die Zugbrücke knarrte vorbei mit ihren gescharteten Stäben, Zugbrücke und Schenke und wieder die Weide, so glitt es dahin in ewiger Wandrung, das Land emigrierte, die Nebel zog aus, Heinrich und Offerus hatten sich längst verloren, Barlach war allein, und Barlach stand auf dem Hügel über den Moselschleifen der Nebel, da stand der Raum wieder still, und Barlach sah auf die Schleifen der Nebel hinunter, und er sah sie, und er erschrak nicht mehr. Dies war seines Herzens einst heimlichster Ort, und als er das letzte Mal hier gestanden, war die Nebel noch lebendiges Wasser gewesen, ihre Schleifen im flutenden Fluß und wallend um Kalmus und Riedgras, nun aber war der Kanal gebaut, der grade, schiffbare Kanal, da war der lebendigen Nebel das Wasser abgegraben, und nun faulte ihr Bett ein. Das Ufer, nicht mehr gewaschen, wucherte gegen die Mitte; eine schwere Haut Entengrütze und Absud vermodernder Zellen von Blatt und Ast lag träg auf dem ruhenden Pfuhl, der zu stinken begann; kein Himmel und keine Wolken spiegelten sich mehr in den Fluten, kein Glitzern im Grün war zu sehn: die Schöne war eine alte Vettel geworden, ein Schlangenkadaver, eine Froschprinzessin, die kein Prinz mehr erlöste, und die Blasen, die faul und schwer vom Grund heraufquollen und der schleimig sich öffnenden Grützhaut entfauchten, waren wohl ihr letztes Gequak. Die Grillen schrien, und die Nebel quakte, die arme Vettel grüßte den armen Vetter, der einst immerhin ein armer Vetter des Herrn, der im Glanz einherfährt, gewesen, doch jetzt nur noch der arme Vetter seiner selbst war. »Setz dich zu mir, Alter!« sagte die Vettel, und Barlach, der müde Barlach, nahm Platz im Gras und legte die Hände um die Knie und beugte, Träumer, sich ein wenig zurück, um zu ruhn, und da, in dieser endlich entspannten Haltung des Körpers, befiel ihn der Herzkrampf; er fühlte ein Wirbeln der Aorta, als wollte sie, plötzlich im lockeren Leib unmäßig sich blähend, zerspringen; ein Plätschern flutete durch die Brust, eine Kammer aus stählernen Fingern krallte sich, Einhalt gebietend, als Wehr vor die Rippen, verengte sich, und die Eisenfaust preßte das Herz, den wehrlos taumelnden Stößer, zusammen; Schweiß trat auf Barlachs Stirn, er wagte nicht, die Hände von den Knien zu lösen, er fühlte den Engel des Todes nah neben sich stehen, Marut, den Fürsten der Finsternis, und er dachte noch, daß seine Adern nun auch verwelkt seien wie die Schleifen der Nebel, und als er des Engels Schwert schwarz vor den Augen sah, da schrie er unhörbar, daß er doch leben müsse, und er schrie nach Offerus, dann ward es Nacht.

Als Barlach wieder erwachte, saß ein Hirt neben ihm, das war ein Bekannter, Schwager Grüntal aus Parum, und die Wiesen waren gesprenkelt mit scheckigem Vieh. »Geiht' nu wedder?« fragte der Hirt und stopfte sein Pfeifchen, und Barlach nickte, dann schwiegen sie. Das Vieh graste ruhig; der Hirt, ein schmächtiger Mann, sog an seiner schmurgelnden Pfeife, und Barlach zündete sich eine Zigarette an. Er wußte, daß es Selbstmord war, was er tat, und das Herz begann auch wieder schmerzhafter zu schlagen, doch dem Zwang des blaukräuselnden Trosts konnte er sich nicht mehr entziehn, So rauchten sie und schwiegen, und der Himmel war im Sommerwind blau; sie saßen wohl eine gute halbe Stunde, ohne zu reden, oder vielleicht auch eine Stunde oder ihrer zwei, denn hier stand die Zeit still, und nur des Sonnenballs unendliches Steigen und Fallen kündete in wachsenden oder schrumpfenden Schatten von ihrem stillen, ziehenden Zug. Dann begann der Hirt zu reden; er sprach von Dingen, die von Hirten beredet werden, wenn sie unter sich sind, und wo wären sie sonst, und der Hirt sprach vom Himmel, vom Menschen, vom Leben, von den Tieren, von Gott und den Geistern und den Läufen der Zeiten, und Barlach antwortete den Worten des Hirten, und so saßen sie, die beiden Alten, der Kuhhirt und der Holzhacker, und redeten zueinander, wie die Türme der Dome zueinander sprachen, und Barlach, da er sprach oder schwieg, tastete mit seinem Blick die Figur des Sitzenden ab, das schwere, an der oberen Kante vom Kittel geknickte Trapez der angezogenen Beine, darüber das schlanke Dreieck der Brust mit der Rundknaufkrönung des waagrecht fünffach durchfurchten Hauptes sich hob, und Barlach griffelte sich die Pyramide des sitzenden Königs ins Gedächtnis, wohl wissend, daß es doch nur unnützes Gerümpel in seiner Erinnerung Scheune war. So saß Barlach griffelnd in rastloser Schau; auch der Hirt war verstummt; sie saßen schweigend, zwei alte Männer am Uferhügel des alten Flusses; der Wind brauste über sie, die Geschöpfe der Weide waren wie Baum und Busch, nur nicht mehr grünend, und Barlach, dem Alten, kam jäh seine Jugendzeit in den Sinn, da er, zwanzigjährig, der faden Fuchtelzucht akademisch-klassizistischer Aktschulen entfliehend, mit den schwarzen Wachsleinenbüchlein durch die Straßen und Kneipen und Hinterhöfe gewandert war, den Menschen, den Menschen, den Menschen zu finden, das Fleisch echten Menschenkerns hinter der Schale der Gewänder und verlognen Gemüter: Genrebildhauer, hatten ihn die Kollegen naserümpfend und hänselnd gerufen, Genrebildhauer und Alltagsschmierer, aber auch *Demokrate* und *Rinnsteinkünstler*, das waren, Vorläufer, die spöttischen Worte derer gewesen, die Poseidons zottige Brust und der Kalypso runden Hüftzug aus schneeweißem Marmor zu schlagen pflegten, karrarischen Plunder, doch gelobt von den Lehrern, begönnert von Meistern, bewundernd gekauft von der vornehmen Welt, und der Alltagsschmierer war, von allen verlacht, besessen zeichnend durch die Straßen gegangen, den Menschen suchend im Fluß der Linien und der Fülle der Flächen, und wo denn anders hätte er den Menschen schließlich finden können, wenn nicht im Volk bei den Hirten und Knechten und Straßenfegern, den frierenden Mädchen und den sorgenden Frauen ... Die Volksgemeinschaft, die heute so viel beschworne, in seinen Wachsleinenbüchlein war sie längst verwirklicht, die Gemeinschaft des Volkes freilich, zu der die Besitzer von Lebenden und Toten nicht gehörten, und darum lagen die schwarzen karierten Heftchen ja auch im Gummisack unter der Erde, vergraben wie die meisten der Blätter, die seine Hand mit Linien oder Schriftzügen bedeckt hatte; sie lagen eingescharrt, vor ihm schon im Grabe — um aufzuerstehn? Doch in welcher Zeit? Und in welchem Land? Der Bauer griff in die Tasche und zog einen Beutel mit Brot und Speck heraus, schnitt mit seinem horngriffigen Messer Brot und Speck in zwei gleiche Teile und bot Barlach die bescheidene Gabe an, und Barlach aß mit dem Hirten Brot und Speck und trank mit ihm Wasser aus einer Soldatenflasche, Wasser aus dem Ziehbrunnen von Parum; die Kühe lagerten am Ufer der Nebel, und auch das Grillengeschrei im Gras war verstummt. Es war Mittag, die friedliche Mitte des Tages, zu dieser Zeit pflegte er immer sein Mahl einzunehmen, nun also Brot und Speck und Wasser, und es war gut. Als er gegessen hatte, dankte er und stand auf, sich auf den Weg nach Güstrow zu machen; er konnte jetzt, nach dem Herzanfall, nur sehr langsam gehen, und so nahm er die Kunde des Hirten, daß bald der Wagen seines Vetters aus Schwiesow hier vorbeikommen müsse, auf den Barlach sicher würde aufsitzen können, dankbar entgegen, und als wäre gerade ein Geisterstückchen gehext, rollte am Weg längs des Nebelkanals der Wagen heran, ein hochrädriger Ackerwagen, auf dessen aus roh behauenen Stämmen gefügtem Boden ein kantiger, mit einer zerschlissenen Decke straffierter Kutschersitz aufgeblockt war. Der Hirt winkte Halt, das Pferd hielt inne, und der Hirt führte den Holzhauer zum Fuhrwerk hin.

»Dat is Barlach, dei den Engel makt hett«, sagte der Hirt zum Kutscher, und der Kutscher nickte und sprach, das widerborstige Pferd zurückzerrend, zu Barlach: »Dei Lüd in'n Dörp seggen, dei Nazis hebben den Engel halt«, und als er Barlachs Gesicht in jähem Rot flammen sah, sagte er nichts als: »Man tau, Meister, stiegt rup!« Der Hirte faßte Barlach am Arm, ihm auf den Kutschbock zu helfen; Barlach, dem jede körperliche Berührung durch einen Mann verhaßt, ja ekelhaft war, wollte abwehren, doch der Hirt hob den schmächtigen Leib mit solch sanfter Gewalt, daß Barlach sich drein gab und schwebend zum Vetter gereicht werden konnte, der, seinen Arm um ihn legend, das leichte Lastgut vollends hinaufzog. In diesem Augenblick war es Barlach, als habe er diese Szene schon einmal erlebt. Der Hirt sagte ein Abschiedswort, und der Vetter hob grüßend die Peitsche, und dann knallte ihr Leder; das Pferdchen schritt aus, der Wagen fuhr. Er rumpelte hart auf dem schlechten Weg, der eigentlich nichts anderes war als ein öfter befahrenes, bis aufs Fleisch aus gelbem Sand schon abgeschmirgeltes Stück geschundener Rasenhaut. Barlach wurde auf seinem hölzernen Sitz heftig geschüttelt, er spürte Stöße den Luftsack in seiner Brust erschüttern, und die Wagenfahrt, die sein Herz schonen sollte, rüttelte nun seine Lunge durch. Gesprochen wurde kein Wort; der Kutscher kaute mit langsamem Mahlen des Kiefers Tabak und spie manchmal einen braunen Strahl auf die Lattichblätter, und Barlach, dem sonst Schweigen mit einem Unbekannten verhaßt war, empfand es diesmal als Wohltat; er hätte auch gar nicht sprechen können, so mühte er sich um Atemluft. Sie fuhren an der Schenke vorbei und passierten die Brücke und bogen in den grobgepflasterten Heideweg ein; der Wagen ratterte, rumpelnd ein Schwanken, das Land tat sich auf, und Güstrow trat jäh vor den Blick.

Güstrow, die Kirche, der Dom, ihre Türme; sie rahmten das sonnenlohende Flackern des Schlosses ein. Es waren zwei Wächter, die einen Wehrlosen würgten; es waren zwei Ketzerrichter, die ein fressendes Feuer schürten; es waren zwei Henker, die den zappelnden Sünder schraubten in einer Schraube aus stählernem Himmelsblau. Die Dächer der Stadt standen gekrümmt vor dem barbarischen Wüten, sie standen geduckt, eine Rotte geduldiger Dulder, barhaupt und den Blick scheu gesenkt vorm Rasen, das über das Land fuhr — warum sprachen sie nicht, warum stand keiner auf, zu fragen, wo der Engel geblieben war und das Recht und die Freiheit; warum formte sich nicht ein Zug, zum Sitz der Macht zu marschieren; warum standen nicht Mauern aus Fleisch und Bein um den Dom, den Engel zu schützen, der ihnen gehörte, ihr Engel doch war? Warum kein Laut, warum keine Rufe, warum keine Faust? Sie schrein doch Alarm, wenn man ihnen ein Stück verdorbenen Brots nehmen will, das ihr Eigentum ist; um Fußbreite Ackerrains toben Kämpfe, Geschlechter prozessieren um einen Baum, einen Strauch, einen Stein, warum regte sich nichts, da ihr Engel entschwand? Oder wirkten die Besten im stillen; vollzog sich im Dunkel ihr wehrendes Mühn? Der Wagen rumpelte, rumpelte hin über Steine und Steine; um den Dom rings die Häuser, sie wankten und schwankten, schüttres Gesindel, Abfall und Müll; Telegrafendrähte zerschnitten den Himmel in Striemen, und über dem Schloß trieb ein tiefschwarzer Bausch. Der Kutscher spie seinen Tabakstummel aus dem Mund, dann räusperte er sich und sagte unvermutet: »Ja, Meister, wat sall einer daun, dei Welt is hütigendags slecht!« — »Muß nicht geschehen, was geschieht?« fragte Barlach. Der Kutscher bedachte die Antwort nicht, er schüttelte heftig den Kopf, und dann, seinen Wagen an einem Schlagloch vorüberlenkend, sagte er, sich zu Barlach wendend: »Woans sall't denn süs anners kamen?«, und hatte dann wieder auf die Straße Bedacht. Barlach fuhr der so oft schon gehörte Satz wie Feuer durchs Hirn. Die Häuser der Vorstadt tauchten auf im grauen, schuttübersäten Industriegelände; an den Fenstern zeigten sich Gesichter; ein Mann, der den Gehsteig kehrte, hielt in der Arbeit inne und starrte den Wagen an. Sie bogen ums Eck; Barlach bat zu halten; er kletterte vom Kutschbock hinab auf die krummholprige Straße, knöpfte die Brieftasche aus seinem Rock und fingerte nach einem Schein. Der Kutscher wehrte ab, und Barlach wollte aufbrausen, da aber sah er den hoheitsvoll würdigen Ernst in den Zügen des thronenden Mannes, und die Gebärde des Geldsuchens reute ihn. Der Kutscher hob die Peitsche, er hob sie zum Gruß wie zum Ansatz des klatschenden Zeichens zur Abfahrt; Barlach, geschulterten Mantels, rückte an seiner Mütze; der Kutscher sah auf den müden Mann mit den gehetzten rehscheuen Augen nieder und schien zu überlegen, was er ihm noch an Gutem und Tröstlichem auf den Weg geben könne; schließlich erhellte ein verstehendes Lächeln seine verkerbten Züge, er steckte die Peitsche in die Zwinge, hob die Rechte vor die Brust und ballte sie, dem verblüfften, ja fassungslosen Barlach da unten zublinzelnd, heimlich zur Faust, dem Gruß, den er bei Aufmärschen Güstrower Kommunisten schon oftmals hatte beobachten können, dann griff er zur Peitsche, knallte, schwenkte die Zügel, und der Wagen rumpelte holpernd in der Enge des Heideweges güstrowwärts.

Fühmann, Franz: Barlach in Güstrow. Leipzig 1973 (RUB 487), S. 49 ff.

Ehm Welk

geb. in Biesenbrow 29.8.1884
gest. in Bad Doberan 19.12.1966

»Herr Reichsminister, ein Wort bitte!« überschrieb der Redakteur Welk 1934 einen Leitartikel in der »Grünen Post« und griff die Nazipartei öffentlich an. Dafür wurde er in das KZ Oranienburg gesteckt und nach der Freilassung mit Berufsverbot belegt. In einem Spreewalddorf, in der inneren Emigration, überstand er die Jahre der faschistischen Herrschaft; hier schrieb er seine berühmt gewordenen »Heiden von Kummerow«. 1945 legte er zunächst die Feder beiseite, um als Volkshochschulgründer und -direktor in Mecklenburg beim Neuaufbau zu helfen. Sein Bekenntnisbuch »Mein Land das ferne leuchtet« erschien 1952. Inmitten der Erzählpassagen, der Erinnerungsstücke, der Betrachtungen steht die Parabel »Das fahl Pferd«, ein Meisterstück seiner Prosa.

Das fahl Pferd

Ein ungewohntes Geräusch drang von der Straße herein, fern noch in seiner Ursache, ein Klingeln, Klirren, Klappern und Schlagen, als fielen Hunderte Schmiedehämmer in dem spielerischen Zwillingsschlag, der zu dem schweren Handwerk gehört, abwechselnd auf Eisen und Amboß. Näher kam das Geräusch und näher, wuchs und wuchs, bis ein fröhliches Wiehern, hell und schmetternd wie ein Trompetenton, es erkennen ließ: Pferde. Viele Pferde, sehr viele Pferde.

Die Menschen traten an die Fenster, eilten auf die Straße und sahen, ohne zunächst zu verstehen: Einzeln und zu zweien, dreien und vieren nebeneinander, von Männern am Halfter geführt, kamen die Pferde heran, ein schier endloser Zug. Leichtfüßige junge, besonnene in mittleren Jahren, müde alte; schlanke Warmblüter von Kutschwagen, starke Halbblüter von den Ackerwagen und die schweren, plumpen Kaltblüter von Bier-, Holz- und Lastwagen; rote, braune, weiße, schwarze und Schecken. Die Erregung über die ungewohnte

Gemeinschaft und den seltsamen arbeitsfreien Tag hatte sich bei den meisten Pferden noch nicht gelegt, immer wieder hoben sie die Köpfe, schnupperten nach rechts und links, wieherten freudig, und es schien, als breche aus den aufgeblühten Augen der Tiere ein frohes Daseinsgefühl hervor, verkümmerte und unbewußte Äußerung einer jahrhundertelang zurückliegenden Lebensform. Nur die mit den spitzen Kruppen, den gesenkten Rücken, geschundenen Widerristen und unförmig verdickten Fesselgelenken gingen geneigten Hauptes und unbeteiligt in müdem Trott inmitten der anderen.

Der Gesichtsausdruck dieser Pferde ähnelte öfter dem der Männer, welche die Tiere führten. Es waren durchweg ältere Bauern, Kutscher und Landarbeiter. Sie schwiegen oder antworteten nur mürrisch, gelegentlich mit einem gewagten politischen Scherzwort, auf die Zurufe der Bekannten in der Menge der Zuschauer. Die schauten sich dann vorsichtig um, ob die Äußerung ihnen auch nicht Schaden bringen könne. Auf einigen der ungesattelten Pferde saßen junge Burschen, markierten kühne Kavalleristen und riefen den Mädchen Aufforderungen zu Tanz und Einquartierung zu.

Die Sonne schien heiß vom wolkenlosen Himmel, die Blätter an den Kastanienbäumen hatten vom Staub der Straße und vom Gang des Jahres bereits ihren Glanz verloren, denn es war mitten in der Erntezeit, und allem Gewächs auf Erden schien die Zeit zum Schneiden gekommen. So zog die lange Kolonne vorüber, und die Menschen, die zugesehen hatten, gingen wieder in ihre Häuser und an ihre Arbeit, sorglos und fröhlich die einen, ernst und nachdenklich die andern.

Der Nachdenklichen waren wenige, und die Ernsten bezogen ihre Stimmung, nun der Zug vorüber war, wohl auch nur aus der Befürchtung, es werde nach dieser Pferdemusterung bald eine weitere Erschwerung und Einschränkung ihrer Arbeit folgen, kannten die meisten von ihnen das doch aus der Zeit vor fünfundzwanzig Jahren vom Weltkrieg her. Sie trösteten sich jedoch bald mit dem Glauben, der sich in sechs Jahren aus Lautsprechern, Zeitungen und aus den Mäulern von Versammlungsrednern zur Gewißheit entwickelt hatte: Es trete diesmal ein anderes, mächtigeres, ein zum Herrschen be-

Pferdegrab in Ludwigslust

stimmtes Volk den großen Marsch an. Und lachten, sangen und prahlten diese Ackerbürger und Handwerker auch nicht, so widerhallte in ihnen doch das Lachen, Singen und Prahlen der Tausende, Hunderttausende und Millionen aus dem Reich und war auch ihnen schon Erfüllung. Eine breite Via triumphalis führte sie durch die vergangenen sechs Jahre des Hitler-Reiches, ein Triumphbogen reihte sich an den anderen, und sie sahen sich auf dieser Straße marschieren als ein Heerbann riesiger, unüberwindlicher Germanenleiber. Und waren aus der Vielzahl kleinbürgerlicher Krämerseelen doch nur Gestalt geworden als ein ungeheuerlicher Heerwurm, jene gefürchtete Schlange aus Millionen häßlicher Larven der Trauermücke (Sciara militaris, bräunlich-gold und schwarz gefärbt), den Vätern einst Vorbote von Krieg, Seuchen, Hungersnot und Sterben.

Die wenigen, die das Verderbliche sich hatten entwickeln sehen, ließen ab von ihrem verzweifelten Nachsinnen, wie ihm auszuweichen oder zu begegnen sei. Ihr Bemühen war aussichtslos geworden, ein ganzes Volk schien mit dem Sehen und Hören auch das Fühlen verloren zu haben. Krieg! hallte es aus den Lautsprechern, aber das furchtbare Wort schien keine Schrecken für die Menschen zu haben, und die dicke Krämerfrau an der Ecke, die nach der Errichtung des »Protektorats Böhmen und Mähren« im Frühjahr gefordert hatte: »Nun soll er doch gleich auch noch die Sache mit dem Korridor und Polen in Ordnung bringen!«, hatte nur einmal eine schwache Stunde: Das war, als sie an den wehrfähigen Sohn dachte; dann wurde sie das Vorbild der deutschen Heldenmutter und konnte später in stolzer Trauer sogar noch wachsam auf die Gesichter der Mitbürger achten, als sie langsam anfingen sich zu verdüstern.

Da war aber bereits in Erfüllung gegangen, was der alte Mann gesagt hatte, als der lange Zug der Pferde seinen Blicken entschwunden war: »Und keins davon wird die Heimat wiedersehen!«

Sie waren aus allen Dörfern der Umgegend zur Musterung auf den Marktplatz der kleinen Stadt befohlen worden, der sich als viel zu eng erwies, so daß sie zum Schützenplatz gebracht werden mußten. Der Alte fragte nachher, als die Tür in der Stube geschlossen war, ob alle auch das letzte, das allerletzte Pferd im Zuge gesehen hätten: Riesengroß von Gestalt und fahl an Farbe sei es hinter dem Zuge einhergetrabt, wissend, es könne ihn jederzeit einholen, und zögernd doch, als wolle es das Spiel richtig auskosten. Und da er ein bibelkundiger Mann war, nahm er das Buch zur Hand und las aus der Apokalypse feierlich ernst den Vers: »Und ich sah ein fahl Pferd, und der darauf saß, des Name hieß Tod, und die Hölle folgte ihm nach. Und ihm ward Macht gegeben zu töten das vierte Teil auf Erden mit dem Schwert und mit Hunger und mit schrecklichem Tod.«

Als der Alte so sprach, schloß ich vor den furchtbaren Bildern des Schreckens und Grauens, die der Greis aus weiteren Versen der Offenbarung erstehen ließ, für einige Minuten die Augen, obwohl ich diesen Untergang einer Welt, die nicht meine war, jahrelang hatte herankommen sehen. Ich entwand mich den Menschen, und Mitgefühl mit den Pferden erfüllte mein Herz. In Gedanken ging ich ihren Weg zurück und fand sie wieder auf einer großen Koppel am Rande des Bruches in meiner Heimat. Waghalsige Jungen beschlichen die im Grase liegenden Füllen, sprangen auf ihren Rücken, hielten sich in den Mähnen fest und galoppierten auf den wild Aufbegehrenden über die Weide oder flogen in hohem Bogen ins Gras. Dann kamen zumeist die rasch friedlich gewordenen Tiere heran und beschnupperten den im Gras reglos liegenden Knaben, der den im Reiterkampf erlittenen Heldentod spielte — war das doch nach Schulunterricht und Lesebuch des Lebens einzig würdige Krönung.

Früher soll es in Orplid Wildpferde gegeben haben, und wie die Geister von Menschen weiterlebten in dem geheimnisvollen Lande, in das seit langer Zeit Friede und Ruhe zwischen den Menschen und allen Geschöpfen eingekehrt war, so sollten auch die Seelen der edlen Pferde noch dort wohnen, in Vollmondnächten sich zu den Pferden auf der Koppel gesellen und mitunter den Menschen erscheinen.

Ich erinnerte mich, als Knabe in der Dämmerung des Sommerabends einmal einen solchen Pferdegeist gesehen zu haben. Grauweiß hatte er zwischen den Tannen an der Lichtung der Herrgotts-Insel gestanden, ein richtiges Pferd, der Hinterleib schon im Dunkeln, auf der Stirn hatte das Tier ein Horn gehabt, und auf dem Rücken hatte eine schöne Frau gesessen; wahrscheinlich war das Traumgeschöpf in die erregten Sinne des Knaben auf die vom Schein der untergehenden Sonne und vom letzten Lied der heimkehrenden Vögel erfüllte Insel auf dem Umwege über eins der großen Bildwerke gekommen, die sein Lehrer besaß. Als das Tier in verschwommenen Konturen, aber deutlich erkennbar, vor ihn hintrat, wußte der Junge, man nannte es das Einhorn und sah im Mittelalter in ihm das Sinnbild der Reinheit, der friedlichen Kraft und der Einswerdung Gottes und des Tieres. Ich schickte es nun dem Zug der todgeweihten Pferde nach. Da hörte ich den Alten lesen: »Und sie beteten den Drachen an und sprachen: Wer ist diesem Tiere gleich, und wer kann mit ihm kriegen? Denn es ward ihm gegeben ein Mund, zu reden großen Ding und Lästerungen, und ward ihm gegeben, daß es mit ihm währete zween und vierzig Monde lang.«

Dann hörte ich den Alten sprechen: »Vierzig Monde ... Das sind dreieinhalb Jahre. Ich danke meinem Schöpfer, daß ich es nicht mehr bis zum Ende erleben muß.«

Dreieinhalb Jahre ... Das wäre also bis Ende Januar 1943 ... Damals, als der Alte es las, lächelte ich über den Unsinn solcher Prophezeiungen — hätte der Alte den Januar 1943 erlebt, würde er nur ein Wort gesagt haben: Stalingrad!

Auf dem Platz vor der Stadt sah ich nachher die vielen Pferde stehen, alle nun ernst und ergeben. Männer und Frauen und Kinder umgaben sie, lachten und waren fröhlich; Braununiformierte in Langschäftern liefen zwischen den Tieren hin und her, riefen barsche Befehle und fuhren die bittenden und handelnden Bauern an. Inmitten der Pferde aber stand, riesenhaft gereckt, ein Fabeltier. Es war jedoch nicht das Einhorn, das ich selbst den Pferden nachgeschickt hatte — es war das fahl Pferd des Alten.

Alle Pferde, die in den Krieg zogen, sind gestorben oder wurden erschlagen. Nur das fahl Pferd des Alten kehrte zurück. Auf vielen Pferdekoppeln Europas und Amerikas gesellt es sich schon wieder den Jungtieren zu; sie halten es, so scheint's, für ihresgleichen. Und beflissene deutsche Menschen sind da, die erneut beteuern, es sei das romantische Einhorn — Sinnbild der friedlichen Kraft. Es ist daher hohe Zeit, es deutlich zu kennzeichnen als das, was es wirklich ist: die schon wieder sichtbar gewordene Schindermähre eines vorläufig noch unsichtbaren riesigen Leichenkarrens.

Welk, Ehm: Mein Land das ferne leuchtet. Ein deutsches Erzählbuch aus Erinnerung und Betrachtung. Rostock 1952, S. 263 ff.

ALFRED ANDERSCH

geb. in München 4.2.1914
gest. in Berzona 21.2.1980

Für seinen Roman »Sansibar oder der letzte Grund« hat Andersch die alte Stadt Wismar zum szenischen Hintergrund gewählt. Er nennt den Ort zwar »Rerik«, aber der Kenner und Freund Wismars erkennt die Stadt sofort: die mächtigen Türme und Schiffe der Kirchen, die hallenden Gassen mit den gotischen Giebelhäusern. Beinahe fotografisch genau und in fast körperlich spürbarer Poesie entsteht dann in dem Kapitel »Gregor« (III) ein Bild der gewaltigen Georgenkirche.

In der kleinen Stadt an der Ostsee treffen zufällig sechs Gestalten zusammen: Der ›Junge‹; Gregor, der KPD-Funktionär; Judith, die Jüdin; am Ort selbst befinden sich der Pfarrer Helander; Knudsen, der Fischer und Kutterbesitzer; als letzter die Holzplastik des ›Lesenden Klosterschülers‹. Und diese sechs Gestalten haben kein anderes Anliegen, als Deutschland zu verlassen ...

Arno Schmidt

Aus:
Sansibar oder der letzte Grund

Auf der Westfront der Georgenkirche lag die späte Nachmittagssonne des kalten Himmels. Gregor ging, das Rad schiebend, im Schatten der Häuser auf der anderen Seite des Platzes. Das war keine Kirchenfront, dachte Gregor, das war die Front einer riesigen uralten Ziegelscheune. Er vermied es, in das lehmrote Licht zu treten, das von der Scheune ausging. Die Weite des Platzes vor der Kirche und das Licht darauf störten ihn; nicht das Hauptportal, dachte er, alle Häuser um den Platz würden einen Mann beobachten, der auf das Hauptportal zuginge. Dabei war der Platz keine Bühne. Er war eine Tenne. Es war schon lange auf ihm kein Korn mehr gedroschen worden. Feierlich lag er im toten herbstlichen Nachmittagslicht vor der geschlossenen roten Wand, der Wand aus rostigen Steinen, der verrosteten Wand, die nie mehr in zwei großen Flügeln auseinanderklappen würde, um die Erntewagen einzulassen. Ob die Scheunen, die wir für unsere Ernte bauen, auch einmal so verlassen daliegen werden, dachte Gregor. Als er um die Kirche herumging, fand er auf der Südseite, in einem toten Winkel, der höchstens von zwei oder drei Häusern aus eingesehen werden konnte, ein anderes Portal. Er lehnte sein Fahrrad gegen eines der Häuser; auf einem Messingschild, das neben der Tür angebracht war, las er: Pfarramt St. Georg. Gut, dachte er. Und dann dachte er: so weit ist es also schon gekommen mit uns, daß wir unter den Fenstern eines Pfarrhauses aufatmen. Er ging hinüber zur Kirche und die paar Stufen zum Portal hinauf: der eine der beiden Flügel öffnete sich, als er dagegen drückte. Er befand sich im südlichen Querschiff, und er ging rasch zur Vierung vor, um nachzusehen, ob der Verbindungsmann aus Rerik schon da war. Die Kirche war vollständig leer. In diesem Augenblick schlug es vom Turm vier Uhr; die Glockentöne füllten die ganze Kirche mit ihrem bronzenen Geschmetter, aber den letzten schnitt die Stille wie mit einem Messer ab. Ich bin pünktlich, dachte Gregor, hoffentlich läßt mich der Genosse nicht warten.

Ein Mann, offenbar der Küster, kam aus der Sakristei und machte sich am Hochaltar zu schaffen. Gregor begann in der Kirche umher zu gehen, als wolle er sie besichtigen. Nach einer Weile verschwand der Küster wieder in der Sakristei. Im Gegensatz zum Außenbau war das Innere der Kirche weiß gestrichen. Die Oberfläche der weißen Wände und Pfeiler war nicht glatt, sondern bewegt und rauh, da und dort vom Alter grau oder gelb geworden, besonders dort, wo sich Risse zeigten. Das Weiß ist lebendig, dachte Gregor, aber für wen lebt es? Für die Leere. Für die Einsamkeit. Draußen ist die Drohung, dachte er, dann kommt die rote Scheunenwand, dann kommt das Weiß, und was kommt dann? Die Leere. Das Nichts. Kein Heiligtum. Diese Kirche ist zwar ein guter Treff, aber sie ist kein Heiligtum, das Schutz gewährt. Mach dir nichts vor, sagte Gregor zu sich, nur weil du weißt, daß die

Kirche nicht den Anderen gehört, — du kannst hier genauso verhaftet werden wie überall. Die Kirche war ein wunderbarer weißer, lebendiger Mantel. Es war seltsam, daß der Mantel ihn wärmte, — ja, sehr seltsam war das, und Gregor nahm sich vor, darüber nachzudenken, wenn er einmal Zeit haben würde, nach der Flucht vielleicht, nach der Flucht von den Fahnen, — aber daß die Kirche mehr wäre als ein Mantel, darüber machte sich Gregor keine Illusionen. Sie konnte vielleicht vor der Kälte schützen, aber nicht vor dem Tod. In einer Kapelle im südlichen Seitenschiff hing eine verwitterte goldene Fahne. Unter ihr kniete ein Mann und bėtete. Der Mann hatte das übliche wehrhafte und fromme Gesicht: eine strenge spitze Nase, einen gekräuselten Vollbart, tote Augen. Aber der strenge Mann, der graue Marmormann, der ein König aus Schweden war, würde sich niemals erheben, um mit seinem Schwert Gregor zur Seite zu stehen. Es gab keine Könige mehr, die über die See fuhren, um die Freiheit des Glaubens zu schützen; oder wenn es sie gab, so kamen sie zu spät. Und das Gold der Fahne über dem König war nicht das Gold des Schildes von Tarasovka: es war fast schwarz geworden und würde sich in Staub auflösen, wenn man es berührte.

Gregor hatte Angst. Der Genosse aus Rerik ist immer noch nicht da, dachte er. Entweder ist er unzuverlässig, oder es ist etwas geschehen. Gregor hatte immer Angst, wenn er sich an einem Treffpunkt befand. Auf den Fahrten von einem Treff zum anderen hatte er auch Angst, aber nicht so viel wie am Treffpunkt selbst. Am Treffpunkt selbst gab es immer einen Moment, in dem er am liebsten davongelaufen wäre.

Er ging wieder zur Vierung vor. Ich gebe ihm noch fünf Minuten Zeit, dachte er, dann gehe ich. Er ertappte sich dabei, daß er dachte: am besten wäre es, wenn er gar nicht käme. Dann hätte ich meinen letzten Auftrag schon hinter mir. Schluß, dachte er, es muß Schluß sein. Ich spiele nicht mehr mit. Es war sein glücklichster und sein endgültiger Gedanke: ich steige aus. Er empfand keine Gewissensbisse dabei. Ich habe genug für die Partei getan, dachte er. Ich habe mir noch diese letzte Reise als Prüfung auferlegt. Die Reise ist beendet. Ich kann gehen. Ich gehe natürlich, weil ich Angst habe, dachte er unerbittlich. Aber ich gehe auch, weil ich anders leben will. Ich will nicht Angst haben, weil ich Aufträge ausführen muß, an die ich ... Er fügte nicht hinzu: nicht mehr glaube. Er dachte: wenn es überhaupt noch Aufträge gibt, dann sind die Aufträge der Partei die einzigen, an die zu glauben sich noch lohnt. Wie aber, wenn es eine Welt ganz ohne Aufträge geben sollte? Eine ungeheure Ahnung stieg in ihm auf: konnte man ohne einen Auftrag leben?

Von der Decke des südlichen Querschiffs, durch das Gregor hereingekommen war, hing ein Schiffsmodell, eine große, braun und weiß gestrichene Dreimastbark. Gregor betrachtete sie, an einen Pfeiler der Vierung gelehnt. Er verstand nichts von Schiffen, aber er stellte sich vor, daß mit einem solchen Schiff jener König über das Meer gekommen sein müsse. Dunkel und mit Träumen beladen hing die Bark unter dem weißen, in der Dämmerung immer grauer werdenden Gewölbe, sie hatte die Segel gerefft, aber Gregor stellte sich vor, daß sie im Hafen von Rerik lag, daß sie auf ihn wartete, um sogleich, wenn er an Bord gegangen war, ihre Segel zu entfalten, Tücher der Freiheit, in deren Geknatter sie auf die hohe See hinausfuhr, bis zu jenem Punkt, an dem ihre Masten, ihre von Segeln klirrenden Masten endgültig höher waren als die Türme von Rerik, die kleinen, winzigen und endlich in der Ferne der Knechtschaft versinkenden Türme von Rerik.

Der Genosse aus Rerik blieb immer noch aus. Wenn er nicht kam, so gab es keine Genossen in Rerik mehr. Dann war Rerik für die Partei nur noch ein aufgegebenes und vergessenes Außenwerk, zurückgefallen in das hallende Schweigen seiner Plätze und Türme. Konnte man von hier fliehen? War der tote Punkt der Ort, von dem aus man sein Leben ändern konnte? Auf einmal wünschte sich Gregor brennend, der Mann aus Rerik möge doch kommen. Selbst an einem toten Punkt mußte es noch einen Lebendigen geben, der half. Er würde nicht helfen wollen. Gregor würde vorsichtig vorgehen müssen. Die Partei in Rerik würde einen Instrukteur des Zentralkomitees nicht unter ihren Augen desertieren lassen. Dann wurde er sich der Anwesenheit der Figur bewußt. Sie saß, klein, auf einem niedrigen Sockel aus Metall, zu Füßen des

Pfeilers schräg gegenüber. Sie war aus Holz geschnitzt, das nicht hell und nicht dunkel war, sondern einfach braun. Gregor näherte sich ihr. Die Figur stellte einen jungen Mann dar, der in einem Buch las, das auf seinen Knien lag. Der junge Mann trug ein langes Gewand, ein Mönchsgewand, nein, ein Gewand, das noch einfacher war als das eines Mönchs: einen langen Kittel. Unter dem Kittel kamen seine nackten Füße hervor. Seine beiden Arme hingen herab. Auch seine Haare hingen herab, glatt, zu beiden Seiten der Stirn, die Ohren und die Schläfen verdeckend. Seine Augenbrauen mündeten wie Blätter in den Stamm der geraden Nase, die einen tiefen Schatten auf seine rechte Gesichtshälfte warf. Sein Mund war nicht zu klein und nicht zu groß; er war genau richtig, und ohne Anstrengung geschlossen. Auch die Augen schienen auf den ersten Blick geschlossen, aber sie waren es nicht, der junge Mann schlief nicht, er hatte nur die Angewohnheit, die Augendeckel fast zu schließen, während er las. Die Spalten, die seine sehr großen Augendeckel gerade noch frei ließen, waren geschwungen, zwei großzügige und ernste Kurven, in den Augenwinkeln so unmerklich gekrümmt, daß auch Witz in ihnen nistete. Sein Gesicht war ein fast reines Oval, in ein Kinn ausmündend, das fein, aber nicht schwach, sondern gelassen den Mund trug. Sein Körper unter dem Kittel mußte mager sein, mager und zart; er durfte offenbar den jungen Mann beim Lesen nicht stören.

Das sind ja wir, dachte Gregor. Er beugte sich herab zu dem jungen Mann, der, kaum einen halben Meter groß, auf seinem niedrigen Sockel saß, und sah ihm ins Gesicht. Genauso sind wir in der Lenin-Akademie gesessen und genauso haben wir gelesen, gelesen, gelesen. Vielleicht haben wir die Arme dabei aufgestützt, vielleicht haben wir Papirossi dabei geraucht – obwohl es nicht erwünscht war –, vielleicht haben wir manchmal aufgeblickt, – aber wir haben den Glockenturm Iwan Weliki vor dem Fenster nicht gesehen, ich schwöre es, dachte Gregor, so versunken waren wir. So versunken wie er. Er ist wir. Wie alt ist er? So alt wie wir waren, als wir genauso lasen. Achtzehn, höchstens achtzehn. Gregor bückte sich tiefer, um dem jungen Mann gänzlich ins Gesicht sehen zu können. Er trägt unser Gesicht, dachte er, das Gesicht unserer Jugend, das Gesicht der Jugend, die ausgewählt ist, die Texte zu lesen, auf die es ankommt. Aber dann bemerkte er auf einmal, daß der junge Mann ganz anders war. Er war gar nicht versunken. Er war nicht einmal an die Lektüre hingegeben. Was tat er eigentlich? Er las ganz einfach. Er las aufmerksam. Er las genau. Er las sogar in höchster Konzentration. Aber er las kritisch. Er sah aus, als wisse er in jedem Moment, was er da lese. Seine Arme hingen herab, aber sie schienen bereit, jeden Augenblick einen Finger auf den Text zu führen, der zeigen würde: das ist nicht wahr. Das glaube ich nicht. Er ist anders, dachte Gregor, ganz anders. Er ist leichter, als wir waren. Vogelgleicher. Er sieht aus wie einer, der jederzeit das Buch zuklappen kann und aufstehen, um etwas ganz anderes zu tun.

Liest er denn nicht einen seiner heiligen Texte, dachte Gregor. Ist er denn nicht wie ein junger Mönch? Kann man das: ein junger Mönch sein und sich nicht von den Texten überwältigen lassen? Die Kutte nehmen und trotzdem frei bleiben? Nach den Regeln leben, ohne den Geist zu binden?

Gregor richtete sich auf. Er war verwirrt. Er beobachtete den jungen Mann, der weiterlas, als sei nichts geschehen. Es war aber etwas geschehen, dachte Gregor. Ich habe einen gesehen, der ohne Auftrag lebt. Einen, der lesen kann und dennoch aufstehen und fortgehen. Er blickte mit einer Art von Neid auf die Figur.

In diesem Augenblick hörte er das Geräusch der Portaltür und Schritte. Er wendete sich um. Er sah einen Mann, der seine Schiffermütze erst abnahm, als er bereits ein paar Schritte in die Kirche herein getan hatte.

Andersch, Alfred: Sansibar oder der letzte Grund. Zürich 1957, S. 35 ff.

Tisa von der Schulenburg
geb. in Tressow 7.12.1903
lebt in Dorsten/Wf.

Die Tochter eines hochrangigen deutschen Generals, streng konservativ erzogen, studierte Bildhauerei, gehörte später zum Umkreis Henry Moores in London und kam 1939 nach Deutschland zurück, um an der Beisetzung ihres Vaters teilzunehmen. Als sie das »Reich« nicht wieder verlassen durfte, zog sie sich auf eines der Güter der Familie, nach Trebbow bei Schwerin, zurück. Dort erlebte sie Krieg und Kriegsende. Die Verschwörung vom 20. Juli 1944 und die Hinrichtung der Attentäter betraf sie persönlich: Ihr Bruder Fritz-Dietlof Graf von der Schulenburg gehört zu den Opfern.

Flüchtigkeit: das betrifft nicht den Ausdruck, der hier sichtbar wird ..., eine harte Zeit wird sichtbar an den Menschen, die ihr ausgeliefert waren.
*Heinrich Böll über Zeichnungen
Tisa von der Schulenburgs*

Pläne des Widerstandes
(1980)

Es zeigte sich, daß niemand das Ausmaß der Verschwörung geahnt hatte. Warum schlagt ihr noch nicht zu? war meine ständige Frage an Fritzi[1]. Er wurde nicht ungeduldig; er versuchte es mir zu erklären. Man war sich immer noch nicht einig. Der Plan bestand, Himmler und Hitler zusammen umzubringen. Andere waren gegen ein Attentat, sie waren dafür, Hitler nur zu verhaften und ihn festzusetzen. Dann hätten sie ihn mit Glanz befreit, wie auch Mussolini befreit worden war. Man mußte mit den Alliierten verhandeln, ob sie die Opposition als Verhandlungspartner nach dem Attentat anerkennen wollten. Das Angebot war: Deutschland zieht sich auf seine Grenzen zurück, ohne die besetzten Gebiete. Stalin machte Schwierigkeiten, er bestand auf seiner Bedingung, daß die deutschen Kriegsgefangenen für zehn Jahre in den russischen Lagern bleiben sollten, um dort beim Wiederaufbau zu helfen.

Es war der Opposition klar, daß 1943 zugeschlagen werden mußte. Aber immer wieder war etwas schiefgegangen. Mehr erfuhr ich nicht, und ich fragte auch nicht weiter. Mein einziger Beitrag war sowieso nur ab und zu eine Wurst oder ein paar Fleischmarken für Generaloberst Beck. Ich wußte wohl, daß unsere Vettern zweiten Grades, Ulrich Wilhelm Schwerin und Albrecht Kassel, beteiligt waren. Ebenso, daß der Vetter meines Vaters, der Botschafter Schulenburg, mitwirkte. Sonst erfuhr ich keine Namen.

Fritzi hatte alle Aufrufe, die man für den Tag X benötigte, immer bei sich. Er behauptete, es sei das sicherste, wenn er sie auf seinem Leibe trüge. In seiner inneren Jackentasche. Er gab sie mir zu lesen.

Flammende Aufrufe. An das deutsche Volk.

Erklärung: Warum man Hitler umbringen mußte bzw. umgebracht hatte. Warum der Eid, den jeder Soldat auf Hitler leisten mußte, nicht mehr gültig sein konnte.

Die Aufrufe bewiesen, daß Hitler sich zum Verräter an der deutschen Sache gemacht hatte. Fritzi bat mich, einen Aufruf für die Künstler zu verfassen. Das habe ich auch getan.

Es gab die Listen mit Namen. Derer, die sich zur Verfügung gestellt hatten. Da das Attentat mitten im Kriege stattfand, mußte die Übergabe der Ämter in zivile, vertrauenswürdige Hände schnell und reibungslos erfolgen. Heute wissen wir, daß die Widerstandsbewegung in Kreisen organisiert war. In dem ersten Kreis wurde das Attentat geplant und die Täter wurden bestimmt. Im zweiten kannte man den Plan des Attentats, wußte aber weder den Termin noch die anderen Umstände. Der dritte Kreis wußte nur vage etwas über ein gewaltsames Unternehmen. Der vierte bestand aus Leuten, mit denen man über den Ernst der Lage gesprochen hatte und die man angeregt hatte, sich für den Wiederaufbau nach dem Kriege Gedanken zu machen. Anfang 1944 war ein umfassender Stellenbesetzungsplan fertiggestellt worden. Er ist verlorengegangen. Vielleicht hätte dieser Plan besser als andere von der Breite der Bewegung gezeugt. […]

In all den Kriegsjahren hatte ich kein jüdisches Gesicht zu sehen bekommen. Weder in Berlin, noch in Lübeck, noch auf der Bahn. An einem Tag aber, kurz nachdem den Juden das Tragen des Gelben Sterns zur Pflicht gemacht worden war, begegnete ich einer vornehm aussehenden älteren Dame in Schwerin auf der Straße. Sie sah still und verschlossen aus. Sie trug den Gelben Stern. Ich hatte eben in einem Laden gegen Speck eine Schachtel Pralinen erworben. Ich trat auf sie zu und sagte zu ihr: »Entschuldigen Sie bitte, gnädige Frau, ich habe gerade nichts anderes bei mir, darf ich Ihnen dies als Zeichen meines Mitgefühls (oder so ähnlich) geben, ich kann das Ding da nicht sehen!« Das Ding — der Gelbe Stern. Damit gab ich ihr die Pralinenschachtel. Sie nahm sie und sah mich erstaunt, aber freundlich an, sie dankte und ging weiter.

Danach ergriff mich eine Panik! Jeder kannte in Schwerin jeden. Würde man mich anzeigen? Ich bog in eine Seitenstraße, lief, bog mehrere Haken, bis ich mir sagte, daß das noch auffälliger sei. Ich hätte sie fragen sollen, was ich für sie tun konnte. Sicherlich! Aber wie mich glaubhaft machen? Ich wußte ja, daß es hoffnungslos war, jemand in Trebbow verbergen zu wollen, diese Möglichkeit hatte ich zu oft erwogen. Ich berichte dies, um zu zeigen, wie lächerlich wenig ich tat — oder tun konnte. Wie banal das war. Die Diskrepanz zwischen Wollen und Tun.

Zu dieser Zeit drang es allmählich durch: man brachte die Juden um, wie man die Geisteskranken umgebracht hatte. Man verschleppte sie in Lager. Man vergaste. Verbrannte. Wie das geschah, darüber war nichts zu erfahren. Nichts von der grauenhaften Perfektion der Vernichtung, von apokalyptischen Zahlen. Man erfuhr auch nicht die Namen der Lager, außer Dachau, Buchenwald, Sachsenhausen und später noch Flossenbürg und Theresienstadt. Die Geheimhaltung war wirklich perfekt. Ein Hamburger Kommunist sagte mir nach dem Kriege, daß sie nicht einmal den Namen von Neuengamme gekannt hätten, dem KZ vor den Toren Hamburgs. Wir in Mecklenburg hatten gehört, daß es im Land ein KZ gab. Aber wo es lag, wie es hieß, es war nicht zu erfahren.

Es war Ravensbrück.

Matthias Wieman wurde von einem Parteimann angesprochen, ob er an einem Sonntag nicht mit dem Auto zu einem KZ fahren wolle, dort seien so schöne stolze Frauen zu sehen. Ein makabres Angebot. Wiemann lehnte ab. Anfang 1944 schätzte Fritzi die Zahl der KZ-Gefangenen auf zweihunderttausend. In Wirklichkeit waren zu der Zeit eine Million in den Lagern! Es war also auch den Männern des Widerstands in keiner Weise möglich, sich einen genauen Überblick zu verschaffen. Was man wußte, genügte vollauf, um einen erstarren zu lassen. Es machte die Notwendigkeit des Attentats nur noch dringender. Ja, alles drängte daraufhin, daß man ein Ende erzwingen mußte. Die Städte verwandelten sich in Steinwüsten. Es war unvorstellbar, daß Menschen in den Ruinen lebten und arbeiteten.

Hatte ich nicht immer zum Himmel gesehen? Einen Flieger erwartet? Eines Tages, im Sommer 1944, sah ich ein alliiertes Flugzeug herunterkommen. Ich stürzte ihm nach. Atemlos erreichte ich nach zwanzig Minuten das Feld auf unserem Nebengut, wo das Flugzeug heruntergegangen war und eine lange Schneise in das Korn gerissen hatte.

Die Flieger, amerikanische Flieger, waren mit dem Fallschirm abgesprungen, zwei waren auf unserem Gebiet gefangengenommen worden. Man versicherte mir, daß sie in ordnungsgemäßem Gewahrsam seien, im Haus des Bürgermeisters im nächsten Dorf, der sie der Wehrmacht zu übergeben hatte.

Es muß zwei Tage später gewesen sein, daß André[2] in unserem Haus Heizholz in einer Kiepe nach oben trug. Er flüsterte mir zu, wissen Sie, was mit den Fliegern geschehen ist? — bei der nächsten Kiepe — Hanke[3] hat sie hinterrücks erschossen. Sie liegen im Wald verscharrt. Eine Kiepe weiter — es gibt Augenzeugen.

Ich rief Hanke an und bat ihn, zu mir zu kommen. Ich hätte irgendwelche Gerüchte über die Flieger gehört. Ich bäte um Aufklärung.

Sein Bericht lautete: Er habe mit einem Jagdfreund, der gerade bei ihm gewesen war, die Gefangenen beim Bürgermeister abgeholt, um sie nach Schwerin zu bringen, unterwegs hätten sie, wie er mit dem Auto gehalten hätte, einen Fluchtversuch gemacht, und er habe sie erschossen, von hinten.

Ich war sehr zornig. Ich fuhr ihn an: »Wie konnten Sie das tun? Das kann aber auch mal sehr anders kommen!« Bei diesen Worten wurde er leichenblaß und starrte mich an. Ich sah in seinen Augen Angst. Er erhob sich halb aus dem Stuhl. Wir fixierten uns. Da sah ich, wie in seinen Augen die Angst in Wut umschlug. Er fragte mich: »Wie meinen Sie das, gnädige Frau?« Nun packte mich die Angst, und ich wich aus. Ich sagte nur: »Stellen Sie sich vor, wenn die geflohen wären?« Ich hatte das Spiel verloren.

Bis heute frage ich mich, ob es nicht möglich gewesen wäre, ihm sein Unrecht vorzuhalten. Ich habe mich damals schon gefragt. Ich wußte also: er hatte sie umgebracht! Auf unserem Gut, dieser sogenannten »Insel des Guten«, waren zwei Flieger hinterrücks ermordet worden, und sie lagen bei uns im Wald verscharrt, bis der Krieg beendet sein würde. Der Besitzer des Gutes war weiter nichts wie eine Marionette. Von dem Augenblick an haßte ich meine Stellung als Besitzer. Lieber nichts haben, als so in das Unglück mit hineinverflochten zu werden. Nachher erfuhr ich, daß an dem Tag insgesamt sechzehn Flieger auf diese Art umgebracht worden waren, hinterrücks, auf Befehl des Gauleiters Hildebrandt. Der Landrat hatte protestiert, aber die Partei war der zivilen Verwaltung übergeordnet. [...]

[Geringfügig gekürzt]

---

[1] Fritz-Dietlof Graf von der Schulenburg, der Bruder der Berichterstatterin
[2] André, ein französischer Kriegsgefangener
[3] Hanke, Ortsgruppenleiter der NSDAP

von der Schulenburg, Tisa: Ich habs gewagt. Freiburg i. B. 1981 (Herderbücherei 874), S. 147 ff.

GERHARD HOLTZ-BAUMERT

geb. in Berlin 25. 12. 1927
lebt in Berlin

Große Popularität in der DDR genießt eine der schönsten Figuren der Kinderliteratur, der unverwüstliche Alfons Zitterbacke. Holtz-Baumert ist sein »leiblicher Vater«. Auch als Theoretiker und Förderer hat sich Gerhard Holtz-Baumert um das Kinderbuchschaffen im Land verdient gemacht; seit vielen Jahren gibt er die »Beiträge zu Kinder- und Jugendliteratur« heraus. Um seine eigene Kindheit und Jugend geht es in seinem 1985 erschienenen Buch »Die pucklige Verwandtschaft«, einer Autobiographie »aus Berlin O 17 und Umgebung«, worin dem Arbeitersohn, wenn auch ganz unfreiwillig, eine Bekanntschaft mit Mecklenburg widerfährt.

Aus:
Die pucklige Verwandtschaft

Mein wirklicher Aufstand war bescheiden — Desertion und Flucht nach Dänemark; bei Goldenstädt in Mecklenburg geriet ich in Gefangenschaft. In dem großen Auffanglager, von Hunger und Hitze, von nächtlicher Kälte zermürbt, verfiel ich wie die meisten anderen in traumloses Dösen, lag still in meinem mit den Händen ausgekratzten Loch, dem Grab, und sah im hellen Maihimmel gleichgültig die fliegenden Wolken. In der Nacht starb im Nebenloch ein alter Soldat, der mir erzählt hatte, anfangs, als wir alle sicher waren, es geschafft zu haben, daß er vom ersten Tag des Krieges an bis zum letzten dabeigewesen war, stets an der Front, immer im Feuer, und ohne den kleinsten Kratzer, ohne Verwundung, geschützt durch ein Amulett. Er zeigte mir ein kleines graues Medaillon, Phallus und Vulva, hatte es an die Erkennungsmarke gebunden. Er fieberte seit Tagen, hustete ununterbrochen, wir riefen es den amerikanischen Sanitätern zu, doch die trugen nur die Toten fort und hörten nicht auf unser Geschrei.

Nun war er des Nachts gestorben, ich raffte mich auf, ging

zum Tor und schrie dem Posten zu: My neighbour is dead! Der Posten grinste.

Ich war der nächste, das wußte ich; ich hatte zwar noch nicht vom ersten Tag an der Front gestanden, aber doch länger als anderthalb Jahre, der Krieg war nun vorbei, und ich mußte, widersinnig und ekelhaft, dennoch sterben. Ich ging zu meinem Loch zurück, ganz langsam, als könnte ich die Frist verlängern, die mir geblieben war. Mein Blick fiel auf ein graues Büchlein mit gebrochenem Rücken, eingetreten in den Sand. Etwas wie Haß erwachte in mir, das Buch endgültig unter dem Stiefel zu zertreten. Ich hob es auf, eine Feldpostausgabe von Fritz Reuters Schnurr-Murr, klopfte den Sand ab, richtete die Seiten, so gut es ging, nahm es mit in mein offenes Grab. Dort warf ich mich auf das Lager aus Gras und Lumpen, dämmerte dahin wie viele meiner Kameraden, kraftlos und zerstört, auf das Ende wartend. Das Buch lag neben mir. Da mein Leben immer noch andauerte, schlug ich es auf und begann darin zu blättern. *Abendteuer des Entspekter Bräsig.*

Von Mutter und Großmutter her verstand ich das pommersch-westpreußische Platt, ähnlich redete und schrieb dieser Entspekter aus Mecklenburg, manches Wort begriff ich nicht, ja, ich mißverstand den Entspekter anfangs, weil mein vom Hunger geschrumpftes Gehirn nicht faßte, daß Reuter seinem Bräsig eine eigene Grammatik und Orthographie, eine kurios umgestülpte Begriffswelt, mitgegeben hatte. Mein Interesse begann langsam zu erwachen, ein müder Drang, den Text zu entziffern. Um zu verstehen, mußte ich laut lesen; mit dem lauten Lesen fing ich an, wieder meine Stimme zu hören, und mir mißfiel diese Stimme, schwach, verschliffen, auch sie dem Verstummen nahe. Ich las lauter, hörte mir selbst zu und verstand mehr und mehr von dem, was ich mir vorlas. Und fing zu lachen an! Hörte nicht mehr zu lachen auf!

Ich lachte über das, was Entspekter Bräsig erlebt oder zu erleben glaubt, darüber, wie man ihn anführt und wie er meint, andere einzuseifen. Ich lachte, weil es mich an alte Filme erinnerte von Pat und Patachon und an neuere mit Hans Moser und Theo Lingen, bei denen ich einst Lachtränen vergossen hatte, die Fäuste auf die Knie trommelnd. Ich lachte, da dem Entspekter die Geschichte in Berlin widerfuhr, meiner alten, wahrscheinlich verlorenen Heimat; ich lachte über Entspekter Bräsigs Gedanken im Zoologischen Garten, seine Überlegungen zum Brandenburger Tor, über die Straße Unter den Linden. Ich lachte, da ich mich an all das erinnerte aus jenen freundlichen Tagen, da ich klüger war als Bräsig, der sich stets irrte, dieser zugereiste Trottel, der auf jeden Ganoven hereinfällt. *Um Vergebung zu fragen, Sie gehören gewiß unserm geheimen Post- und Eisenbahnverein an? ... Ich sah's an der Art, wie Sie Messer und Gabel zusammenlegten und wie Sie das Glas anfiessen. ... Und wie nun der Eisenbahnmensch kommt und die Billetter einfordern will, steht er so halb auf und pfeift dreimal, und bei jedem Pfiff schlägt er sich mit dem Zeigefinger der rechten Hand auf die Nase.*

Ich lache und lache. Stoppelbärtige, hohlwangige Gesichter beugen sich über den Rand meines Grabes, Kamerad, was ist los, fehlt dir was?

Nein, laßt mich in Ruhe, es ist alles in Ordnung! Ich will weiterlesen, und da ich weiterlese, lebe ich auch weiter.

Entspekter Bräsig geht zu Bett und stellt beide Beine samt Stiefel in den eleganten Stiefelknecht, der auf jedem Ende eine Klemme hat. *Gott in den hohgen Himmel! Ich saß in einem Spanschen Buck, ich hatte mir selbst in Fußangeln gelegt ...* Ich lache, ich lebe, ich lache und weine, wieder verdunkeln die stoppelbärtigen Gesichter mir das Tageslicht.

Der ist auch verrückt geworden, sagt einer, und er schielt auf meine Stiefel, ob er sie mir jetzt schon ausziehen soll oder erst nachher, wenn ich ganz erledigt bin.

Laß gut sein, ich kichere, die Stiefel stecken im Spanschen Buck, ich hab mir Fußangeln angelegt wie Entspekter Bräsig.

Da haben wir's, die Sicherung ist ihm durchgebrannt, murmeln sie und ziehen sich vorsichtig zurück.

Ich las den ganzen Tag, der Hunger verflog, unbekannte Kraft schoß mir in den ausgemergelten Leib.

Entspekter Bräsig, vom Lama bespuckt im Zoologischen Garten, ein neuer Freund tritt hinzu, ich ahne schon lachend, wieder ein Hereinfall. *Sie is es ackerat mit dem Lama so ge-*

gangen, wie die Zehlendorfer Bauern mit dem großen französischen Filosofen Volltähr, kennen Sie ihm? — Ne, sage ich, einen gewissen Wolter kenne ich wohl, aber das ist ein Zukkerkanditer in Stemhagen.

Ich las und lachte, solange es hell blieb; ich stieg aus dem Schatten meines Loches, setzte mich auf die kalte, feuchte Erde, um den letzten Sonnenstrahl zu erwischen. Als ich beim besten Willen nichts mehr entziffern konnte, sprang ich in mein Grab und schlief vor Schwäche und Glück ein, das raschelnde Buch unter dem Kopf, die Faust daneben, es zu bewachen.

Am nächsten Tag las ich weiter und alles noch einmal, den ganzen Tag über, und ich lachte wieder, Tränen liefen mir übers Gesicht, hysterisch schrie ich bei jedem Satz auf, auch dort, wo es eigentlich nichts zu lachen gab. Ich weinte wegen des Spaßes, aber auch, daß ich noch oder wieder lachen konnte; und ich weinte lachend um Berlin und um die Eltern, um das Mädchen mit dem kleinen Lederherzen am Handgelenk, ich weinte, daß all dies versunken war, unerreichbar für immer, und ich lachte weinend, daß ich noch lebte auf dem tausendfach zerwühlten Acker dieses Auffanglagers, sterbend schon, aber noch nicht tot. Und ich lachte, weil ich spürte, daß die Lethargie, der eiserne Vorbote des Todes, zurückwich, daß ich Kraft gewann, daß ich mich eigentlich erst jetzt von der Vergangenheit befreite. Gut, wenn es Berlin nicht mehr gab, vielleicht begann alles in *Bramborg* oder *Stemhagen.*

Die Zeiten waren nicht danach, Erinnerungen lange zu pflegen. Wenn man siebzehneinhalb Jahre alt ist und das Schlimmste erlebt hat, geängstigt bis auf den Tod, verfolgt, gerettet, wenn man nun den ganz neuen Anfang vor sich hat, die große Zukunft, auch wenn diese Zukunft sich verbirgt zwischen Trümmerwüsten und in der scharfen Kälte des ersten Nachkriegswinters, dann vergißt man rasch. Ich vergaß Fritz Reuter und seine anspruchslose Erzählung, ich dachte nicht mehr an den Entspekter Bräsig und daran, wie er es eigentlich entschieden hatte, daß ich mein Leben rettete. Aber eine mir bis dahin unbekannte, unbezwingbare Leidenschaft überkam mich, eine noch hemmungslosere Lesewut als in der Pubertät, eine unbezähmbare Gier nach Büchern, Broschüren und Zeitschriften.

Holtz-Baumert, Gerhard: Die pucklige Verwandtschaft. Berlin 1985, S. 497 ff.

Johannes R. Becher
geb. in München 22.5.1891
gest. in Berlin 11.10.1958

Lieblingslandschaften des Dichters: die Schwäbische Alb bei Urach, die märkische Seenlandschaft um Bad Saarow und schließlich das Fischland zwischen See und Bodden. Seine schönsten Gedichte erzählen von diesen Plätzen. In den letzten Jahren seines Lebens bedeuteten Saarow und Ahrenshoop viel für ihn; hier fand er aus dem anstrengenden, konzentrierten Arbeitsalltag des Kulturpolitikers wieder zu seiner Dichtung.

Unser sind — also auch mein — sein summender
Sommer, sein lila Meer und der Sterne unendliches
Glühen. Volkseigen.
Paul Wiens

Schwarze Segel im Bodden

Manchmal gehen Segel übers Land.
Manchmal ziehen Boote über Wiesen.
Schwarze Segel überm Hügelrand.
Und die Wiesen sind ein grünes Fließen.

Durch das Schilf, das leis im Wind sich wiegt,
Sind sie heimlich unserm Blick entglitten,
Und dann stehn die Segel wieder mitten
Auf dem Meer, schräg an den Wind geschmiegt.

Eine Mühle steht dort auf dem Hügel,
Und ein schwarzes Segel steigt empor,
Und schon überschattet es die Flügel,
Und zieht traumhaft hinter ihnen vor.

Wie verweht schiebt sich das Land zur Seite,
Und versonnen, abendlich besonnt,
Öffnet sich das Meer in seiner Weite ...
Schwarze Segel stehn am Horizont.

Becher, Johannes R.: Gesammelte Werke, Berlin und Weimar 1972, Bd. 5, S. 486

Fritz Meyer-Scharffenberg
geb. in Wittenburg 19. 10. 1912
gest. in Rostock 24. 12. 1975

FMS, so nannten ihn seine Freunde, bewohnte ein Haus am Breitling in dem Dorf Groß Klein, nördlich von Rostock. Nachts zog die Großstadt einen Kranz aus Lichtern rings um den kleinen Ort: im Süden die Stadt, im Norden die Werft, im Osten der Hafen, im Westen die Hochhäuser von Lütten Klein. Hier schrieb er. Sein Zimmerfenster sah hinaus auf das Wasser, und die Schiffe aus allen Ländern fuhren am Schreibersmann vorbei. Er war ein stiller Mann inmitten der Welt. Mecklenburg war ihm mehr als Lebensplatz. Seine Bücher, fast alle, haben hier ihre geistige Quelle. Wenn man das Wort »Heimatliteratur« aller seiner Seitentöne entkleidet: seine Bücher sind es im allerbesten Sinne des Begriffs.

In Großmutters Haus

Die Eisblumen am Fenster sind vorübergehend zerflossen, das besorgte der bullernde Ofen, und vielleicht tat auch die Sonne in den Mittagsstunden ihren Teil, aber draußen glitzert noch immer der Schnee, und fast unsichtbar schweben schon wieder hauchdünne Flocken herab. Ringsum, bis hinunter zum Bodden, ist alles weiß, und darüber hinaus auch, das ganze weite Land liegt unter hohem Schnee. Kein Vogel am Himmel, kein Wild am Waldrand. Am Schilf zog am Morgen eine Rotte Sauen vorüber. Sie haben es, wie Hirsch und Reh, nicht leicht, Waldboden und Weideland sind steinhart gefroren.

In einer solchen Stunde ohne Radio und Fernsehen machen die Gedanken ungestört ihren Spaziergang durch die Lebensjahrzehnte. So erinnere ich mich, daß ich bereits als Kind gern am Fenster saß. Das ist lange her, im ersten Weltkrieg war es, als es noch Großmütter und keine Omis oder Omas gab.

Großmutters Haus steht noch heute an der Ecke der Wall- und der Wasserstraße. Es ist ganz niedrig, ein großgewachsener Mann reicht gut und gern mit der Hand bis an die Dachrinne. An der Ecke liegt ein blauer Basalt als Kantstein. Ein starker Mann könnte ihn schleppen. Ich staunte, als ich ihn nach Jahrzehnten wiedersah. Wie klein war er! Hatte ich ihn doch als unerreichbar hoch in Erinnerung, ihn, an den ich mich wohl lehnen, doch auf den ich mich nicht draufsetzen konnte.

Vom Nachbarn ist Großmutters Haus durch eine schmale Tüsch getrennt, grade breit genug, um ein Stück Vieh hindurchzulassen. Eine Kuh war zu der Zeit allerdings ein Kapital, und bei Großmutter reichte es dafür nicht, sie hielt nur eine Ziege, von denen aber gingen zwei nebeneinander durch die enge Tüsch. Früher hatte sie eine Kuh gehabt, doch die mußte verkauft werden, als Großmutter sich scheiden ließ. Nie und nimmer hätte sie an Scheidung gedacht, wenn Großvater sie nicht oft so schrecklich geschlagen hätte.

Großvater, der seine Enkelkinder nicht mehr kennenlernte, arbeitete in einer Kolonne auf den benachbarten Gütern und kam nur am Wochenende nach Hause. Sein Wochenlohn ging fast drauf für das, was Großmutter einkaufen mußte, um ihn für die nächste Woche mit Verpflegung und Branntwein zu versorgen. Auf den Gütern erhielt er nur Mittagessen.

Großvater und Großmutter hatten fünf Kinder miteinander. Nach der Scheidung saß Großmutter damit allein, während sich Großvater in der Welt herumtrieb und irgendwo vergessen starb. Na ja, von da ab war an der Ecke von der Wall- und Wasserstraße im Haus mit dem tiefen Dach Schmalhans erst recht Küchenmeister geworden, und oft bekamen die Kinder nur Rahm oder auch nur Milch mit Salz aufs Brot gestrichen; dafür aber herrschte Friede, und Großmutter bekam alle fünf groß. Wenn ihre Hand gelegentlich auch locker saß, so geschah das aber meist nur zur rechten Zeit. Jedenfalls hat es dem Seelenleben ihrer Kinder nicht geschadet: alle schlugen gut ein. Die Söhne erlernten sogar einen Beruf, Maurer, Schmied und Zimmermann. Sie selbst stand mit der Sonne auf und besorgte morgens das Kleinvieh und den Haushalt, nachmittags ging sie arbeiten, entweder zum Graben, Mähen, Heuen, Dreschen oder Kartoffelnsammeln. Mehr als fünfzig Pfennig für den Nachmittag aber brachte solche Arbeit kaum. Dafür fütterte sie ein oder auch zwei Schweine fett, und den Garten hatte sie ja auch noch, so daß die Kinder und sie nicht hungerten. Etwaige Sprünge konnten natürlich nicht gemacht werden. Zum Frisör gehen, um sich das Haar machen zu lassen, wie es die Omis tun, oder gar einen Hosenanzug tragen, daran dachte man damals nicht einmal. Ferien, Eisenbahnfahrten und große Geschenke gab es nicht. Verwandte, und wohnten sie auch weit entfernt, wurden zu Fuß besucht.

Zur Erntezeit setzte Großmutter wegen der Sonne den Schutenhut auf, band ihn sich unter dem Kinn fest, packte Säcke oder Körbe auf die Schiebkarre und nahm die Kilometer unters Rad. Zurück kam sie dann mit Gras, Heu, Holz oder auch wohl mit zwei oder drei Sack Kartoffeln oder Steckrüben geschoben, die sie sich sauer verdient hatte. Oft setzte sie eines der Enkelkinder noch obendrauf, damit es sich nicht soviel von den Fußsohlen ablief, wie sie zu sagen pflegte.

Einen Höhepunkt im Leben ihrer Familie bildete das Schlachtfest. Da Hausschlachtung wegen der Lebensmittelkarten im Kriege gemeldet werden mußte, geschah das Schlachten einmal offiziell und einmal inoffiziell. Das inoffizielle Schlachtfest war das aufregendste, fand es doch hinter verschlossener Haustür und bei geschlossenen Fensterläden statt. Natürlich fielen geschlossene Fensterläden am hellichten Tag auf, und jedermann wußte auch, was dahinter geschah, doch da sie es alle so machten, verlief, was geschah, unbehindert. Selbstverständlich bekamen die Nachbarn dafür auch Wurstbrühe, und einige erhielten sogar eine Leberwurst mit einem roten Band. Da auch dies reihum ging, war es kein Geschenk, das sich vom Munde hätte abgespart werden müssen. An Wurstbrühe mangelte es in den Wintermonaten also nicht. Ich habe viele Kindheitstage bei Großmutter verbracht und daher auch manches heimliche Schlachtfest miterlebt, und ich weiß, daß ich an solchen Tagen meist sterben wollte oder zumindest glaubte, sterbenskrank zu sein, und deshalb jammerte: »Ick bliew dot, Großmudder, ick bliew dot!« Natürlich hatte ich zuviel Mett genascht und wohl auch Wellfleisch gegessen. Großmutter meinte dann tröstend: »Laat man, min Jung, dat schitt sick alls wedder weg.« Und sie hatte wie immer recht.

Großmutter fand überhaupt stets das rechte Wort. An einem trüben Novembertag trafen meine Schwester und ich in halber Nacht bei ihr ein. Der Zug hatte sich verspätet, so daß sie annahm, wir kämen wohl erst am nächsten Tag, denn die Petroleumlampe war bereits ausgelöscht. Meine Schwester klopfte an die Fensterlade, und wir hörten das Stroh rascheln. Jawohl, Stroh, denn in Großmutters Betten gab es keine großartigen Matratzen, sondern nur eine Strohschütte und darüber ein Unterbett mit Federn und darüber wieder ein Laken aus grobem Linnen. Allerdings krochen durch das Wühlen oft ein paar Halme an der Seite heraus, die unangenehm piekten, mit denen es sich aber, wenn man bereits wach war und noch nicht aufstehen durfte, herrlich spielen ließ.

Nachdem wir nun ordentlich gebullert hatten, wurde die Lade aufgestoßen, das Fenster aufgeriegelt, und Großmutter in der Nachtjacke schaute heraus. Sie blinzelte uns an.

Eichen in Domsühl

»Nanu«, rief sie, »ihr kommt ja wie Nikodemus in der Nacht.« Den Namen Nikodemus habe ich nie vergessen, bis ich später nachschlug und erfuhr, daß besagter Nikodemus ein etwas ängstlicher Verehrer Jesu von Nazareth gewesen sein soll, der sich nur nachts zu dem Nazarener traute. Ja, Angst vor Hohenpriestern, Angst vor Macht, wann gab es sie auf dieser Erde nicht?

An einem Frühsommertag spazierte ich mit meiner Schwester die Wasserstraße hinunter, als vor uns eine Gans mit ihren gelben Gösseln watschelte. Ein barfüßiges Mädchen hatte eine Gerte in der Hand und trieb die Schar sacht ans Wasser. Das gefiel mir, und ich wollte auch einmal Gänse hüten, fand einen daumendicken Stock und begann ebenfalls zu treiben. Plötzlich lag ein Gössel hüftlahm auf der Seite. Ich erschrak und spürte mich auch schon von meiner entsetzten Schwester am Arm weggerissen, und dann lief sie mit mir in großer Angst zurück in Großmutters Haus. »Du hast das Gössel totgeschlagen«, jammerte sie, was ich überhaupt nicht verstand, denn ich hatte es doch nur ein bißchen angetrieben, weil es zu weit aus der Richtung watschelte. Meine Schwester schloß sofort am hellen Nachmittag die Fensterläden, und da saßen wir nun ängstlich im Dämmerlicht, das heißt, ich wurde ins Bett gesteckt und wachte erst am nächsten Morgen wieder auf. Aber wie! Unsanft von Großmutter geweckt; sie beugte sich in ihrem Schutenhut über mein Bett und rief erregt, was ich nur getan hätte, ich sollte mich nicht wundern, wenn heut nachmittag der Gendarm käme und mich abholte.

Damit hatte sie mir einen fürchterlichen Schreck eingejagt, den ich nie wieder ganz losgeworden bin, denn noch zu meiner Schulzeit gab es die berittenen, martialisch dreinschauenden Gendarmen, und ich hielt stets auf Abstand, sobald ich nur das blankgewichste Sattelzeug knarren hörte oder die wohlbeleibten schnauzbärtigen Hüter des Gesetzes reiten sah. Und ich muß offen gestehen, daß dieser Respekt vor uniformierter Polizei mir noch heut in den Knochen sitzt.

In diesem Falle hatte Großmutter keinen Spruch zur Hand, wenn sie es auch sonst gewöhnlich damit hielt, aber ich erinnere mich an einen Heiligabend, an dem wieder ein unvergessener fällig war. Auch an diesem Tag ging Großmutter am Nachmittag für ein paar Stunden arbeiten. Ich wurde zum Nachbarn gebracht. Das war ein lahmender alter Mann, der bei jedem Schritt recht kräftig mit dem Krückstock aufstieß und deshalb *Stötevadder* genannt wurde. Eine Klappstulle, mit Schmalz bestrichen und in Zeitungspapier gewickelt, hatte ich mitgebracht und aufs Kannenbord gelegt. Sie durfte erst ausgewickelt und gegessen werden, wenn Stötevadder die Kanne mit Zichorienkaffee aus dem Ofenröhr nahm und jedem eine Tasse voll einschenkte.

Ich saß also auf der Fensterbank und sah durch ein gehauchtes Loch in der vereisten Scheibe die Straße zum Wasser hinunter. Scharfer Frost hatte ungewöhnlich früh um sich gebissen, so daß die Seen bereits festes Eis trugen. Schnee fiel in dicken Flocken, weihnachtlich also, wie es nicht stiller und tiefer sein konnte. Ich mußte wohl mächtiges Heimweh spüren, denn ich begann zu weinen und zu rufen: »Ick will nah min Mudder!« Stötevadder versuchte mich zu beruhigen, indem er mich beschwor, doch still zu sein, meine Mutter komme ja bald. Da das aber nicht wirkte, begann er mit vollen Backen, die Luft durch die Lippen pressend, einen Militärmarsch zu blasen, um mein Geheule zu übertönen. Daraufhin stellte ich auch bald mein Weinen ein, denn gegen die von Stötevadder intonierte Kapelle war nicht anzukommen, zumal er mit seinem Stock noch den Takt dazu stieß.

Vom Fenster sah ich bald wieder auf die Straße. Sie lag grenzenlos verlassen da, nur die Flocken fielen dick und dicht, und ich war drauf und dran, erneut loszuheulen, als plötzlich Abwechslung in die Eintönigkeit der winterlichen Straße kam. Ich entdeckte durch mein größer gewordenes Guckloch in der sonst mit Eisblumen über und über gezierten Fensterscheibe drei vermummte Männer. Der eine trug ein Bündel trockenes Holz, der andere einen weidengeflochtenen Umhängekorb mit Karauschen, und der dritte hatte Kienspan unterm Arm.

Wie ich war, in Hausschuhen, ohne Mantel, ohne Mütze, wischte ich hinüber in Großmutters Haus. Ihre Küche war mit Mauersteinen gedielt und vom brennenden Kienspan in einem Tonbehälter neben dem Herd beleuchtet, so daß unsere Schatten gespenstisch an der gekalkten Wand auf und nieder huschten. Großmutter war bereits zurückgekehrt. »Se kamen, Großmudder, se kamen«, rief ich.

Die drei Männer waren Großmutters Söhne. Als sie in die Tür traten — die Glocke läutete melodisch —, stampften sie sich den Schnee von den Füßen und wurden von Großmutter mit den Worten empfangen: »Wie die drei Weisen aus dem Morgenland.«

Von allen Sprüchen meiner Großmutter prägte sich mir dieses Wort von den Weisen am tiefsten ein. Anfangs verstand ich darunter drei Weiße, erklärlich, denn ihre heimkehrenden Söhne waren ja vom Schnee über und über weiß. In der Schule erfuhr ich später, die Weisen aus dem Morgenland seien drei biblische Gestalten. Der Lehrer sprach aber nicht von Weisen, sondern von Königen. Wieder ein neues Problem. Viel später stellte ich dann sachlich fest, daß von den vier Evangelisten der Bibel nur Matthäus die Weisen aus dem Morgenland erwähnt; von Königen spricht er nicht. Forscher haben erkundet, daß erst seit dem 6. Jahrhundert von Königen statt von Weisen gesprochen wird. Sie tauchen in der darstellenden Kunst seit dem 10. Jahrhundert mit Krone und Mantel auf, zu sehen im Museum in Cluny, einer kleinen Stadt im Burgundischen Frankreich.

Inzwischen ist viel Wasser bergab geflossen, wie Großmutter zu sagen pflegte. Sie ruht schon lange auf dem Friedhof und hat vom zweiten Weltkrieg zum Glück nur den Anfang erleben müssen. Drei Kriege in einem Menschenleben. Furchtbar!

Sie ist nach kurzer Krankheit still gestorben, aber bald nach ihrer Beerdigung wurde der Friedhof bombardiert und Großmutters Grab dem Erdboden gleichgemacht, doch da am Kopfende ihres Grabes Astern gepflanzt waren, entfalteten sie inmitten der Verwüstung ihre Blüten und zeigten an, wo Großmutter schlief.

Ja, das sind so Erinnerungen am Fenster, wenn man durch Eisblumen über den Bodden schaut. Der Kirchturm der kleinen Hafenstadt am jenseitigen Ufer hat sich eine rote Blume angesteckt, Warnlicht für Flugzeuge, Verkehrsflugzeuge, versteht sich; das sieht in all dem Weiß recht freundlich aus. Aber wenn ich noch einmal kurz auf die drei Weisen in Luthers sprachherrlicher Bibel zurückkommen darf, so steht fest, daß sie seit dem Mittelalter in der Weihnachtslegende eine strahlende Rolle gespielt haben und die Fantasie der Künstler immerfort anregten. Drei sind es wohl schließlich deshalb geworden — auf den ersten Darstellungen sind es zwei, auch vier Könige —, weil stets von dreierlei Art Geschenken: Gold, Weihrauch und Myrrhe, gesprochen wurde.

Eine schöne Legende, aber ich muß gestehen, die drei Weisen meiner Großmutter waren für mich doch handfestere Gestalten. Sie brachten uns Kienspan, damit es hell wurde, Holz, damit wir es warm hatten, und Fisch, damit wir nicht hungerten.

Der Krieg hatte damals fast allen Vorrat aufgefressen, und als wir den Fisch verzehrten, sagte Großmutter, die es ja mit den Sprüchen hielt, weil Religion während ihrer Schulzeit Hauptfach gewesen war: »Eßt, Kinder, morgen schafft Gott weiter Rat!« Danach überlegte sie wahrscheinlich, wie sie es am besten anstellte, um auch am nächsten Tag Kinder und Kindeskinder sattzumachen.

Meyer-Scharffenberg, Fritz: Boddengeflunker. Neun Geschichten aus dem Nachlaß. Rostock 1978, S. 40 ff.

Claus B. Schröder

geb. in Schwerin 10.6.1939
lebt in Schwerin

Der Herausgeber besitzt eine Zeichnung, eine Skizze, in Kugelschreiber ausgeführt auf kariertem Schreibpapier während einer Versammlung des Schriftstellerverbandes, darstellend Claus B. Schröder im Profil, alles ziemlich treffend: Bart, Brille, Haarschopf, linkshändige Geste. Nur die Zigarette fehlt. Ganz unverwechselbar die Haltung des Zuhörenden: vorgebeugte Spannung, skeptischer Blick über die herabgerutschte Brille. So spürte er auch dem Leben des Hamburgers Wolfgang Borchert nach und fand zwischen jenem und sich selbst eine überraschende Beziehung, die in eine Straße jenes Schweriner Stadtviertels führt, in der er, Schröder, geboren wurde.

Aus:
Mehr als ein Haufen Steine

Mein letzter Abend in Hamburg.
 Es regnet.
 Bus. Altona. Hohenzollernring.
 Aus Strichen im Stadtplan werden Straßen, Häuser — der freundliche Brief, zwei Telefongespräche, dieser verschobene Tag, also heute — damals, jemand hatte mir den Zeitungsausschnitt gegeben, Hamburger Abendblatt, über die Einrichtung des Borchert-Archivs, ein Foto, die Mutter, Hertha Borchert, in jenem Sessel — jetzt, den Finger schon am Klingelknopf, fürchte ich, irgendwer könnte mir öffnen, mich eilig nach einem Wunsch fragen, in diesem so sehr persönlichen Kann-ich-etwas-für-Sie-tun-Ton, und was dann sagen?
 Die Frau, die mir öffnet — ich kenne das Gesicht von jüngeren, älteren Fotos —, soll wirklich 83 Jahre alt sein?
 Nichts von der dunklen Zurückgezogenheit alter Leute, die den Lauf der Welt betrauern — gut, das war nicht zu erwarten, nicht zu befürchten, eher noch nüchterne Reserviertheit

gegenüber Leuten, die auftauchen und wieder verschwinden, nach Erinnerungen fragen, sich irgendwo in der Welt an einem weiteren Wolfgang-Borchert-Bild versuchen, mit einer Vorstellung aus Geschichten kommen, vielleicht mit einer anderen Vorstellung wieder weggehen, oder auch nicht.

Nichts von dieser skeptischen Reserviertheit, Freundlichkeit, nach ein paar Sätzen Herzlichkeit — »Eigentlich trifft man nur Verwandte«, eine Widmung, die ich anderen Tags gern im Buch zurück mit über die Grenze nehm.

Sitzen um den Tisch beim Kaffee, und da ist all das, was in Rühmkorfs Biographie nachzulesen ist, das sporadisch Heitere, das plötzlich Ernste, dieser abrupte Wechsel in der Stimmung, den auch andere, Freunde und Bekannte, beim Sohn beschrieben haben, als von der Mutter geerbt.

An der Wand die Bücher im Regal, die Ausgaben der Jahre — die Geschichten, geschrieben von einem eigenartigen Mann, mit dieser Empfindlichkeit für Eigenartiges — nur schwer in ein Bild zu fassen, solange wir von unseren Bildern die Vorstellung haben, sie müßten aus einem So-und-nicht-anders-Satz gemacht sein, glatt und verwendbar.

Dieses Leben, voller Widersprüche, bis ins Paradoxe.

Der Außenseiter, der uns sehr nahe ist, der Spaßvogel, der uns bitter ernste Worte gesagt hat.

Nicht jedes Kind wird recht haben, wenn es den Eltern, als Ersatz für übliches Verhalten, prophezeit, eines Tages berühmt zu werden, nur sehr selten wird wirklich das Schild ans Haus gemacht, mit dem Hinweis, daß der berühmte Sohn drin gewohnt hat.

Dieses Kind, das glaubte ein großer Mann zu sein — später, als Mann, dann ein Kind war, krank im Bett, von der Mutter gefüttert, und doch wirklich groß, und voller Zweifel.

Dieser Mann, dessen Heimat so unüberhörbar Hamburg war, der diese Stadt bis ins Pathetische besungen hat — und es doch lange wie einen Makel mit sich rumgetragen hatte, aus Hamburg zu stammen, versehen mit der Sprache seiner Geburtsstadt. Dieses doppelte Bekenntnis zur Herkunft: *Mutter zwischen Wiesen und Watt.* Als sei es nie anders gewesen, als hätte es den Versuch der eigenwilligen Loslösung nicht schon sehr früh gegeben, mit sich selbst zurechtzukommen, dieser gescheiterte Versuch zu leben — freilich dann auch noch in einer Zeit, die schon einem weniger exzentrisch veranlagten Menschen nicht gerade freundlich war.

Bei den Großen der Literatur kann man vielleicht zu den Kindern gehen, Enkeln und Urenkeln, zu den entfernten Nachfahren — ungewöhnlich, die Mutter eines Schriftstellers zu besuchen, der selbst schon Geschichte ist, Nachkriegsgeschichte, damals, diese Zeit, die wir möglichst schnell hinter uns bringen wollten und die uns nun doch so überraschend schnell wieder gut für Entdeckungen geworden ist.

Aus eben noch heiterem Gesicht der Satz: Es sieht nicht gut aus in der Welt.

Und Schweigen.

Und ein Kopfschütteln aus den Erinnerungen.

Wenn ich nicht irre, dann war es Brecht, der sich einen Grabstein vorgestellt hatte, dessen Aufschrift lauten sollte: Er hat Vorschläge gemacht. Wir haben sie beachtet.

Aber so berühmt haben wir Leser nur sehr wenige Schreiber gemacht. Sicher sind die Ideen von Autokonstrukteuren oder ähnlichen Weltverbesserern leichter zu realisieren. Man hat zwar ihre Namen vergessen, aber die Autos sind wirklich besser geworden.

Er hat das alles vorausgesehen, sagt sie. Waffen, wo man hinsieht, Waffen, sagt sie. 83 Jahre alt. Sie hat zwei Weltkriege erlebt. Und dann, plötzlich, dieser andere Sprung ins, wie man sagt, Private, Persönliche, in die Gegend, die man als Ton in der Sprache hat, mit sich rumträgt — Altengamme, Hamburg, die Elbe — Mecklenburg, Dambeck, Schwerin — und, überraschend, Erinnerungen, viele Jahre zurück — Schwerin, eine schöne Stadt, damals, Wolfgang war noch klein, als wir die Großeltern besucht haben — das Schloß, ein Platz, Straßen, die selbst ihren alten Namen vergessen haben, umbenannt, wir gehen — im Sessel sitzend — die Straßen meiner Geburtsstadt ab, ich trau mich nicht zu glauben, daß wir tatsächlich näher in die Gegend meiner Kindheit kommen.

Sind alle Geschichten irgendwie rund? — wenn sie erst einmal anfangen? — ihren Bogen beschreiben, auf ihren Ausgangspunkt zurück? Zu geheimnisvoll. Und doch, vielleicht der Wunsch, etwas Äußeres für einen anderen Zusammenhang finden zu wollen.

Damals im Garten meiner Großmutter, die Bank und der Tisch, Haselnußstrauch und zugeschütteter Bombentrichter, das Buch — und was besagt es schon? — eigentlich — daß der, der es geschrieben hatte, dessen Geschichten es waren, die ich las, in seiner Kindheit in der Gegend meiner Kindheit gewesen war, die paar Schritte bis zur nächsten Querstraße, daß er in dem Haus, das ich von unserem Fenster aus sehen konnte, seine Großeltern besucht hatte? Und doch interessiert es mich. Ein paar Jahre, bevor ich geboren wurde, und doch ist mir, als hätten wir uns auf der Straße treffen können, an der Ecke zusammen gespielt.

Wieder zurückgekehrt, in der Bibliothek das alte Adreßbuch nimmt jeden Zweifel. Bezirksschornsteinfegermeister Friedrich Borchert, Roonstraße 8, zwei Treppen. Daß er ein lustiger Mann war, der auch Gedichte schrieb, aus Goldberg stammte, das steht woanders über den Großvater.

Eine stille Straße mit gestutzten Bäumen, inzwischen nach von Thünen benannt — das dreistöckige Haus dem meiner Großeltern ungeheuer ähnlich, wie man um die Jahrhundertwende baute, in dieser bis heute kaum veränderten Gegend, geh durch den Torweg, im Hof ein Hinterhaus, Fachwerk, rote Ziegelsteine, Stall, Waschküche, so stand es auch bei uns im Hof, eh die Bombe in den Garten fiel.

Werf einen Blick die Fassade rauf, die Küchenfenster in den Hof, wie eine Querstraße weiter — im Birnbaum sang abends ein Star — frag mich, warum ich hier steh, ein winziger, belangloser Fakt zur Biographie.

Geh die lange graue Straße runter, die beide Querstraßen miteinander verbindet. Was macht es, daß er sie gekannt hat? Was macht es, daß ich sie mir vorgestellt hab, als ich »Die lange lange Straße lang« las? Vielleicht, weil die gelbe Straßenbahn durch sie fuhr, klingelnd, abenteuerlich, mit braunen, abgesessenen Bänken aus schmalen Holzleisten und Griffen aus Messing und angeschlagenen Emaille-Schildern.

Es ist die Straße, die in Christa Wolfs »Kindheitsmuster«

vorkommt. Eine häßliche Straße, wohl die häßlichste der Stadt. Mir schien sie mal ungeheuer bunt und aufregend, und war es wohl auch. Es gab Bäcker, wo ich den Kuchen hintrug und wieder abholte, wenn das Papier mit der Nummer drauf tief eingebacken war. Es gab eine Fischräucherei, in der es, nach stundenlangem Anstehen, manchmal wirklich Fisch gab. Im kopfsteingepflasterten Hof roch es nach Bücklingen. Es gab einen Kohlenhändler, zu dem wir mit einem Ziehwagen fuhren und den im Winter alle Leute sehr beneideten. Auch Bäcker wäre man natürlich brennend gern gewesen, oder Kaufmann, bei dem es Brausepulver gab und der oft erzählte, daß er Greta Garbo gesehen hätte und lieber nicht Kaufmann geworden wäre. Beim Anstehen sah ich oft eine alte Frau, von der es hieß, daß sie Feuer im Leib hätte. Deshalb ging sie in sehr dünnen schwarzen Kleidern mit weit entblößten Schultern. Es hieß, sie hätte Phosphor verschluckt, was ich mir nicht vorstellen konnte. Der Milchmann hatte ein Reh im Garten, und daß der lange Mann wirklich doppelte Kleiderkarten bekam, mehr Punkte als andere, mag vielleicht bloß Gerede gewesen sein. Aber es war eine sehr bunte Straße, voller Leben. Heute scheint sie mir trostlos grau. Fritz Reuter, nach dem sie benannt ist, hätte ein besseres Stück der Stadt verdient, und erst recht die Leute, die drin wohnen. Bieg in die nächste Querstraße, wo noch immer meine Eltern wohnen, geh in den kleinen Hinterhausgarten, der mal vom Zaun des Nachbarn bis nach Woronesh reichte, sitz in Altona, Hohenzollernring, beim Abendbrot, bei den Erinnerungen an die Bombennächte über Hamburg, seh meine Tante mit einem Opernglas in den Himmel starren, rauf zu den Bombenflugzeugen über Schwerin, sitz am Fernsehgerät, hör einem Mann zu, der aus seinen jüngeren Jahren erzählt, damals, ein englischer General, der erklärt, wie er sich das damals gedacht hat, von welchen Gesichtspunkten aus er es gesehen hat, die Vorzüge der Flächenbombardierungen, nachts oder am Tag, Bomben auf Hamburg, Bomben auf Rostock und auf das Stück, das dazwischen liegt, sehe die Flugzeuge sich in den Himmel erheben, seh die Bomben von oben fallen, die ich vor 33 Jahren von unten sah, eh ich mit meiner Mutter in den Keller lief.

Seh die noch schaukelnd fallenden Bomben über einem Stück Land, irgendwo da unten in einem Keller steh ich mit meiner Mutter und hoff, daß die Balken halten. Sitz in einem Sessel, und der ehemalige General sitzt auch in einem Sessel, und ich versteh ihn, daß er mir seine Bomben fast auf den Kopf geworfen hätte, denk, daß Luftschutz vielleicht besser mit Wortschutz beginnt, wenn uns die kalten Begriffe um die Ohren geschlagen werden, sitz in meinem hölzernen Sargauto, am sandigen Bombentrichter, steh am grünen Bombenloch auf Helgoland ... Und das Gras wächst über das DANNGIBTESNUREINS, und die Betonklötze der Versicherungsgesellschaften wachsen — *über den Schlünden, den Trichtern und Erdlöchern und den offenen Mündern der Toten — 57 haben ihr Leben nicht richtig versichert* — aber wir, denk ich, aber wir haben bei der Zukunftsversicherung eingezahlt.

Geh durch Altona, froh über diesen Abend, der spät geworden ist — Hertha Borchert, eine Adresse in Hamburg, Post aus aller Welt, Nachfragen, Belegexemplare, fremdsprachige dicke Dissertationen, Zeitungsausschnitte, Rezensionen von Theateraufführungen — von hier gibt es Antworten, handgeschrieben, kein Büro mit Kopfbögen, das Rechte vergibt und Tantiemen eintreibt. Antworten aus der Erinnerung, aus dem Tag, wie er ist, mit Wetter und Befinden und: Wie geht es Ihnen?

Der plötzliche Einfall, im 83. Lebensjahr noch einmal nach Schwerin zu kommen — ich mag Menschen, die nie alt werden, und eben leider doch, es gibt so viel, die nie jung waren, ich mag Menschen, die ihre Freundlichkeit nicht wie einen Hut über die Straße tragen. Freu mich über die Zeilen in einem Brief: »Es ist wirklich ein merkwürdiger Zufall, daß Sie dort in der Nähe aufgewachsen sind. Irgendwie Verwandte findet man immer wieder. Oder soll ich besser sagen, man trifft nur Verwandte — andere gehen uns nichts an!« Sitz im Zug — sitz an meinem Fenster zu Haus, spann zögernd Papier in die Maschine —

Schröder, Claus B.: Mehr als ein Haufen Steine. Halle-Leipzig 1981, S. 126 ff.

Hartmut Zenker

geb. in Zittau 24.2.1922
lebt in Dresden

Seine Texte, ob Lyrik oder Prosa, auch seine Briefe an Freunde haben immer etwas rigoros Philosophisches. Er lebte viele Jahre in Mecklenburg, ehe er nach Dresden zog, um der Landschaft seines Ursprungs näher zu sein. Besonders die Stadt Güstrow und der in ihr bewahrte Geist Barlachs zogen ihn stark an. Die Nachdenklichkeit, die seinen Büchern innewohnt, bestimmt auch dieses Verhältnis zu Barlach.

Abendfahrt nach Güstrow

Eines gewaltigen Unmuts Regenwolke
und ein ausgelaufener Bär aus Nebeln
Ein Fuchs am Sumpfrand. Zwischen
Rauch und Lärm des Signals Ur-Kälte

Der überfrachtete Zug blieb stehen
oder er legte sich um abzuwerfen die
Ungeduld und den Unrat in Kippen
und Dosen und Flaschen, die
leergetrunken sind. Über die Fenster
klettern keck die Jungfraun, Engel
in Jeans. Gelächter. Leder. Splitter.
Ein Pfiff. Alles abspringen! ruft der
Schaffner. Auch eine Großmutter mit
Apfelkörben schreit vor Eifer

Leeres Wagengefolge trage ich
auf meinen Schultern und ich träume
durch die Wiesenstille hin bis zum
Heimatbahnhof, da erwartet er mich,
abendrotübersprüht und breitbeinig,

der Stoppelbärtige im Schleppmantel
mitten auf dem Gleis.

Zenker, Hartmut: Zeitflug ins Grün. Gedichte. Halle-Leipzig 1981, S. 88

Heinz Knobloch
geb. in Dresden 3.3.1926
lebt in Berlin

Jeder Mensch hat acht Urgroßelternteile, auch Heinz Knobloch. Und so ist die Anhänglichkeit dieses sachsenbürtigen Berliners an Mecklenburg leicht zu erklären: Knoblochs »einer Urgroßvater« war Kapitän zur See, und dessen Bruder war Bürgermeister zu Rostock und hat den Warnemünder Leuchtturm erbauen lassen. Wenn man den besteigt, sieht man ziemlich landein die Rostocker Stadtteile Lichtenhagen und Evershagen und Schmarl und Lütten Klein liegen, und genau dort ... ja, Heimat ist überall.

Der zweite Rundgang: Lütten Klein
(1974)

Vielleicht wissen gar nicht alle, wo das liegt, haben es jedoch schon gelesen (beim fünfgeschossigen Wohnungsbau beispielhaft verkürzte Bauzeiten), haben es jedoch schon gesehen, wenn sie aus dem Urlaubszug nach Warnemünde oder auf der Stadtautobahn aus dem Fenster blickten: da, diese neue Stadt, die nur neue Häuser hat — es gibt auch ein Dorf dieses Namens, denn so erfunden hätte man ihn sicher nicht, dazu gehört Erfindungsgabe, die ist nicht einmal durchgängig bei den Straßennamen von Lütten Klein bewiesen worden — also sind wir schon mittendrin.

Wer dort nur mal spazierengeht, hat es leicht. Er schlendert, wo er mag, nicht jede Straße hat einen Gehweg, dort wird, wer auf dem Fahrdamm läuft, tagsüber wenig gefährdet, die Autos sind alle weggefahren. Wer aber ein bestimmtes Haus sucht, muß begriffen haben, daß hier die Häuser zur nächsten Querstraße gehören — wie ein Kamm, dessen Zinken so heißen wie der Rücken. Wer dort wohnt und nach acht Tagen gelernt hat, in welches Haus er gehört, den kümmert das wenig. Doch vielleicht den Nachtarzt.

Ein Stadt ohne Schaufenster. Das muß man gesehen haben. Den Weg in die Kaufhalle weisen die drei vertrauten Halmafiguren, die symbolisch anstehen. Hier ist nicht viel Betrieb am Vormittag. Diese Stadt lebt anders und abends. Und es muß einer nicht herkommen und seine mitgebrachten Maßstäbe anlegen wollen, sondern vergleichen. Von unten auf gesehen, sieht es hier recht gleichförmig aus, ein Haus wie das andere. Aber von oben?

Eine Schule, nein, mehrere hintereinander. So viele Kinder und wenig alte Leute. Das wird in jedem Jahrzehnt noch interessante Probleme geben. Große Pause. Ganz seltsam und neu: geräuschlos. Das machen die Entfernung und die Fenster und der Blick vom höchsten Stock. Wer hat solche Aussicht. Wer ahnte vorher, daß Kinder entweder rote oder blaue Anoraks tragen? Ein Teil des Schulvorplatzes ist überdacht, und es gibt auch eine schöne flache Pfütze, die gern genutzt wird.

Wer sich zum Betrachten der neuen Welt das richtige Gebäude wählt, eines von den hohen, elfter Stock genügt, denn wenn man zu hoch steht, sieht man vielleicht nicht mehr deutlich, was die Menschen tun, also elfter Stock in einer der Postkartenansichtsstraßen, zum Beispiel Helsinkier, der braucht keine Zerstreuungen, denn er wird eine Stunde stehen und länger und sich unterhalten und mit der nun modellbahngroßen Deutschen Reichsbahn spielen, die ihm regelmäßig Doppelstockzüge vorführt, Güterwagen, Bahnhöfe anbietet. Busse und Schiffe, ein Überseh-Übersee-Hafen. Nah und fern, wo am Horizont die Mutterstadt ihre Türme zeigt; es ist die Silhouette menschlicher Tätigkeit, die so beglückt.

Wer hier wohnt, hört wenig, stört wenig, der Fahrstuhl stampft wie im Hotel. Gerade als er nicht ging, stieg ich hinauf bis zu einem jener offenen Balkons mit der atemberaubenden

Aussicht, für die man gern Eintritt zahlen würde. Doch erst, als der Fahrstuhl wieder wollte und ich die andere Balkontür wie vorgeschrieben fest einklinkte, erst da sah ich den deutschsprachigen Zettel: »Der Aufenthalt auf dem Balkon ist für Personen, die nicht im elften Stock wohnen, unerwünscht!« Verzeihen Sie nachträglich. Und im voraus, denn dort bietet jedes andere Wetter neue Gefühle an, neue Gedanken bei Seenebel, blauem Himmel, kalter Nacht.

Und außerdem, man muß Lütten Klein abends sehen. Zeitig genug, wenn alle in ihren Häusern sind und deren breite Fenster voller Licht. Tausend geöffnete Adventskalender. Laß dir erzählen.

Knobloch, Heinz: Das Lächeln der Zeitung. Feuilletons. Halle/Saale 1975, S. 126 ff.

Fritz Rudolf Fries

geb. in Bilbao 19.5.1935
lebt in Petershagen

In Fries' Person vereinen sich der Romanist und der Erzähler. Als Schüler des großen Leipziger Philologen Werner Krauss begann er; als ein vielseitiger Erzähler und Übersetzer breitet er heute ein erstaunliches Werk vor uns aus. Seine Beziehung zu Mecklenburg mag sich durch seine langjährige Zusammenarbeit mit dem bedeutendsten Verlag dieses Landstrichs vertieft haben — jedenfalls erweist sich Fritz Rudolf Fries nicht nur als profunder Kenner der spanischen Kultur, als geistvoller Romanautor und Reiseschriftsteller, sondern auch als nachdenklicher Feuilletonist, was mecklenburgische Ansichten betrifft.

Insel Poel

Gestern, vor Abfahrt nach Rostock, fuhren wir hinüber zur Insel. Aber wo ist die Insel? Eine asphaltglatte Fahrstraße bringt uns vom Wismarer Festland auf dieses Land, zur Rechten rote Dächer und das tintenblaue Boddenwasser, frische Kuhweiden und braune Felder. Nach neun Kilometern fahren wir am gelben Ortsschild vorbei und sind auf oder in Poel, was die nähere Geographie meint, und steigen in Kirchdorf aus. Sähen wir aus wie Urlauber, wären wir die ersten am Ort. Die Einwohner grüßen uns trotzdem, und wir laufen ein bißchen herum. Wir bringen wenig Vorstellung mit von Kirchdorf und Poel, wir haben es schwer, uns zu orientieren. Soviel haben wir uns angelesen auf der Fahrt, das Land ist 37 Quadratkilometer groß, es hat keine Wälder. Die Insel ist flach, wie mit dem Daumen eingedrückt, die höchste Erhebung 23 Meter, der Kickelberg, eine Etymologie, die wer will auf kieken zurückführen mag. Kiekeberg sagen die Einheimischen. Es wird geschrieben, daß einst die Fremden zur Begrüßung verprügelt wurden; eine ähnliche Sitte, die Rang nach Stärke setzt, berichten Urwaldforscher. Der Stolz der Insulaner, wie wir lesen, geht darauf zurück, niemals Leibeigene gewesen zu sein. Fischfang machte sie unabhängig und die Gaben des Himmels, denn in einem Gebet aus dem Jahre 1777 wird der Herrgott als oberster Zuteiler von Konterbande angesprochen: Herr, segne den Strand! Meint, laß viele Schiffe stranden. Der Stolz der Leute in Poel geht heute darauf zurück, eine gut florierende, wettersichere Ferieneinnahme zu haben, gute Äcker und eine Milchfabrik, und was der Konsum nicht hat, gibt es am Markt in Wismar, ein Stück über die Straße.

Die Kirche in Kirchdorf treibt auf ihre Art Verkehrserziehung. An der Wegabbiegung ein Schild: »Sünder, fahre nicht mit hundert Sachen in die Hölle!« Der Hinweis meint vor allem die Mopedfahrer, die auf den Wällen des Friedhofs rings um die kleine Kirche ihre Maschinen testen. Ein herrenloses Pferd zwischen den Gräbern, Hühner sitzen auf den Grabsteinen.

Wir suchen das Meer und kommen zum Bodden. Wir sitzen im Gras und warten, daß es Mittag wird, der Himmel sich am höchsten wölbt. Wir beobachten den Briefträger auf seinem Fahrrad. Als wir wieder in den Ort kommen, Kirchdorf, sind alle Wege voll von heimkehrenden Schulkindern und mittagspausemachenden Traktoristen. Wir sitzen in einer Veranda und bestellen Spiegeleier. Die Wirtin sitzt mit ihren Gästen am Tisch, und die Stimmung ist so, als wäre man noch einmal unter sich, ehe die Verwandtschaft vom Lande kommt, die hier die aus der Stadt ist. Die plattdeutschen Gespräche schaffen eine Vertraulichkeit, in der kein Wort Kopfschmerzen macht, weil es noch scharfe spitze Kanten hat. Nur das Gelächter setzt die Akzente, alles andere wird mit gleichem Maß gemessen, Kindergeschichten der Traktoristen, Legegewohnheiten der Hühner im Frühjahr, Einfälle der Großmutter, Sportnachrichten, der neue Anstrich für die Urlauberlaube und die Auskunft, die wir einholen, wo denn das Meer liegt.

Ans Meer kommen wir über bestellte Felder, immer die Furchen entlang, die nach Norden führen, in leichter Erhebung, so daß wir kein Wasser sehen. Als die Furchen ein Ende nehmen, eine Grasnarbe sie alle einfädelt, überlegen

Kirchhof auf der Insel Poel

wir, diese oder eine andere Richtung. Marie riecht das Wasser, sagt sie, die Luft ist anders, irgendwo da unten muß das Meer liegen, sanft fällt das Land ab, die Wolken ziehen höher. Unerklärlich weit und tief unten erscheint das Meer vor unseren Augen. Oder stehen wir auf dem Kickelberg? Wir beschleunigen den Schritt, ein atavistischer Impuls, sagen wir uns, und gehen noch schneller. Erhitzt kommen wir an und legen uns in den kalten Sand. Die Bäume am Strand, eine schmale Kette, die man für einen Wald nehmen könnte, zeigen ein diffuses, wie mit Kreide vermischtes Grün. Das Wasser holt zu einer langsamen Gebärde aus, wenn es den Strand erreicht, Schaum bleibt zurück und verflüchtigt sich sofort im Wind. Es ist Anfang Mai, wir berühren einen unbetretenen Strand. Die Müdigkeit der Entdecker, die am Ziel sind, legt sich nun auch uns auf die Augen. Ein Hämmern und Sägen weckt uns, im Schwarzen Busch, einer Kolonie von Wochenendhäusern, bessern die Wismaraner ihre Schatzstücke von den Winterschäden aus. Wir schauen auf die Uhr, verwandeln uns zurück in Leute mit Personalausweisen und einer Aufgabe im Leben, klopfen den Sand ab, den wir gewärmt haben, und suchen auf der Chaussee die Bushaltestelle. Mit den Melkern, die wir am ersten Abend im Mecklenburger Hof gesehen haben, fahren wir zurück in die Stadt. Wieder ist das Wasser des Boddens tiefblau, das Gras lichtgrün, wir sind müde, als kämen wir von der Schicht. Wir schlüpften gern in eine der Neubauwohnungen am Wege.

Fries, Fritz Rudolf: Seestücke. Rostock 1983, S. 31 ff.

Wolf Spillner

geb. in Herzberg (Harz) 30.5.1936
lebt in Wendisch-Rambow

Wer von der vielbefahrenen Straße von Schwerin nach Wismar links abbiegt, einer holprigen dörflichen Landstraße für ein paar Kilometer folgt und dann, hinter den Hügeln, einen flachen See aufblitzen sieht, der sollte sich bemühen, sein Verhalten zu kontrollieren. Also: Hier wirft keiner ungestraft seine Kippen aus dem Autofenster und seine leeren Brauseflaschen ins Gebüsch. Vor Spillners Haus steht eine wachsame Eule aus Holz, mit streng aufgerichteten Federohren. Im Garten, auf hohen Stelzenbeinen, ein riesiges Fernrohr. Hinterm Zaun die Puschenhühner mit den Federfüßen. Der Wind schweigt hier nie ganz.

Das höchste Blatt vom hohen Baum

Der Baum fiel mir auf, als ich zum ersten Mal mit dem Fahrrad nach Wismar fuhr. Vom Fahrrad kann man die Landschaft besser betrachten als aus dem Auto. Es ist nicht so gefährlich.

Ich sah den Baum über einem Meer von blühendem Raps. Die Straßenbäume trugen schon Blätter. Er aber stand noch kahl gegen den zartblauen Maihimmel. Während ich den langen Berg hinunterrollte, blickte ich wieder und wieder zu ihm hin. Es muß ein großer Baum sein, der auf solche Entfernung ein so sichtbares Zeichen ist. Wie weit muß er über das Land blicken können? Bis hin zur Ostsee?

Der Baum lockte mich. Aber keine Straße führte zu ihm. Erst unten im Grund zweigte ein Feldweg ab. Dort, hinter dem Rapsfeld, vorüber an Bienensummen und Honigduft, lief ich hügelan. Den Baum sah ich lange nicht, bis endlich seine Zweigspitzen dünn in den Himmel stachen, je weiter ich den Weg hinauf kam. Der Baum wuchs groß und immer größer vor mir auf.

Dann stand ich unter ihm.

Um uns lag das weite Land, grün und gelb und braun die Felder, mit Sonnenschein und Wolkenschatten. Und wirklich schimmerte hinter den Türmen von Wismar ganz dünn und silbern die See, und im Süden schwamm im Dunst die große Stadt Schwerin. Der Duft von Blüten und Erde zog herauf. Im Grund kroch klein ein roter Traktor mit einem Saatstriegel auf einem sonnengrünen Roggenschlag.

Pappel — du hast es gut, sagte ich. Ein schönes Land, du siehst es immer!

Der Baum wuchs über mir mit einem Netz aus Hunderten von Ästen und Tausenden von Zweigen. Eine Schwarzpappel, schwer und gewaltig an Umfang, rauh und zerklüftet ihre Borke, ehe sich der massige Hauptstamm in fünf Einzelstämme teilte. Jeder von ihnen war allein schon ein Riese!

An den Zweigen tanzten gerollte Jungblätter, braun und golden wie Schmetterlinge. Sie hüpften im Wind und dufteten streng, ein bißchen harzig, ein wenig auch nach Honig und nach Wachs. An den unteren Zweigen färbten sie sich schon zum Grün, während sich in den höchsten Spitzen die Knospen gerade erst öffneten.

Mir schien, als atme der große Baum im Wind, und die jungen Blätter flüsterten.

Ich stieg in den Baum hinauf, krallte mich an seiner rauhen Borke fest, zog mich nach oben, bis ich die ersten starken Äste erreichte. Es war nicht leicht, aber dann konnte ich bequem von einem Ast zum anderen höher und höher an dem Mittelstamm emporklettern. Da war die Rinde glatt und sanft. Ich hockte mich auf eine Astgabel. Die schlanken Stämme schwankten im Wind. Eine schwarzweiße Elster kam heran, eine zweite folgte ihr. Als sie mich sahen, erschraken sie, flatterten aufgeregt mit ihren kurzen Flügeln, spreizten die langen Schwänze und stoben schimpfend und schackernd davon. Über uns kreiste ein Bussard im Wind, ohne einen Flügelschlag. Auch er mag sich gewundert haben, warum da ein Mensch in dem Baum saß, den er nach seinen Flügen als Rastplatz nutzte.

Ich hatte Lust, mit dem Bussard zu fliegen! Immer betrachten wir die Bäume nur von unten, wie die Frösche im Gras.

Oder wir sehen sie aus dem Flugzeug. Aber dann sind sie so tief unter uns, daß sie nur noch wie kleine Besen oder Pinsel wirken.

Lange saß ich im Baum. Einzig so, weil es schön war. Nur daß der Wind warm um mich wehte. Er bewegte die Äste und Zweige an meiner Seite. Mal waren wir im Sonnenschein, dann wieder im Wolkenschatten.

Seit diesem Tag grüßte ich die Pappel, wenn ich auf der Straße nach Wismar fuhr, auch aus dem Auto. Aber erst im heißen Sommer kam ich wieder zu ihr. Da war ihr Grün beinahe schwärzlich. Die großen, harten Blätter klapperten leise. In der dunklen Krone gurrte eine Wildtaube. Sie mochte ihr Nest in den Zweigen haben. Ich wollte nicht hinaufklettern. Millionen von Blättern, eines wie das andere, hielten gemeinsam die Zweige und Äste dicht umschlossen. Ich hätte die Ostsee nicht mehr erblicken können und nicht die Türme von Schwerin. Da legte ich mich an den Fuß des Baumes, zwischen die wundersamen Blüten von Kälberkropf und Hohlzahn, sah die Schwebfliegen aus dem Schatten als Goldpunkte ins Licht tauchen, und winzige gelbe Spinnen machten zwischen den Gräsern Fliegenbeute.

Die Baumkrone über mir sprach mit dem Wind, die Blätterzungen raunten und plapperten: Wie schön ist der Sommer, wie schön ist der Sommer!

So schön ist der Sommer, dachte ich. Und dabei schlief ich ein.

Ich träumte, mit dem Baum davonzufliegen. Jedes Blatt war ein winziges Segel, in das der Wind blies. Wir schwebten über den Feldern, auf denen die Mähdrescher das Korn aus den Ähren fraßen. Unter uns zogen die roten Dächer der Dörfer vorüber und die hellen Rinderställe. Die alten Schilfdachhäuser saßen wie breite, gute Glucken zwischen den Bäumen. Wir flogen über den wilden Vogelsee und hörten die Gänse über dem Reiherberg rufen. Die Pappel rauschte und rauschte und flog weiter und weiter. Immer heftiger wurde das Rauschen und so stark, daß ich erwachte.

Der Baum war groß und dicht und dunkel über mir. Kein Blatt rührte sich. Das Rauschen machte der Regen! Der Himmel war düster. Fern zuckte ein Wetterleuchten über dem Horizont. Kein Wind ging mehr. Der Regen fiel senkrecht und stark. Die warmen Felder tranken und dampften, und von den Blättern des Baumes rann das Wasser wie von einem Dach. Ich lag trocken an seinem mächtigen Stamm. In den Zweigen über mir schlüpften zwei kleine, gelbgrüne Vögel. Sie fingen winzige Insekten und flogen damit ins Baumdunkel hinein. Ich hörte ihre Jungen hoch und dünn nach Futter betteln. Sie saßen dort oben in ihrem Nest, so trocken und geborgen wie ich unten zwischen den Baumwurzeln.

Der Himmel wurde bald schon heller. Hinter einem goldenen Wolkenstreifen blinzelte die Sonne, dann lag das Land wieder im Licht.

Sei bedankt, Pappel, sagte ich.

Warum denn, warum? flüsterten die Blätter.

Als ich im späten Herbst zur Pappel kam, hockten mißmutige schwarze Krähen auf dem nassen Rübenacker, und der Wind blies rauh. Er hatte die bunten Wälder entlaubt. Auch mein großer Pappelbaum stand nackt über den kahlen Feldern. Seine Blätter waren verweht. Bis auf eins!

Das Blatt sah ich erst, als ich dem Baum nahe war. Es war groß und braungelb und flatterte an der letzten Rute des Mittelstammes. Es drehte sich und wirbelte, es zuckte und zappelte unter den harten Windstößen. Es kreiste wie ein Propeller.

Pappel, warum läßt du nicht auch dein letztes Blatt fliegen?

Der große Baum stand schwarz und schwer. Seine Äste ächzten, und die Zweige pfiffen im Wind.

He, was ist los, schrie ich laut. Ich stapfte um die Pappel herum und starrte zu dem flatternden Blatt hinauf. Der Winter wird dir den Hochmut vertreiben, dachte ich. Wart nur ab, wenn die großen Stürme kommen.

Die Stürme kamen zur Jahreswende. Sie brachten den Schnee, der die Straßen verschüttete. Sie wehten eisig von Nord und Ost. Hart wurde der Winter, aber das weiße Tuch bedeckte die Felder und schützte die Saat. Im Sonnenschein lief ich auf Skiern zur Pappel. Das Blatt hing auf der höchsten Spitze wie ein brauner Lappen.

Niemals fliege ich davon, niemals, lispelte es herab.

Quark, quark, quark! schrie der Rabe, der über uns zum Wald hinstrich.

Endlich, nach vielen Wochen, kam der Südwind. Er brachte Wärme und die ersten Lerchen, die sich zu den Wolken hinaufsangen. In der Pappel saß der Rabe und gluckste und quarrte ganz wunderlich. Über ihm zappelte das Blatt. Es schien sehr vergnügt zu sein. Pappel, das paßt nicht zu dir! Jag dieses Blatt davon! Der Baum schwieg. Aber seine Knospen dehnten und streckten sich. Als der Raps sein Gelb entzündete, lief ich wieder zu meiner Pappel. Ein Jahr war vergangen. In den unteren Zweigen dufteten die ersten goldbraunen Jungblättchen. Der Wind ging warm über die Felder. Ich zog mich von Ast zu Ast im Baum hinauf, soweit ich nur konnte, bis der Stamm zu dünn wurde. Ein paar Meter über mir hing noch immer das Blatt, ausgefranst an den Rändern, alt und welk.

Ich schüttelte die Krone. Mach dich davon, du Hochmut! Das Blatt kicherte. Niemals fliege ich davon, niemals! Ich bin das höchste Blatt, und ich bleibe das höchste Blatt!

Die Wolken liefen über den Himmel, leicht und schön im sanften Blau. Unter ihnen schwebte der Bussard. Sein heller Ruf klang froh. Ich sah ihm nach, folgte seinen Kreisen und Schwüngen, bis mein Blick wieder an dem Blatt hängenblieb. Einmal hin, einmal her drehte das Blatt seine Fläche. Die Knospen neben dem Blattstiel dehnten und streckten sich. Der Stiel senkte sich langsam. Das Blatt neigte sich, dann fiel es seufzend herab. Der Wind nahm es auf und trug es davon. Es trudelte taumelnd über das Feld. Sein welkes Braun war rasch verschwunden.

Die Knospen aber dehnten sich und glänzten!

Spillner, Wolf: Die Hexe mit der Mundharmonika. Berlin 1983, S. 101 ff.

Kap Arkona

JÜRGEN GRAMBOW
geb. in Rostock 2.10.1941
lebt in Rostock

Wie sollte er die Insel Rügen nicht kennen? Seit zwei Jahrzehnten oder mehr zieht er Sommer für Sommer hinauf an die äußerste nördliche Küste unseres Landes, ausgerüstet mit Zelt und Schlafsack. Er sieht mehr als der Einmal-Urlauber, den vielleicht noch die überwirkliche Schönheit dieses Landstrichs am wirklichen Sehen hindert. So darf er sich selbst längst auch einen Insulaner nennen. Er ist hier akzeptiert.

Insulaner

Wenn wir in den sechziger Jahren nach Hause fuhren, konnte es vorkommen, daß schon in der Bahnhofswirtschaft von Bergen irgend jemand den Kopf hob und herübersah. Wer dann in Thesenvitz, Patzig, Bubkeritz zustieg in die *Line* genannte Kleinbahn, der beäugte uns unverhohlen. Außerhalb der Ferienmonate fielen Fremde auf. Die Landleute trugen derbes, wetterfestes Zeug, manche Arbeitskleidung. In den grünen Eisenbahnwagen saß man um einen Kanonenofen herum, eine Bank an jeder Wand, man hatte also auf jeden Fall ein Gegenüber. Unter den jüngeren Männern gab es einige, die mit meiner Ilse die Schulbank gedrückt hatten, bis sie in die Internatsschule von Bergen übergewechselt war. Sie wollte nicht hoch hinaus, war keine Ilsebill wie die Fischersfrau aus Runges Märchen, aber Bildung, das war in den fünfziger Jahren ein Zauberwort, es konnte süchtig machen.

Zuerst schulten sie so ein bißchen von unten herauf, sie ließen den Zeitraum verstreichen, in dem sich die Schmalspurbahn zwei, drei Haltepunkte weitergeschleppt hatte, und dachten nach, die Lippen formulierten die Frage lautlos vor, ehe sie sie tatsächlich stellten: Büst du nich een' von de Swatten?

Das läßt sich nicht verheimlichen, sagte Ilsebill sybillinisch.

Ick mein, bohrte der Frager weiter, von de mit de välen Gören? Heit din Brauder nich — Martin?

Richtig.

Un de anner, hakte der Frager nach, und wieder ging dem Namen eine kleine lauernde Pause voraus, die nur Sekunden dauerte, und dann folgte er, triumphierend: Gebbi?

Den gifft't ok, so die Frau an meiner Seite.

Un de Grote, de Grote, drämmelte der Frager, wir sien Nam nich —

Erle, gab Ilse zu, und sie kürzte das Verfahren ab und zählte schnell auch noch ihre Schwestern her.

Un nu — büst' in Bergen, nee, nich in Bergen, Stralsund? Stralsund ok nich?

Dann war ich dran, ein Städter, einer, der ihnen etwas vorenthalten, der sich eine aus ihrer Mitte geholt hatte. Wat büst du för ein'?

Mag der erste Blick auch das Gesicht durchforschen, der zweite gilt unweigerlich den Händen.

Auf diese Weise habe ich Gleichaltrige kennengelernt, die mißtrauisch waren und fordernd, neugierig und verschlossen, streitsüchtig und gutmütig. Später erwiesen sie sich als hilfsbereite Kumpel und als zuverlässig.

Sie waren für gewöhnlich von einer Seßhaftigkeit, die einem stoischen Beharren nahekommt. Einer, der mit Ilse den Klassenraum geteilt hatte bis in ihr sechstes Schuljahr, war, als wir ihn wiedertrafen, in seinem dreißigsten Lebensjahr, über Bergen noch nicht hinausgelangt. Wozu auch, er hatte in Stralsund keine Geschäfte abzuwickeln, er war nicht Seemann, nicht Soldat, nicht Fernfahrer geworden, und einen regulären Urlaub ließ die individuelle Viehhaltung nicht zu.

Meinst, dor is dat soväl anners? Seine Vorstellung von einer Stadt war durch die Kreisstadt geprägt, und die genügte ihm.

Grambow, Jürgen: Insulaner. Originalbeitrag

Roland Kluge
geb. in Delitzsch 4. 2. 1944
lebt in Schwerin

Selten hat einer diese Situation so genau beschrieben: daß ein Mensch, der sich eine neue Lebenslandschaft gewählt hat, sie erobern und sich aneignen muß, ohne sich doch ganz von der alten Landschaft zu trennen, die ihn prägte. Roland Kluge lebte lange im Industrierevier um Halle. Er würde es sich zu leicht gemacht haben, diese Erfahrung mit dem euphorischen Blick auf das »ach so schöne Mecklenburg« und seine saubere Luft zu verdrängen. Jede Landschaft ist schön für den, dem sie Heimat ist.

Wurzeln schlagen

Inzwischen darf ich ja schon ein bißchen mitreden. Wenn mir auch nach so wenigen Jahren des Hier-Seins manches noch wie im Urlaub vorkommt. Die Leuchtkraft der Farben zum Beispiel. Für jemanden, der Bitterfelder Luft geatmet hat, geradezu südlich. Aber nicht süßlich: Hagebutten oder Brombeeren, ein geheimer Stachel bleibt spürbar; auch in diesen Tagen einer scheinbar nicht endenwollenden Sommerzeit.

Man hat mich gewarnt: Stur wären sie hier, die Leute, und maulfaul, und die Welt ginge bei ihnen fünfzig Jahre später als anderswo unter. Tatsächlich, das Grün kommt mir hier noch recht frisch vor. Und die freundlich-selbstverständliche Abwesenheit jeder Hektik im Gestus der Menschen fällt auf. Am Zippendorfer Strand zum Beispiel. An Hochsommertagen voll wie ein Zille-Milljöh. Aber wer da brüllt, entpuppt sich meist als Urlauber: Das Lärmentzugssyndrom droht, dem man mit einer gehörigen Portion aus dem Kassettenrecorder vorbeugt. Sonst wäre ja hier »nischt wie Landschaft« ...

Aber die »Mehrschten« sind angetan. Wie der sächsische Dreikäsehoch, der begeistert ausruft: »Ohr, gugge ma, Vadi, der Deich! Wie gommern da nunder?«

Er meint den See. Ja, der See, der diese Stadt ins Herz geschlossen hat. Ich brauche nur um ein paar Häuserblocks herumzulaufen, da habe ich ihn, den Postkartenblick, der mir das Schwärmen so einfach macht: Kristallklarer Dreiklang aus Türkis, Smaragd und Lapislazuli, über dem sich Wolken und weiße Segel bauschen, zu verschwiegenen Ufern, glückseligen Eilanden ...

Es bedarf der abrupten Blickwendung, hin zu den Blöcken der Wohnungsbauserie. Da lebe ich also. Nicht gerade eine Brust, an die man sich leidenschaftlich drängt. Da wären ein paar Rundungen ganz angenehm. Vielleicht würden die Leute dann eher mal einen Bogen um den jungen Rasen machen, den manche so geradlinig zertrampeln?

Aber sonst wohnt es sich dort gut, und mancher, der mekkert, hat bloß sein Außenklo vergessen, wenn er gedankenlos in der Wanne wässert, sooft ihm danach ist: Wasser gibts ja hier, scheints, im Überfluß: Innensee, Fauler See, Ostorfer See ... Straßenbahnfahren als Landpartie.

Am »Platz der Jugend« wirds wieder städtisch: Fassaden der »guten alten Zeit«, zinnoberrote Gesichter pensionierter Beamter, die Mienen nehmen Haltung an: Im Hintergrund für einen Moment das Schloß. Rechts die Berliner Torhäuser, dieser Hauch »Neue Wache«; o Berlin, was wärest du ohne deine Mecklenburger? Schon Heinrich Seidel baute deinen schönsten Bahnhof, und der Blücher erfocht deine schönsten Siege. Und über den Moltke reden wir vielleicht auch mal wieder.

Jetzt aber erst mal rein in die Goethestraße. Über den haben wir immer geredet. Und werden auch ein Jubiläum finden, um zu rekonstruieren. »Wir wollen weniger erhoben/ Und fleißiger gelesen sein.« Hat ausnahmsweise mal nicht Goethe, sondern Lessing gesagt. Womit wir am Leninplatz sind.

Eigentlich ein bißchen klein für Lenin, finde ich. Jetzt gibts ja die vierspurige Allee, da steht er neuerdings in Bronze, streng blickend. Vielleicht auch unzufrieden, auf seinen vielen Denkmalen immer so blicken zu müssen. Ob beim nächsten Denkmal jemand mal daran denkt?

Wir fahren inzwischen auf gesicherter Grundlage weiter: Wismarsche Straße, da weiß man doch, wo es hinausgeht.

Aber da biegen wir schon wieder ab, aufwärts gehts, vorbei an der neugotischen Glaubensgewißheit der Paulskirche, und dann durch Straßenschluchten, die beweisen, daß Schwerin auch den Reiz abbröckelnder Fassaden zu bieten hat.

»Platz der Freiheit« heißt es dann recht pathetisch. Ich würde ihn aber nicht in Moltkeplatz zurückbenennen; Thomas-Mann-Platz wäre mein Vorschlag: Der Blick in die umliegenden Straßenkanäle voll der Melancholie einer venezianischen Lagune. Vielleicht entwickeln die Leute vom Bau noch Methoden, den Verfall im schönsten Moment zu konservieren, ohne größere Unbequemlichkeiten für die Bewohner?

Jetzt wird die Straße breiter; der Bauschub, der Deutschlands Großstädte um die Jahrhundertwende zu Wasserköpfen anschwellen ließ, machte sich abgeschwächt auch an dieser ehemaligen Stadtgrenze bemerkbar: Zunächst noch Festhalten am Residenzcharakter als Architekturgedanke, dann etwas sozialdemokratischer Klinker, gemeinnütziger Verputz sozialer Risse, bis hin zu Bemühungen um rassehygienisch einwandfrei deutsche Lebensbunker. Und da haben wir sie wieder eingeholt, die sich noch rechtzeitig ins Grüne absetzen wollten, in pompejanische Villen eines vermeintlich Augusteischen Zeitalters; aber der Vesuv war überall, die geistige Verschüttung nicht minder gründlich, obwohl diese Stadt von Bomben kaum geritzt wurde. Seitdem wollten einige nicht mehr schön bauen, nur noch zweckmäßig, das wäre schön, aber da sind wir nun auch schon wieder vorbei, am Rechenzentrum, und im schwungvollen, oft reparierten Gleisbogen gehts hinein in die Lichte Zukunft des Lankower Neubaugebiets.

Die Leute wohnen gern hier: Viel Grün im hellen Raster. Inkarnation eines alten, in Hinterhöfen geborenen Traums vom Leben in der Gartenstadt. Auf dem Rasen turnen Kinder an den Plastiken: So hat die Kunst einen Zweck.

Bleiben Sie sitzen, wir fahren gleich wieder zurück, für nur zehn Pfennige; wo gibts denn noch so was?

Vor der Grenadierstraße, die heute Friedensstraße heißt, steigen wir aus, laufen an den Pack- und Hinterhöfen des ersten industriellen Zeitalters vorbei zu einem der tiefsten Einschnitte in diese Stadt, dem der Eisenbahn. Fast hundertvierzig Jahre ist es her, seitdem hier die erste Dampfdroschke rollte. Technik illusionierte damals noch aristokratisch die Fassade des Bahnhofs Königliche Hoheit, aber dahinter rumorten unterm beamteten Auge totengräberisch die Pferdestärken des Umsturzes. Ein Zeit des anschaulichen Oben und Unten.

Vor dem Bahnhof stehen die Überlandbusse; Diesel statt Dampf. Geduldig warten die Leute nach Gustävel und Klein Welzin. Wann es losgeht, wird sich finden. Sympathische Abwesenheit jeglicher Panik. Der Blick auf die Dramatik der Bronzegruppe in Platzmitte eher genüßlich: So schön soll »Rettung aus Seenot« sein! Spötter haben dem nackten Jüngling mit seiner ebenfalls paradiesischen Maid natürlich längst leichtfertigere Motive unterstellt. Die edle Spenderin des Kunstwerks soll jedenfalls bei seiner Enthüllung sittlich inkommodiert zu Boden gesunken sein. So will es die Anekdote wissen, die sich hartnäckiger erwies als ihre Widerlegung.

Heute fällt niemand mehr in Ohnmacht, wenn sich an der Straßenbahnhaltestelle junge Leute küssen. Sicher erfreuliches Zeichen zunehmender Normalität. Vorausgesetzt, man hält menschliche Zuneigung für den Normalzustand. Auch noch unter jenem Mast der elektrischen Oberleitung, an dem am 2. Mai 1945, als sich die Nachricht von Hitlers Tod verbreitete, SS-Leute die Lehrerin Marianne Grunthal henkten?

Heute heißt der Platz vor dem Bahnhof Grunthalplatz. Nicht nach einem unserer Großen, sondern nach einer unserer Kleinen. Von der uns nur ein bedeutender Satz überliefert wurde, der ihr damals das Leben kostete: »Jetzt wird es endlich Frieden geben.«

Wir gehen dorthin, wo Schwerin sich von seiner schönsten Seite zeigt: Nur ein paar Schritte die Straße herunter, und wir stehen am Pfaffenteich. Setzen wir uns auf eine der weißgestrichenen Bänke in die Sonne, die Schönheit des Nordens vor uns, hellglitzernd bewegtes Urspiel von Licht und Schatten, in das die Möwen ihre weißen Pfeile schießen, Sendboten der nahen See, die den zahmeren Vettern, den Enten, noch so manchen Brocken vor dem Schnabel wegschnappen, zur Begeisterung der Zuschauer.

Leicht und elegant sieht das aus, aber sieht man genauer

hin, ist es harte Daseinsbewältigung; das Leben von Luftakrobaten, die ohne Netz arbeiten.

Die Pose der Schwäne wirkt dagegen adlig, auch wenn dieser Vergleich allzu menschliche Maßstäbe unterstellt. Sie mögen sich für die legitimen Herren des Gewässers halten, hier war vornehmste Wohngegend: Vom Ostufer grüßen die Ziergiebel bürgerlichen Besitz- und Bildungsstolzes; zwar manches vom Grauputz späterer Zeiten überdeckt, aber Luther und Melanchthon blicken so unbeirrt von der Höhe des ehemaligen gymnasialen Sprachkarzers, als sei seit 1874 nichts Entscheidendes passiert.

Schliemann blickt heraus, von solcher Höhe konnte er lange nur träumen, als halbverhungerter Ladenschwengel, Odysseus zwischen Kernseife und Heringsschwänzen. Aber dann hat er in asketischer Anspannung des Autodidakten Stufe um Stufe erklommen, um sich endlich, ein rubelschwerer Petersburger Großkapitalist, mit den zusammengerafften Millionen seinen Jungentraum zu verwirklichen: das sagenhafte Troja zu finden. Und dabei wie Kolumbus nicht Indien, sondern eine Neue Welt entdeckt.

Die Fassaden am gegenüberliegenden Ufer nobel ausklingender Klassizismus, mit dem strahlenden Kontrapunkt des Arsenals, dieser Filiale der Gotik, Mittelalter vom Schinkelschen Reißbrett. Alles, was Demmler baute, wurde schön, auch eine Kaserne. Es gehört die puristische Rechthaberei von Kunstwissenschaftlern dazu, diesen Stil epigonenhaft zu finden. Wo epigonal doch zunächst die Eigenschaft von Menschen ist, die sich auf Größeres berufen, weil sie nichts Eigenes zur Hand haben.

Demmler litt keinen Mangel an Eigenem. In dem Haus gegenüber hat er gewohnt, der jugendliche Hofbaumeister, und da ist er auch gestorben, der alte Sozialdemokrat, der Clémenceaus gallischen Zynismus: »Wer mit zwanzig nicht Sozialist ist, und mit vierzig nicht konservativ, der hat kein Herz«, so erfreulich widerlegt hat. Dafür sind ihm auch zweimal die Fensterscheiben eingeschmissen worden. Erst von der Linken, dann von der Rechten.

Gehn wir mal da rüber, in die Fußgängerzone. Achten Sie

nicht so sehr auf die Geschäfte, wie viele Touristen, die scheints nur deswegen hergekommen sind. Sehen Sie sich lieber die Leute an; die Einheimischen. Die Sie unter anderem daran erkennen, daß sie keinen Fotoapparat geschultert tragen. Und im größten Gedränge plötzlich seelenruhig stehenbleiben, ohne sich gegenseitig anzurempeln. Deswegen schweben Sie hier natürlich noch lange nicht zwischen lauter Engeln. Wenn hier jemand so verdächtig schwankt, sind die Gründe meist wasserklar: Man hält sich hierzulande nicht erst lange beim Bier auf. Auch die Laster sind hier oben durchsichtiger.

Deswegen ist noch längst nicht »allens klohr«, die Leute sind wahrhaftig nicht aus Glas. Aber sie sind nicht undurchsichtig. Das macht sie sympathisch.

Wie mag ich auf sie wirken, das sächsische Quecksilber, das ihre Temperatur mißt, wie es mein Beruf ist? Und ihr Temperament, wie ich es mir darüberhinaus gelegentlich erlaube?

In ein paar Jahren werde ich mehr wissen. Jetzt billigen sie mir aus langer Tradition noch ein wenig das Oben zu, von Amts wegen. Ein zerbrechliches Geschenk, weiß ich: Ein Thermometer kann man schnell fallen lassen. Wie honoriere ich also dieses Entgegenkommen?

Ich glaube, man hat hier ein feines Gespür für platte Anbiederungen. Zum Beispiel, Platt sprechen zu wollen. Das steht mir nicht zu, meine Wurzeln liegen woanders. Und ich habe keinen Grund, sie zu verleugnen. Wenn es mir auch schon mal kalt den Rücken runterläuft, wenn im Restaurant jemand glückselig aufschreit: »Ohr, Muddi, hier giebds ooch Kleeße!« Als wäre die Welt nur dort zivilisiert, wo es »Kleeße« gibt …

Aber hören wir auf, weiter genüßlich in landsmannschaftlichen Empfindlichkeiten zu stochern: Auch hier stehen an den Bratwurstständen die Deutschen aller Stämme einträchtig Schlange. Als bekämen sie zu Hause nicht genug zu essen. Das wäre die Folge des tiefsitzenden Schocks kriegsbedingter Ernährungskrisen, erklären die Psychologen. Nun schon in der dritten Generation? So man nur will, findet man fürs eigene Fehlverhalten immer noch eine gesellschaftliche Ausrede.

Versagen wir uns also diesen Duft, schnuppern wir lieber die klare Luft. Das ist doch was anderes als Leuna-Buna; wenn der Theaterschornstein nicht gerade raucht. Und der Dreck, der hier vom Himmel fällt, stammt meist noch von den Tauben.

Hundedreck gibts hier vergleichsweise wenig, die Maxime eines Großen Königs: »Seitdem ich die Menschen kenne, liebe ich die Tiere«, hat sich glücklicherweise noch nicht bis hier herumgesprochen. Schwerin ist eine junge Stadt. Und die fleißigen Bauarbeiter, die anderswo für Wohnraum sorgen, sorgen dort auch für Nachwuchs. Das habe ich, aus berufenem Munde, in der Zeitung gelesen.

Dafür fehlt hier an so mancher Fassade ein junger Bauarbeiter. Denn es gibt noch viel an schönem Detail wiederzuentdecken; man staunt, was der Pinsel des Stadtjubiläums zutage gefördert hat: Der Markt, die gute Stube der Stadt, glänzt frisch aufgeräumt mit Rathaus und Säulengebäude. Heller Klassizismus vor der rötlichen Masse des Domes, Licht der Aufklärung vor der Welt des Glaubens. Werfen wir einen Blick in das älteste Gebäude der Stadt: Die helle Ausmalung des Kirchenschiffes ist weit vorangekommen. Manche finden sie zu nüchtern, aber mir gefällt sie weit besser als die feuchte Düsternis, die das vergangene Jahrhundert hier zurückgelassen hatte, mitsamt den verstaubten Särgen der Königlichen Hoheiten. Wenn wir es allmählich wieder lernen, unbefangener mit alten Geschichten umzugehen, warum dann nicht auch mit dem Lieben Gott?

Aber nun wieder hinaus aus der gedankenvollen Civitas dei in die Stadt der Menschen. Am besten gleich zum Schlachtermarkt: Zwischen Schnittblumen, Bratwürsten und Zwiebeln Einheimische und Fremde friedlich gemischt, Volk, aber nicht tümlich. Die Fachwerkhäuser rings geschmackvoll rekonstruiert oder behutsam modern ergänzt. Unter alten Bäumen plätschert ein origineller Brunnen, »Herrn Pastur sin Kauh«; für mich das Gelungenste an Urbanität, das Schwerin zu bieten hat.

Wir brauchen jetzt nur noch über den neugestalteten »Großen Moor« zu bummeln, dieses jüngste Angebot der Architekten an uns, das Ererbte zu erwerben, um es zu besitzen, und an dem mich nur der allzu glatte Asphalt stört, dann stehen wir wieder vor einer unverkennbaren Demmlerschen Fassade, dem Marstall. Dahinter öffnet der See leuchtende Tore in die Landschaft, der See, den wir die ganze Zeit gespürt haben, nun liegt er wieder vor uns in seiner schwelgerischen Farbenfülle. Und so haben wir uns ein Schloß schon immer vorgestellt in unseren Kinderträumen: Vieltürmig-romantisch, entrückt auf einer Insel, in sich selber ruhend wie ein Schwan. Das Volk hat es, unberührt von kunstwissenschaftlichem Nörgeln, immer schön gefunden. Zahlreicher als je strömt es herbei, in sein Schloß. Das Nörgeln ist verstummt, es wird fleißig restauriert: Thronsaal und Ahnengalerie, Adjutanten-, Rauch- und Billardzimmer, Bibliothek und Sylvestergalerie, Speisezimmer und Rote Audienz, Teezimmer, Winterzimmer, Blumenzimmer und so fort: Nein, hier gab es kein Wohnungsproblem als soziale Frage, auch nicht bei sechzehn Kindern, auf die es der Schloßherr in drei Ehen gebracht hat, ein rastloser Landesvater, fürwahr.

Auf seinem Bild im Thronsaal sieht man Friedrich Franz II. keinerlei Anstrengung an. Wie aber mag es der schönen Großherzogin Auguste unter der königlichen Robe, auf die Kaulbach seine ganze akademische Sorgfalt verwandt hat, ergangen sein? War sie nicht immer ein wenig unpäßlich beim Cercle, kreislauflabil bei der Soiree und bei jedem Neujahrsempfang buchstäblich »guter Hoffnung«?

Ich weiß nicht, wozu der Leibarzt alleruntertänigst geraten hat, aber das Leben war hier sicher nicht immer ein Kaiserwalzer, auch nicht für ein Individuum, das sich durch Gottes Gnade oder welchen Zufall eines pillenlosen Zeitalters auch immer Königliche Hoheit nennen durfte. Mit vierzig ist sie gestorben, tiefe Trauer, aber das Leben eben, der Herr Gemahl reitet weiter, zuletzt in Bronze, hinter dem Schloß in den Anlagen. Das »dankbare Mecklenburg« hat es sich nach 43 Regierungsjahren nicht nehmen lassen, ihn so darzustellen, wie man ihn damals für am größten hielt: Unter der Pickelhaube. »Kiek mal, Erna: Kaisa Wilhelm!«, ruft ein Besucher begeistert aus, der Ähnliches bei sich zu Hause noch vermißt.

Da reitet er also, der teutonische Wendenfürst, allen kriegswichtigen Einschmelzungsaktionen entgangen, in unsere Tage. Zu seinen Füßen preisen Allegorien mit Schlüter entlehnter Pose die hehren Irrtümer seiner Zeit: Nur das Schwert ist, welch tiefe Symbolik, verlorengegangen. Kinder versuchen, die Bronzeknie der Gestalten zu erklimmen, was ursprünglich sicher nicht Zweck dieser Kunst war, und Sowjetsoldaten nehmen Aufstellung zum Gruppenfoto.

Tiefer Friede in den sanften Wiesen ringsum, den Laubengängen und seerosenbedeckten Wasserläufen; eine Landschaft zum träumenden Sich-Verlieren, von der man nur schwer die Augen losreißen kann.

Auch von der späten Pracht der Räume hier drinnen nicht, der sinkenden Sonne des Gottesgnadentums. Ein Hauch Götterdämmerung über dem eingerüsteten Innenhof. Drüben im Staatstheater heute abend »Das Rheingold«; man hört die Hofkaleschen über die Schloßbrücke rasseln, zum großen Spiel um Liebe und Tod, Macht und Gold, so tief im Mythos verborgen, daß man zusehen kann mit der Lust am Untergang: Das Jahrhundert, welches es meisterhaft verstand, die wahren Beweggründe der Dinge zu verbergen. Sogar das Heizungssystem des Schlosses ist hinter goldgepunzten Türen versteckt. Eine hat man geöffnet, schwarz und häßlich springt es inmitten des Glanzes ins Auge; die Pferdestärken des Umsturzes direkt neben dem Thron. Doch bedurfte es damals eines besonderen Scharfblicks, um das zu erkennen. Demmler muß ihn besessen haben, sonst hätte er hinter dem maßvollen Klassizismus seiner Staatsgebäude nicht die brandroten Dächer der sozialen Frage bemerkt, mit dem ihm eigenen seismischen Gefühl für gesellschaftliche Statik.

Wir dürfen, erstmals in unserer Geschichte mit festen Jahreszahlen für die Lösung des Wohnungsproblems als soziale Frage im Kopf, seinen Traum in der Abendsonne noch ein wenig weiterträumen, während wir um dieses wendische Chambord herumlaufen, Demmlers geniale Leihgabe vom Ufer der Loire, in diesen nördlichen See verpflanzt, auf Eichenpfähle, ins Raunen des Schilfs und Irrlichtern der Poltergeister.

Nun ist es ganz dunkel geworden, die Laternen der Schloßbrücke spiegeln sich im Wasser. Sehn Sie mal: Da hat doch,
mitten in der Großstadt, ein Schwan sein Nest gebaut.

Kluge, Roland: Wurzeln schlagen. Originalbeitrag

Zu dieser Ausgabe

Sämtliche Texte des Bandes wurden in der Fassung der jeweils angegebenen Quelle übernommen.

Herausgeber und Verlag danken den Inhabern der Rechte und den Autoren, die den Abdruck ihrer Texte gestatteten. Besonderer Dank gilt Herrn Prof. Dr. em. Hans Joachim Gernentz, Rostock, für seinen hilfreichen Rat bei der Auswahl älterer Textbeispiele sowie der Wissenschaftlichen Allgemeinbibliothek zu Schwerin für die Beschaffung seltener Vorlagen.

Rechtenachweis

Alfred Andersch: alle Rechte vorbehalten, Copyright © 1970 by Diogenes Verlag AG Zürich

Victor Auburtin: Frau Hildegard Gudlowsky, Berlin (West)

Ernst Barlach: © R. Piper GmbH & Co. KG Verlag, München 1985

Johannes R. Becher: © Aufbau-Verlag, Berlin und Weimar 1967

Johannes Bugenhagen (Übertragung): © Evangelische Landeskirche Greifswald 1985

Fritz Rudolf Fries, Fritz Meyer-Scharffenberg, Ehm Welk und die Übertragungen »Rostocker Liederbuch« und »Eines Soldaten und eines mecklenburgischen Bauern Gespräch ...« © VEB Hinstorff Verlag Rostock

Gerhard Holtz-Baumert: © Verlag Neues Leben, Berlin 1985

Erich Kästner: © Atrium Verlag Zürich

Alfred Kerr: © Argon Verlag GmbH, Berlin (West)

Martha Müller-Grählert: Frau Hilde Dahlfeld, Barth

Tisa von der Schulenburg: © Verlag Herder GmbH & Co. KG, Freiburg. Rechte für die DDR: St. Benno-Verlag, Leipzig

Friedrich Schult: mit Zustimmung von Erika Schult und Elmar Jansen

Wolf Spillner: © Der Kinderbuchverlag, Berlin 1983

Kurt Tucholsky: Frau Mary Tucholsky

Richard Wossidlo: Akademie der Wissenschaften der DDR

Für die Texte von Heinz Knobloch, Claus B. Schröder und Hartmut Zenker liegen die Rechte beim Mitteldeutschen Verlag Halle-Leipzig

Inhalt

Vorwort des Herausgebers 5
Der Wismarsche Zoll 9
Das Rostocker Liederbuch 13
Ein kurtzweilig Lesen von Dyl Ulenspiegel 15
Wismarer Trinklied 17
JOHANNES BUGENHAGEN: Kirchenordnung des ganzen
    Pommernlandes 18
MICHAEL FRANCK: Reise eines fahrenden Schülers durch Pommern und Mecklenburg 23
Eines Soldaten und eines mecklenburgischen Bauern
    Gespräch von der neuen Reichsarmee 35
JOHANN KASPAR RIESBECK: Briefe eines reisenden Franzosen
    über Deutschland 38
GEORG FRIEDRICH KEGEBEIN: Die Henne und die Biene . . . 45
JOHANN CHRISTIAN FRIEDRICH WUNDEMANN: Warnemünde . . 51
JOHANN HEINRICH VOSS: Junker Kord 55
LUDWIG GOTTHARD »THEOBUL« KOSEGARTEN: Hier ist gut sein . 60
KARL JULIUS WEBER: Reise nach Mecklenburg 67
ALEXANDER SOLTWEDEL: Der obotritische Horizont 80
ERNST MORITZ ARNDT: Heimweh nach Rügen 102
AUGUST HEINRICH HOFFMANN — genannt »VON FALLERSLEBEN«:
    Old Meklenburg for ever! 104
    Als Kuhhirt in Mecklenburg 106
JOHN BRINCKMAN: Der Sechzehnender hat vollbracht . . . 111
LUDWIG REINHARD: Korrespondenz aus Boizenburg 113
DANIEL SANDERS/ADOLPH GLASSBRENNER: Xenien der
    Gegenwart 117
FRITZ REUTER: Ein Heimatloser in Mecklenburg 123
JOHANNES GILLHOFF: Jürnjakob Swehn der Amerikafahrer . . 130
HEINRICH SEIDEL: Die Mecklenburger im Zoologischen Garten 132
MARTHA MÜLLER-GRÄHLERT: Mine Heimat 137
RICHARD WOSSIDLO: Aus meiner Sammeltätigkeit 139
HERRMANN FORNASCHON: Ein Todesfall 147
ERNST BARLACH: Güstrower Tagebuch 151
VICTOR AUBURTIN: Pasewalk 158
FRIEDRICH SCHULT: Kleine Prosa 160
KURT TUCHOLSKY: Saisonbeginn an der Ostsee 164
ALFRED KERR: Quallen 171
ERICH KÄSTNER: Selbstmord im Familienbad 174

Franz Fühmann: Barlach in Güstrow 176
Ehm Welk: Das fahl Pferd 184
Alfred Andersch: Sansibar oder der letzte Grund 192
Tisa von der Schulenburg: Pläne des Widerstandes . . . 198
Gerhard Holtz-Baumert: Die pucklige Verwandtschaft . . 203
Johannes R. Becher: Schwarze Segel im Bodden 207
Fritz Meyer-Scharffenberg: In Großmutters Haus 208
Claus B. Schröder: Mehr als ein Haufen Steine 218
Hartmut Zenker: Abendfahrt nach Güstrow 224
Heinz Knobloch: Der zweite Rundgang: Lütten Klein . . . 225
Fritz Rudolf Fries: Insel Poel 228
Wolf Spillner: Das höchste Blatt vom hohen Baum . . . 233
Jürgen Grambow: Insulaner 240
Roland Kluge: Wurzeln schlagen 242
Editorische Nachbemerkung 252
Rechtenachweis 253